レズビアン・アイデンティティーズ

堀江有里

洛北出版

目次

第II部 ソーシャリティ

国家・制度と自己のあいだで

第3章 「レズビアンに〈なる〉」こと

第4章 社会的行為としての〈カミングアウト〉

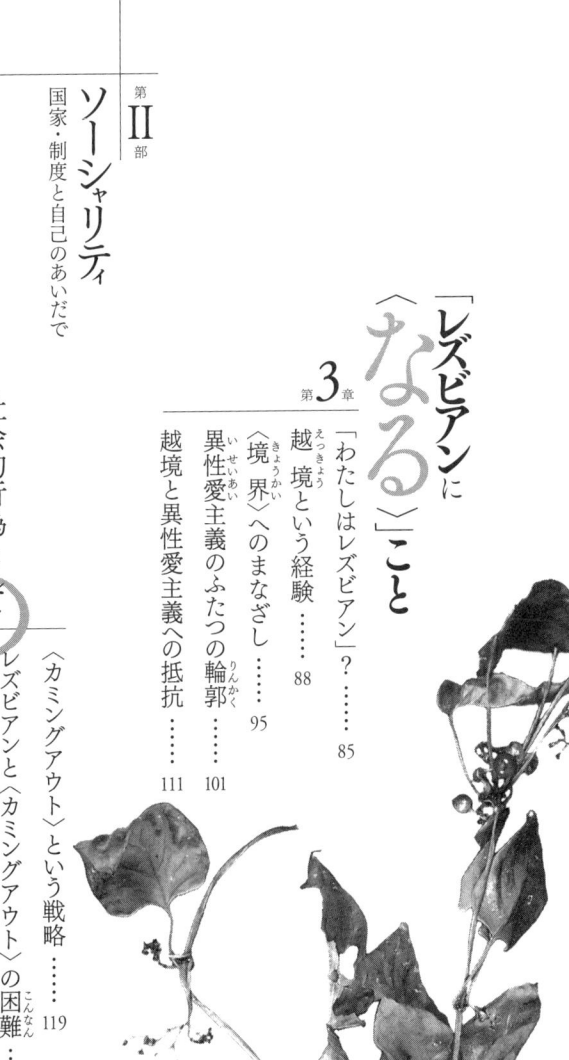

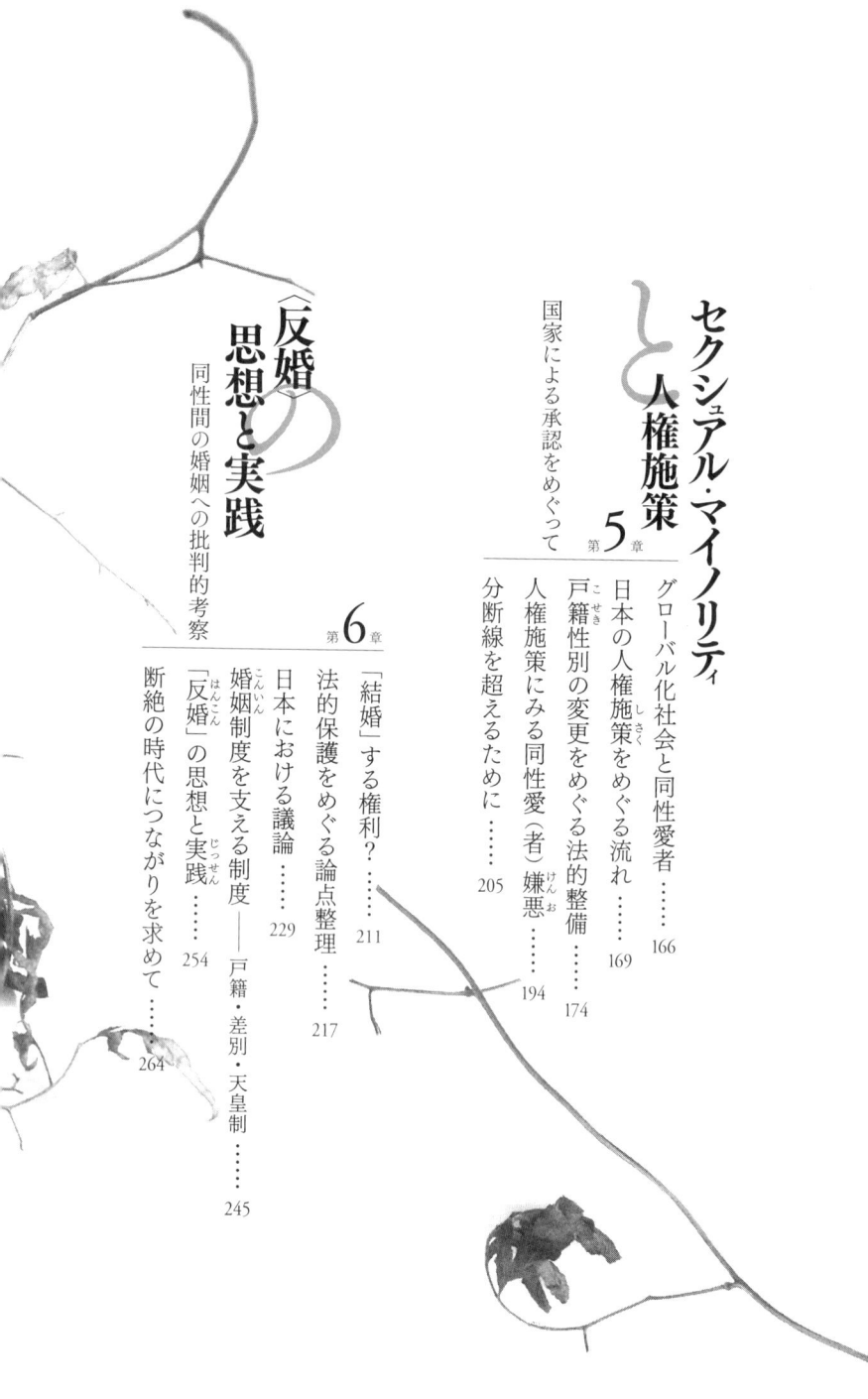

第III部 コミュニティ
人びとのあいだで

第7章 〈コミュニティ〉形成とその〈アイデンティティ〉

第8章 〈アイデンティティ〉の共有の困難と可能性

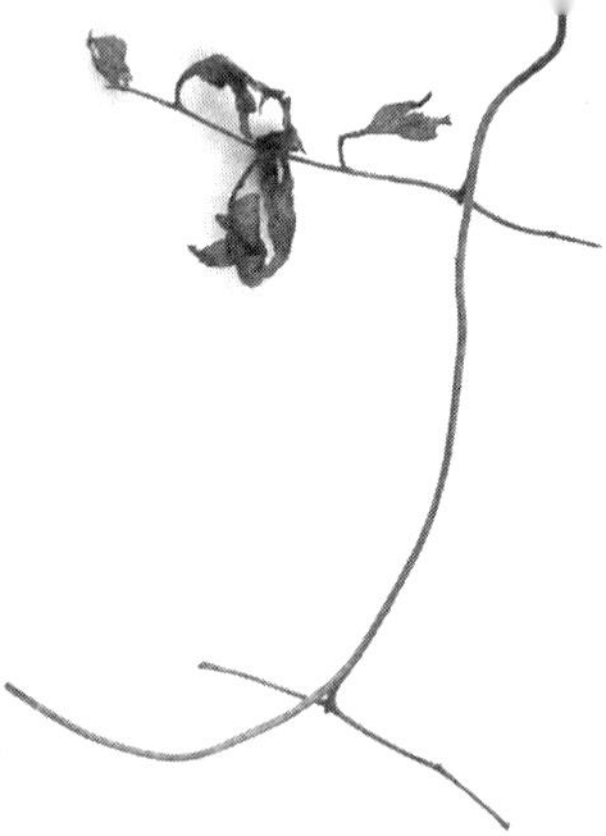

notes

引用文中の読みにくい漢字には、よみがなルビを付している。若い読者や、日本語を第一言語としない人をふくめた幅広い読者に、本書がむかえられるように意図して、文字表記や表現を工夫している。

［⬇99頁〜］は、「本書の99ページ以下を参照」を意味する。そのページに、用語や人物についての言及があることを示している。わかりにくい用語に出くわしたら、参照いただきたい。煩雑だと感じたなら無視いただきたい。

引用または参照文献は、著者名・発行年・頁数を［ ］で括って示し（例［堀江、二〇一四、一二三頁］）、巻末の「文献一覧」のページに、その詳しい書誌情報を記した。文献一覧は、著者（発表者）名を五十音順に、日本語以外の文献はアルファベット順に並べてまとめてある。

引用文中の［ ］内は、引用者＝堀江による捕捉・補註の挿入である。語の意味や文の前後関係がわかりにくい場合に［ ］内に適宜説明を入れた。また、［…］は、引用文中の語や文や段落を略した箇所を示している。

註は、註番号近くのページに傍註として示した。

introduction

わたしたちレズビアンは、[…]〈女〉という役割からはみ出してきた。わたしたちは、社会に適応することに失敗した者とみなされてきた。

しかし、もはやわたしたちには、適応という言葉は何の力も持たない。なぜなら、わたしたちが知りたいのは、あくまでも、〈何故自分はここにレズビアンとして存在しているのか〉ということの意味だからだ。

わたしたちが、社会の与える〈不適応者〉というレッテルを恐れなくなり、あるがままの自分を見つめたいという欲求を持ち得た瞬間から、わたしたちは、自分を守ることだけで精一杯の受身的な地点から抜け出し、社会が平然と受け入れている男女の役割関係そのものを、根本から問い直す能動的な地点へと、はるかに旅だってゆくだろう。

それはまた、レズビアンだけでなく、規制の役割関係の矛盾を痛感しているすべての女たちと力を分け合うことであるはずだ。

（ひかりぐるま、1978年、「凸凹をこえて――性役割の罠」、『ひかりぐるま』秋季号、Vol.2）

レズビアンとは「女が男なしで生きられない、または生きてはならない」という社会の押しつけに挑戦する女のことである。

レズビアンは結婚制度を支えない。いわゆる家庭を作らない。自分で自分の身を守る。経済的自立をしている。性差別社会が与える女の役割と、男に従属することによって受ける保護や恩恵を拒否している。その結果、既存の女のイメージから外れ、女らしくないという理由で偏見や抑圧を受けている。しかし、そのことは女の置かれている状況をより鮮明に浮き上がらせているのである。

（レズビアン・フェミニスト・センター、一九八〇年、「女のエネルギーを女へ！」、『ポルノグラフィは女への暴力である』）

こうして、権力は遍在する。権力に対する抵抗は権力のなかで生ずる。抵抗は、権力関係の総体の一部、「権力を構成している戦略的な関係の一部」である。権力関係から逃れることは〔…〕権力の手の届くところから、その外側へと逃げ出すことではなく、権力の限界を、その反転を、反響を、表象することだ。つまり対抗政治の目的は、解放ではなく抵抗なのだ。

（デイヴィッド・M・ハルプリン、1997［原著1995］年、『聖フーコー――ゲイの聖人伝に向けて』、村山敏勝訳、太田出版、32頁）

「あんたはやっぱり、「女」やで」って、親友に言われた時、「女」っていう言葉がすごいポジティヴな輝きをともなって見えた。一瞬、ほんとにその漢字一文字が輝いているように思えた。〔…〕自分の感覚としては「戻ってきた」なんだけど、その感覚をはっきり「レズビアン」っていうものとしてとらえたのは、たぶん初めてだったんじゃないかと思う。〔…〕ほんと、ストンと腑に落ちた。「もうジタバタせんでもええやんか。答え、出たやんか」みたいな感じ。その瞬間に、大学時代から前にあった、女の人との〝恋愛〟レベルでのいい思い出が次から次へとよみがえってきた。あれは不思議だった。記憶の扉の鍵が合った、みたいな感じで。

（笹野みちる、1995年、『Coming OUT !』、幻冬舎、116－117頁）

自己演出により自ら語ることは、自問自答し、自分の手で答えを見つける過程でした。自問して自分で答えを見つけるためには、自分の内面から出てくる推進力が必要です。この過程は、最終的に自分の傷口や苦痛の根源を見つける力を与えてくれます。支援や信頼が根づいている空間で自分について考えたり語ったりすることで変化が訪れるのです。異性愛規範性やホモフォビアによる傷を負った10代のレズビアンたちが自ら語ることにより、自分の傷や苦痛を発見、確認して、癒すことができることが分かりました。「OUT」(2007年)を作成する過程は韓国のレズビアン・コミュニティーを組織する過程でもありました。30代のレズビアンたちは、レズビアンのストーリーを語り始める枠組みをつくり、20代のレズビアンたちは、10代のレズビアンのために希望のメッセージを込めた歌を作曲・合唱しました。そして10代のレズビアンたちは勇気をもって自分達のストーリーを語りました。観客は、10代のレズビアン達の低く、優しく、しかし芯の強い声に、大いに共感しました。三人の主演者たちとドキュメンタリー・チームは自分達が孤独ではないということ、そしてお互いを信頼することで恐怖心や偏見を乗り越えられるということを、このドキュメンタリー映画制作を通じて学びました。

(フェミニスト・ビデオ・アクティビズムWOM、
2013年、「OUT 自分を見つける旅」
『CGS Newsletter』、第16号)

〈マイノリティ〉とは誰か。〈マイノリティとは誰か〉を決めるのは誰か。〈マイノリティ〉を自称する人々か。他者を〈マイノリティ〉呼ばわりする人々か。

自らを〈マイノリティ〉と呼ぶことによって、彼女（たち）が告発しようとする権力構造／メカニズムとはいかなるものか。他者を〈マイノリティ〉呼ばわりすることによって、呼び手が得る「優位性」「普遍性」とは、いかなる権力構造／メカニズムから派生しているのか。〈マイノリティ〉女性にとってのフェミニズムとは、〈マイノリティ〉を自称する女たちが、彼女たちを周縁化／他者化する権力構造／メカニズムを告発し、それを脱構築していく営みのうちに宿っている。

どこに位置を有するのか——Positioning——これを読んでいるあなたが、今、立っている位置。それをあなた自身が知り得ていないのなら、ここに書かれていることは、何ら意味をなさない。

（鄭暎惠、2003年、『〈民が代〉斉唱——アイデンティティ・国民国家・ジェンダー』、岩波書店、44頁）

人は誰でも多かれ少なかれ自分に興味をもってほしい、自分のことを知ってほしい、愛してほしいと思っている。そして、自分にたくさんのレッテルが貼られれば貼られるほど、そのレッテルに興味をもった人がたくさん集まってくることも知っている。けれどもその「レッテル」＝「その人」ではない。だからこそ、そのレッテルにお互いの興味が終始するかぎり、人が出会い、ほんとうに理解し合うことは、不可能なのだ。

（出雲まろう、一九九三年、「「わたしを愛して！」アボリジニ・レズビアンの叫び」、『まな板のうえの恋』、宝島社、一六五頁）

私が行った「カミングアウト」という仕事は、世の中的に見れば、大きなプラスになる仕事であったと、今でも思う。そのことについては後悔していない。

しかし、[…]ハイだったカミングアウト後、しばらくしてからひどい精神的ローな状態がやってきた。

本当に、あの一瞬のハイな私はなんだったのか？　と思わせるほど、ひどい状況の変わりようだった。

セクシュアリティーの問題が片づいたからこそ、自分の人生の隠されていたすべての問題が一挙にふき出してきたのだ。

(笹野みちる、1998年、『泥沼ウォーカー』、PARCO出版、110－111頁)

所属している日本基督教団において、同性愛者に対する差別事件が起きたのは一九九八年。翌年、[…]そこで感じたのが女性たちの連帯の意志と一方での混乱だった。当時のわたしには、それがどうしてなのか分からなかったのだが、それでも「ここでつなぐことを考えよう」と思ったのは、ある二人の言葉がわたしにとって決定的だったからだ。

そのひとりは言った。「この問題に関して、一緒に闘おうとする人はすべて当事者なのだ」。もうひとりは、そう発言した彼女の友人で「彼女は教団に出掛けるたびに消耗しきって帰ってくる。そんな彼女に「大丈夫だよ」って言うのは簡単だけど、わたしには言えない。それが本当にならない限り」。

わたしはとても単純に、「こいつらいいじゃん」と思ったのだった。そして彼女たちと一緒にいたいと思った。

(八木かおり、二〇〇一年、「とっても長い編集後記」、『女のことば集』、第13号、教会女性会議 2000 in 東京・記録、一一一頁)

「事件」はその後の時を支配する力を持ち合わせているし、容赦なく「事件の時」は続いているのだろうと思う。時が流れても色褪せず、より鮮明に突き刺さってくるものとして。〔…〕「事件」は決して削除したり、無かったことにしたり、置き去りにしてはならないし、できないことだろう。だからこそ「事件」を引き起こしたことにつながる一人ひとりが、そしてわたしが、その「事件の時」に身をさらしつつ、自らの内側に踏みこみ、その足下を深く掘り起こしていかなければならないと思う。それぞれが引き受けざるを得ない「居地」にたどりつくために、しんどくても自分で掘り続けるしかないのだろう……と思いつつ。

（本多香織、2007年、「第35回日本基督教団総会についての雑感」、『福音と世界』、第62巻・第2号（2007年2月号）、新教出版社、51頁）

フェミニズムを研究していると、いかに自分が既存の価値にまみれた存在であるかが自覚できます。性的にはある程度リベレイトされている、つまり社会的制約や差別、偏見等から開放されていると思っていても、思いがけないところで、思いがけない形で、既存の価値観から抜け出せない自分自身がいることに気づかされます。そういう意味で、フェミニズムを研究することは、自分の社会的位置を説明することであるのと同時に、自分をさらに深く知ること、既存の体制の巧妙さや複雑さに出会うことでもあると思います。

（竹村和子、2003年、「危機的状況のなかで文学とフェミニズムを研究する意味」、小森陽一監修『研究する意味』、東京図書、142頁）

第 I 部

アイデンティティ

他者と自己のあいだで

introduction

第1章

いま、〈レズビアン・アイデンティティ〉を語ること

〈アイデンティティ〉は不要物なのか？
ある「レズビアン」をめぐる問いから
〈レズビアン存在〉と不可視性
〈レズビアン・アイデンティティ〉を論じること

自己の存在を人（他者）から認識されないことは、誰にとっても、その〈生〉——〝生きている〟こと、そしてそれをめぐるさまざまな事柄——を無意味だと実感する出来事なのかもしれない。

この直感は、わたし自身、これまでにたずさわってきた生活相談や、セクシュアル・マイノリティの相談業務のなかで、つねに直面してきた体感でもあった。面談にしても電話にしても、〝困っている〟人びとから、こんな言葉を聞いてきた——「しんどい」、「生きていても良いことがない」、「自分が必要だと思われていないような気がする」、「消えてしまいたい」……。具体的に何に困っているのか、どうすれば解決できるのかを、一緒に考えることのできるケースもある。しかし圧倒的に多いのは、人（他者）との関係のなかで、深く、苦悩する、このような声である。

「周囲との関係がうまくいかない」、「その理由がわからない」、「寂しい」……。声の主は、いつも人（他者）を求めている。いや、求めていなければ、見も知らぬ相手が対応する相談窓口に、自分から連絡しようなどとは思わないだろう。

多くの人びとは、みずからの〈生〉が〝いま－ここ〟にあることを確かめようとして、〝自分が何者であるのか〟を模索しようとする。人（他者）との関係という、ものさしを使いながら。

みずからの〈生〉の証を求めること。それは、言い換えれば、近代以降に爆発したアイデンティティの／をめぐる闘争の、ひとつの相貌であるともいえる。模索のプロセスにおいては、みずからの〈生〉が、まさにその存在自体が、なんらかのかたちで人（他者）によって承認されることが切望される。他者から承認されないと、自分という存在の位置が定まらないこともあるからだ。

そして、この切望は、一度かなえられれば終息するというものではない。というのは、人びとは、複数のアイデンティティの束としての自己をたずさえて、日々の生活を、かろうじていとなんでいるからだ［石川、一九九二］。つまり、自己のアイデンティティとは、そのつどそのつど、さまざまな場面で、自己と他者――〝わたし〟と〝あなた〟――のあいだを、あるいは、過去と現在、可能性と不可能性のあいだを往還する相互作用の産物なのである。人は、この相互作用のプロセスにおいて、みずからの〈生〉を確認する。人は、ツールのひとつとしてのアイデンティティを、ときに構築しながら、ときに問いなおしながら、そしてときに壊し、また再構築しながら、他者との相互作用のプロセスのただなかを生きているのである。

〈アイデンティティ〉は不要物なのか？

しかし、〈アイデンティティ〉という言葉は、もはや「有効期限切れの概念」であるとの指摘も受けるようになった［上野、二〇〇五］。たしかに、理論的にも現実的にも、一貫性をもった自己など存在しえないことが、多くの場面で、さまざまな視点から確認されている。であれば、社会学者の上野千鶴子が指摘するように、「「同一性」——同じであること（sameness）や一貫性（consistency）を含意するような——という呼び名を与えることは論理矛盾」であるとの主張［同書、二九頁］も、一方では首肯できる。しかし他方では、いまも〈アイデンティティ〉という言葉が、日々の生活のなかで口にされるシーンもある。しかしこの場合、この言葉は、一貫性のない自

分に不安をもち、〝自分が何者であるのか〟を模索する行為の意味あいで用いられていながらも、獲得した後に変化や揺らぎが生じる可能性も含みもっている。とすると、もはや、一貫的に完結した実体を表わす概念（自己同一性）として受けとめられているわけでもないようだ。つまり、〈アイデンティティ〉は、その概念が生み出されてきた経緯とは少し距離を置きつつ、社会生活のなかで使われてきた言葉でもあるのだ。〈アイデンティティ〉は、永続的なものではないので、「同一性」や「一貫性」を含意するものでは、ない。つねに変わりゆくものでありうるのだ。

〈アイデンティティ〉という概念を再考していこうとする動きが、もちろん、ある。たとえば、ポーラ・モヤは、〈アイデンティティ〉が、現在、ポストコロニアル研究やエスニシティ研究、そしてフェミニズムやクィア理論［➡42・77頁］などで、緊急のトピックになっていることを指摘している。モヤがとくに照明をあてているのは、ジェンダーをめぐる事象である。たとえば、女性の置かれた位置について論じるとき、「女性」という集合をとらえて一定程度の共通項をみいだし、その典型的なイメージを表わすことは可能であるし、有益な場合もあるかもしれない。しかし実際には、「女性」と一口に言っても、歴史的背景が異なれば、まったくその経験は異なる。時代のちがいのみならず、人種や階層、文化などのちがいによっても、「女性の経験」は、おおきく異なる。ある女性が語るときに用いる「女性」という言葉は、女性全般を代表して語られる言葉ではなく、あくまでも、その人自身が「女性」であるがゆえに経験してきた事柄や、その人が体験して導きだしたり学んだりした事柄が念頭に置かれることになる。すべての「女性」を代表して語ることなど誰もできないからだ。モヤは、「女性」という言葉が使われるときはすでに、「アイデンティティ・カテゴリーは固定したものでもなければその内部で同質性をもっているわけでもない」ことを強調している[Moya, 2000: 1-3]。

また、日常語として使われる〈アイデンティティ〉は、〈生〉の意味を模索し、存在を確かめようとする〝わたし〟と〝あなた〟の関係性のなかで、ときには、共通項をもつ集合的な〝わたしたち〟をみいだそうとするプロセスを表わす言葉でもある。とくに、社会のなかで、マジョリティ規範に沿う生き方から外れた存在にとって、このプロセスの意味は、けっして小さくはない。言うまでもないことだが、他者と異なるということ自体が、自分の存在をあやうくしかねない出来事だからだ。〝わたし〟と〝あなた〟が出会い、そして〝わたしたち〟をみいだしていくとき、たとえば、自分の存在をあやうくしかねない孤立という出来事をやわらげることがある。であれば、マジョリティの日常生活ではかならずしも問わずにすむかもしれないアイデンティティをめぐる問いを、マイノリティが置かれる現在の文脈のなかでふたたびとらえかえしてみる試みも、また、意義があるのではないだろうか。

付け加えておくならば、〈アイデンティティ〉は、マイノリティ[▼1]がその権利主張を行なうために、多くの社会運動のなかで使われてきた有効なツールのひとつでもある。運動において表現される〈アイデンティティ〉とは、〝わたしたち〟という集合的な〈主体〉の集積であると同時に、その集合的な〝わたしたち〟にアクセスする個々の〝わたし〟が、〝自分は何者であるのか〟を模索する動機をも生み出してきたといえる。つまり、孤立した点と点とをつなぐ役割をも担ってきたということだ。もちろん、その弊害も無視することはできない。たとえば、〈アイデンティティ〉を用いることによって、ほんらい、〝わたしたち〟という集合的な存在のなかにあるはずのさまざまなちがいを——ときに権力関係を介在させながら——消し去ってしまう、というように。

本書では、使い古され、有効期限切れだと指摘される〈アイデンティティ〉という概念を、あえて考察の俎上にのせ、その限界を踏まえながらも、しかし、いまだ有効でありうる可能性をみつけだしてみたい。というのは、わたしの日常でみえる光景は、マイノリティの属性をもつ人びとの生きがたさにしても、そこから生み出される自己肯定の低さにしても、いまだ解決

1——本書では、マイノリティ（少数者）／マジョリティ（多数者）という言葉を使うが、これはかならずしも数の問題として集約されるものではない。むしろ、差別や抑圧、排除など、不利益を被る人びとを「マイノリティ」としてとらえることとしたい。

などとはほど遠い場所にあるからでもある。とくに、ひとつの試みとして、わたし自身がしばらくこだわってきた、「レズビアン」をめぐる〈アイデンティティ〉の可能性について、考えてみたい。

ある「レズビアン」をめぐる問いから

「レズビアン」は、しばしば、「女性同性愛者」として表現される。しかし、詳しく議論を追ってみれば、その定義がはっきりしない概念（名）である。[2]

「女性同性愛者」には、「女」と「同性愛者」という、ふたつの属性が同居している。つまり、この言葉自体が、少なくともふたつの〈アイデンティティ〉を表わしているのである。言い換えれば、「レズビアン」とは、ひとつの〈アイデンティティ〉の名前でありながら、分解してみれば、ふたつの〈アイデンティティ〉の交差点でもあるのだ。

「レズビアン」という、ふたつの〈アイデンティティ〉の交差点に立ち、その名づけを引き受

けること。「レズビアンである」と、あえて名乗ること——その名づけを引き受けて、表明すること。それは、みずからの〈生〉の存在証明をも意味する。後にみるように、レズビアンは、異性愛主義の社会において、ときに存在しないものとされ、ときに負のラベルを貼りつけられてきた。この一方的な名づけは、それ自体、権力関係をはらんだ振舞にほかならない。この文脈のただなかで、あえて名づけを引き受け、表明するという行為は、結果的に、社会のなかで強いられる権力関係（暴力）への異議申し立てを意味しうるだろう。多くの人びとにとっては、無自覚なことであろうとも。

一九九〇年代、日本におけるレズビアンをめぐる状況は、大きく変わった。時代の変化はさらに激しく、二〇一〇年代のいま、たった二〇年ほど前のことであっても、すでに忘却の彼方にある。いや、多くのことが、多くの実践や多くの表現行為が、あまりにも継承されないまま現状に至った、と記したほうが適切なのかもしれない。であるのならば、あえて振り返っておくことも必要なのではないだろうか。

九〇年代の変化をある意味で牽引し、しばしば象徴的な存在として語られてきた掛札悠子は、かつてこう述べた。

> 抹消（抹殺）されることへの怒りは（少なくともそれだけは）、永遠に私自身のものだと今、

思う。それは私たちの怒りとしてつながっていく可能性を秘めているのかもしれない。でも、それは「レズビアン」の怒り、ではない。名前で人を分け、まとめ、定義にもたれかかるのは彼ら／彼女らにさせておけばいいことだ。

けれど、名付けを否定するだけでは彼ら／彼女らの物語から離れることはできない。本当の意味でひとり、生きなければ。そして、「精液という男のインクに対する、血という女のインク」で書く。彼らがむやみやたらとまき散らしている間に、こっそりとしっかりと刻みつける。［掛札、一九九七、一七〇頁］

一九八〇年代後半、「エイズ予防法」への反対運動が、ゲイ男性を中心に繰り広げられた。当時、エイズをめぐって、アメリカ合州国で起こったゲイ差別の暴力は、かたちは異なるものの、核心としてはそのまま、日本でも猛威をふるっていた［風間・河口、二〇一〇］。掛札は、この時期、法案の反対運動へと参加し、マスメディアで、自身がレズビアンであることを表明（カミングアウト）した。この時期に、名前と顔をもったレズビアンが日本の社会にも存在することを、

2―― 「レズビアン」の語源は、古代ギリシアにおける詩人サッフォーの物語にある。女性に対する愛を題材とした作品を遺したことから、サッフォーが共同体をいとなんでいたレスボス島にちなみ、「レスボスの人びと」――レズビアン――という名称が使われるようになった。

まさに身をもって訴えたひとりである。その歩みのなかでまとめられた『「レズビアン」である、ということ』［掛札、一九九二a］は、「レズビアン」という言葉をタイトルに登場させ、まとめあげられた書物として、そして日本のレズビアンたちの多くが励まされた一冊として、重要な文献のひとつであったことを強調しておきたい。

また、フリーライターとして執筆活動のかたわら、掛札が主宰したミニコミ誌『LABRYS』は、それまで日本になかった規模の、レズビアンたちの大きなネットワークを築いていった。[3] しかし掛札は、一九九五年に公的な活動を停止し、間もなく、レズビアンたちとの連絡を遮断する。先に引用した文章は、掛札が活動休止後に記したものであり、そして「レズビアン」として公的に語ったものとしては、いまのところ、最後のテクストである。

掛札は、活動を振り返りながら、自身が紡ぎだした言葉に対して「返ってくるはずの答えは、質問と問いかけと非難にかき消されてしまった」と述べている。多くのリスクを背負いながら自分自身を語ったにもかかわらず、出会った人びとは、「ただ問うだけの人、自分を語りはじめようとしない人たち」であった。そのため、掛札から読み手にむけて、あらたな疑問が投げかけられる。「なぜ、あなたはあなた自身の輪郭をたどってみようとしないのか。私が私自身のためにそうしようと長い間、試みているようには」、と［掛札、一九九七、一六六頁］。

ひとりの「レズビアン」の立場から紡ぎだされた言葉は、いつしか、抽象的な「レズビアン」を代表させられていった。ただ、「むやみやたらとまき散ら」されていく言葉の応酬のなかで、掛札によって提示された問いは、応答されることなく、かき消されていく。そのような状況のなか、波及していくはずだと掛札が考えていた「「レズビアン」の怒り」は、複数形の「私たちの怒りとしてつながっていく可能性」を秘めながらも、しかし、応答されることのないまま、「抹消（抹殺）されることへの怒り」のみが増幅していくこととなる。それでもなお、掛札は、「こっそりとしっかりと刻みつける」ことの必要性を訴えつづけるのである。

先の引用部分のつぎに、掛札は、こうつづける。

> 消されることを許す限り、歴史は何度でもくりかえされる。彼ら／彼女らは今まさに、私に、私たちに「レズビアン」という彼ら／彼女らにとって唯一理解できる焼印を押して、窓のない貨車につめこもうとしている。
>
> 私は逃げる。
>
> ［掛札、一九九七、一七〇頁］

3――一九九二～一九九五年。購読会員は最盛期で約一七〇〇名を数えた。掛札の活動停止後は、ほかのメンバーによって『LABRYS DASH』として引き継がれた。

なお、ここでは、レズビアンを中心に記述するため、「レズビアンたちの大きなネットワーク」と記したが、『LABRYS』は、レズビアンとバイセクシュアル女性たちのためのミニコミであったことを付け加えておきたい。

もちろん、掛札を、九〇年代の日本のレズビアン・シーンにおける象徴的な存在として代表させることには、問題もあるだろう。少なくとも、それ以前にも日本という文脈において、「レズビアン」という名づけを引き受けてきた人びとや、表明してきた人びとは存在してきたのだし、名づけを引き受けることはなかったとしても、女同士の絆を体現してきた人びとが、つねにいたからだ。[4] また、過去のみならず、掛札の突然の活動休止後も、ほかのメンバーたちが、ミニコミや場を継承し、またはあらたに創りだし、言葉を紡ぎつづけ、レズビアンという存在をこの社会に刻み込もうとしてきたし、いまもしているからだ。[5]

しかし、わたしはあえて、掛札の「私は逃げる」という言葉に留まってみたい。もし、このような、最後に搾り出され、紡ぎ出された言葉に応答することができるとすれば、それはどのような言葉になるのだろうか、と。掛札が「私は逃げる」と宣言しながらも、それでも「こっそりとしっかりと刻みつける」ことの必要性を述べたことに対して、その課題を継承しつつ、応答を模索すること——同年代の、少し遅れて「レズビアン」としての活動をつづけてきた、わたし自身の課題として。

複数形の「私たちの怒りとしてつながっていく可能性」を秘めつつも、分断されていく状況は、掛札のみならず、おそらくは、多くのレズビアンたちが抱えてきた実感でもあるはずだ。

もしそうなら、掛札が最後に紡ぎだした言葉を受けて、応答しようと立ち止まってみることもまた、けっして無駄（むだ）なあがきとはならないのではないか。もしそうなら、その分断をどのように架橋（かきょう）していくかという問いは、日本におけるレズビアンのアクティヴィズム（社会運動や表現活動など）にとっても、大きな課題となるのではないか。

　このような問題意識を出発点にもちながら、「レズビアン」と「アイデンティティ」というふたつの軸（じく）を通して、実現しえなかった可能性として掛札が表現した、レズビアンたちの複数形の「私たちの怒りとしてつながっていく可能性」を模索してみたい。つぎの節では、まず、このふたつの軸について、それぞれをもう少し述べていこう。

4――日本の状況について、歴史的な資料から丁寧にえがきだしたものとして、歴史社会学者の赤枝香奈子の仕事がある。まとまったものとしては［赤枝、二〇一一］を参照のこと。

5――その歴史に目を向けようとすれば、掛札が他者に向けた「なぜ、あなたはあなた自身の輪郭（りんかく）をたどってみようとしないのか」という言葉も、掛札自身に問い返されていく。歴史性を捨象（しゃしょう）することで、まさにかき消されていく事柄があるはずだからだ。歴史性への気づきについては、赤枝香奈子、菅野優香の両氏との対話に負っている。

〈レズビアン存在〉と不可視性

先にみたように、掛札は、みずからが抱え込まされることとなった「抹消（抹殺）されることへの怒り」は、「「レズビアン」の怒り、ではない」と述べた。その言葉は、掛札が自分自身を表わすために使ってきた「レズビアン」と、他者から貼りつけられた「レズビアン」イメージとのあいだに、溝が横たわっていることを示している。

掛札の語ってきた〝自分自身〟は、人びとに受け取られそこねる。それどころか、受け手によって、恣意的な意味がかのじょに貼りつけられ、まき散らされる。まさに、受け手が「唯一理解できる焼印」として掛札が使うこととなった「レズビアン」という言葉が、かのじょを「私

は逃げる」という宣言へと追い詰める。そこに横たわる溝(みぞ)とは、いったい何なのだろうか。

詩人であり、レズビアン・フェミニストとして活動してきたアドリエンヌ・リッチは、〈レズビアン存在 lesbian existence〉という概念(がいねん)を提示した。リッチにとって「レズビアン」とは、「女が情熱をともにする同志(どうし)として、生活の伴侶(はんりょ)、共労者(ママ)、恋人、共同体構成者として、女を選ぶこと」であるという［Rich, 1986＝一九八九、五八頁］。リッチが、たんに「レズビアン」ではなく、あえて〈レズビアン存在〉と表わすのは、この言葉に、「レズビアン」という名づけを引き受けてきた人びとの歴史的な〈生〉が刻み込まれているとともに、その〈生〉の意味を、あらたに、たえず、つくりだしていくという、相互作用による創造力が込められているからである[6]［同書、八七頁］。

本書では、「レズビアン」という名を、リッチがえがきだすような、〃生きた〃レズビアンの存在として位置づける。言い換えれば、それは、歴史性をもつ社会のただなかで日々の生活をおくり、他者との、過去との、相互作用を繰り返す存在である。

6――アドリエンヌ・リッチについては本書の第2章でも述べるが、リッチ自身の背景や、〈レズビアン存在〉と同時に提示された〈レズビアン連続体〉という概念については［堀江、二〇一〇a］で紹介したので参照いただきたい。

しかし、わたしたちの生きる社会では、そのような〃生きた〃レズビアンは、存在しないもの、とされてきた。この受けとめ方には、社会のなかで存在が認識されないという、レズビアンの不可視性の問題が横たわっている［Wilton, 1995］。この不可視性ゆえに、一方では、「レズビアン」という名づけを引き受ける存在同士がつながる可能性に開かれながらも、他方では、いつの間にか分断された状況が生み出され、再生産されてきたのである（これらの問題の具体的な考察は、本書・第4章以降の章で詳しく述べていく）。

たとえば掛札は、フェミニズムのなかでレズビアンが「マイノリティ」として位置づけられることに対して、つぎのような批判を向けた。

> 「レズビアン＝マイノリティ」という立て方に対して、［…］問題にすべき［…］は、少数者性と不可視性の混同がもたらす危険であった。［…］この不可視性を少数性と混同し、不可視性を少数性と言い換えるのは、［…］それ自体、差別的であると言える行為だ。
>
> ［掛札、一九九四a、二五―二六頁］

一九九〇年代に入って、カミングアウト（自己表明）する人びとが増えると同時に、レズビアンは、「マイノリティの一つ」としてみられはじめるようになる。そして、フェミニズムのなかでも、その存在が認識されるようになった。とはいえ、それまでにもレズビアンは存在していたのだが。言ってみれば、女たちの連なりのなかにあるバリエーションのひとつとして認識され、テーマとして扱われるようになったのである。それが、フェミニズムに連なる多くの異性愛者の女たちの〝良心的な〟反応だったのだろう。

ここで掛札があきらかにしていることは、「マイノリティ」として位置づけられることにより、バリエーションのひとつとして登録されたとしても、マジョリティ側のあり方自体はけっして問われることがない、という非対称的な問題である。と同時に掛札は、日本社会ではレズビアンの存在が、「マイノリティ」として位置づけられる以前の段階にあり、存在としてすら認識されていないという、レズビアンの置かれた不可視の状況を告発してもいる。

しかし、レズビアンは不可視だ、と言ってしまったとたん、わたしたちはジレンマに陥ることにもなる。レズビアンが「存在しない」と発言したとたん、いまも連綿とつづけられているレズビアンたちの活動や、レズビアンたちの名づけの引き受けを、そして発話（表現）するそのレズビアンの存在自体をも、抹消してしまう危険性があるからだ。このジレンマを克服するためには、レズビアンの不可視性の問題を、レズビアンを不可視化する社会構造の問題として考察しなおすことが必要になってくるだろう。

レズビアンを不可視化する社会構造とは、つぎのようなプロセスを、レズビアン自身に強いる。「レズビアン」という名づけを引き受け、それを表明するとき、ひとりのレズビアンとしての発話は、すべてのレズビアンの声として代表させられていく。その結果、「唯一理解できる焼印」が、レズビアンに対して、あらたに付与されていくのである。つまり、不可視化されて抹消されるのみならず、その不可視性を克服しようと表明したとたん、〝生きた〟レズビアンも抹消されてしまうという、二重の抹消プロセスが、一人ひとりのレズビアンに強いられるわけである。

ここで、この抹消という問題を、〈アイデンティティ〉がかたちづくられるプロセスにそって考えてみよう。

政治思想の研究者である岡野八代は、〈アイデンティティ〉と承認との関係を論じるなかで、チャールズ・テイラーの議論を追いつつ、つぎのように述べる。

> 自己のアイデンティティは、他者によってのみ決定されるわけではない。しかし、わたしたちが言語を他者から学ぶことによって習得していくように、自己の輪郭もまず、他者との関係によって形成されていくのである。〈わたし〉を定義することは、他者とわたしのあいだにある差異において、その差異のなかでも「意味のある」差異を見いだすことを意味するからだ。〔岡野、二〇〇三、一四七頁〕

「自己の輪郭」が形成されていくには、「他者との関係」が必要となる。言い換えれば、それは、ときにはみずから名づけ、ときには他者から名づけられるというように、社会における相互作用の交差から縁どられる動的な形成である。であれば、当然のことながら、「自己の輪郭」は、多くの相互作用を経て、つねに変化しうるし、変化していくものでもあるだろう。

ここで、掛札が指摘した「輪郭」を辿ろうとはしない人びと〔↓30頁〕のことを振り返りたい。「「意味のある」差異」として「レズビアン」という名づけを引き受け、「自己の輪郭」を語りはじめたとたん、まったく異なる恣意的な「輪郭（焼印）」が人びとから押しつけられる。自分自身の「輪郭」を語ることで人びとに求めた応答は、人びとがその人自身の「輪郭」を問いなおすことであったにもかかわらず、そして、「「意味のある」差異」の発見が「レズビアンである」という語りを生み出したにもかかわらず、その「意味」がかき消され、「窓のない貨車につめこもうと」されてしまう。

まさに、その場で、レズビアンの抹消が起こっているといえるだろう。「レズビアンである」という表明をする側は、他者との「「意味のある」差異」をみいだしつつ、「自己の輪郭」を何度も辿らざるをえない状況が強いられる。しかし、その表明を聞く側は、「自己の輪郭」を辿ることをせずに、そのまま通りすぎることができるし、問いかけへの応答を回避するどころか、問いかけすらなかったことにして（無化して）、これまでの日常を再開できる。ここに非対称性が、権力関係が存在する。

なぜ、このような非対称性が生み出されるのであろうか。その生成プロセスを、「レズビアン」という、「「意味のある」差異」としての〈アイデンティティ〉を引き受ける行為に注目することで、読み解くことができるのではないだろうか。

〈レズビアン・アイデンティティ〉を論じること

「レズビアン」と〈アイデンティティ〉というふたつの軸が重なるところに、〈レズビアン・アイデンティティ〉は存立しうる。繰り返すが、〈アイデンティティ〉が永続的なものではない（つねに変わりゆくものである）以上、〈レズビアン・アイデンティティ〉も、「同一性」や「一貫性」を前提とするものではない。

であれば、「レズビアン」という呼称に固執しなくても良いではないか、との反論も予測される。きわめて私的な実感で述べれば、昨今、セクシュアル・マイノリティをテーマとした集まりや大学の教室において、「レズビアン」という名づけを引き受ける人びとの数が減っているのではないかと感じることが多くなった。逆に増えているのは、「レズビアンかもしれない」、「すくなくともヘテロ（異性愛者）ではない」と語る人びとや、性自認に揺らぎがある人びとに出会う確率である（この実感自体、わたし自身の日々の生活という、きわめて限られた場での出来事にすぎないのであるが）。

とりわけ日本でも、一九九〇年代後半以降、〈クィア queer〉という言葉が、セクシュアリティをめぐる／にまつわる研究やアクティヴィズム（社会運動や表現活動など）のなかで多用されるようになり、分析ツールとして流通しはじめた。〈クィア〉とは、ある意味ではとても〝便利〟な言葉だ。

もともとこの言葉は、ゲイ男性への蔑称（「変態」「おかま」などの意味）として使われてきた。しかし、この言葉（焼印）を押しつけられてきた人びとは、逆にこの言葉を横取りして自分のものとし、そこに独自の意味を込めるようになった。人びとの連帯を志向するためと、人びとのあいだにある非異性愛者の差異を認識するためのツールとして、使われるようになったのである［河口、二〇〇三］。その後、〈クィア〉は、とくに日本の社会学の分野で、〈アイデンティティ〉概念を用いた研究やアクティヴィズムに対抗するツールとして、散見されるようになってもいる。残念ながら、ある種の〝アンチ〟概念として用いられてきた傾向もある。

また、異性間の婚姻制度に則って「特権」をもって生活する人びとが、マイノリティと連帯するために、みずからを〈クィア〉と表現することをみかけることすらある。この点については、つぎのような指摘がある。

村山敏勝によると、「脱構築的なアイデンティティ批判が当然のようになされていたのとまさに同じ時期に、クィアという名で呼ばれるアイデンティティはようやく形成されてきた」という。すなわち、〈クィア〉という言葉自体、「時代的な必然」をもって登場したのである。その経緯を踏まえて、「クィアという語があまりにも融通無碍でありすぎる、という批判」がたびたびなされてきたことを、村山は指摘する。「実際、単婚的一対一ヘテロセクシュアル関係を享受している表面的に「ノーマルな」人間が、あらゆるセクシュアリティの自由と平等を旗印にして「われこそはあらゆる人と同様にクィアなり」と宣言しても、たんに趣味の悪いジョークでしかないだろう」、と［村山、二〇〇五、一一一頁］。

〈クィア〉は、いまある規範への抵抗手段、もしくは対抗概念として生み出されてきた。村山が「あくまで、このことば［クィア］がまず同性愛者を意味するという慣習のもとで意味をもつ」と指摘するように、そこにはマイノリティによる問題提起が色濃く込められているのだ。特定の人たちを排除するための名指しがあり、それに応答する抵抗もしくは対抗が生み出される。そして、そもそも侮蔑のために用いられてきた〈クィア〉は、侮蔑された人びとによって、その意味が問い返され、みずからの「輪郭」を辿るプロセスを経ることで、分析ツールとして、あらたな意味をもちうるに至ったのである。

村山が論じる〈クィア〉の可能性を踏まえつつ、本書では、あえてその原点に立ち返るという手法を採りたい。すなわち、二項対立的に置かれてきた、同性愛／異性愛、女性／男性という社会規範をずらすことを第一の目的に置くのではなく、その一歩手前で立ち止まってみたいのだ。たしかに、ずらす行為は、その影響力を増幅していくことによって、もしかして結果的に、レズビアンを抹消する社会規範／構造が意味をなさなくなる状況を生むかもしれない。それでもなお、あえて留まってみたいのだ。レズビアン、という地点に。〈クィア〉という言葉を使って表わされる存在や出来事のなかにも、権力関係があるのではないか、ということをあきらかにする出発点として。

その地点に立ち止まり、レズビアンを抹消する社会規範／構造を詳細にみていくことは、どこをどのようにずらしていくことができるのか、その戦略を立てるプラットフォームを考えるための準備作業でもある。

たしかに、同性愛／異性愛、女性／男性という二項対立は、社会的に構築されたフィクションであることは、もはや現在のわたしたちには周知の事実である。しかし、そのフィクションは、フィクションであることを暴露されつづけても、なおも、さまざまな場面で補強され、再生産され、この社会のなかで、異性愛主義、男性中心主義という強固な規範として作用しつづけている現実がある。であれば、その網の目をつぶさに読み解くことによって、それらの社会規範がもつ、ほころびや裂け目をあきらかにしていきたいのだ。

ひとまずは「レズビアン」に注目し、こだわりつづけるのは、異性愛主義、男性中心主義という規範を同時に問題化し、考えていくためである。そこにしつこく留まることによって、〈レズビアン・アイデンティティ〉を、さらには〈レズビアン・アイデンティティーズ〉の可能性を、模索することとしたい。

そこで、次章以降において、アイデンティティ・ポリティクスの輪郭と経緯――なぜ〈アイデンティティ〉を足がかりとした運動が必要とされたのか――について、具体的に辿っていくこととする。しかしその前にいったん、「セクシュアル・マイノリティ」とは、いったいどのような人たちを名指す言葉であるのかを確認しておこう。

第2章

アイデンティティ・ポリティクスを辿ってみる

わたしたちの社会の輪郭をえがくには、さまざまな視点がある。たとえば、フェミニズムは、社会が男性支配の場であることを指摘してきた。また、ゲイ・スタディーズ／アクティヴィズムは、同様に、社会が異性愛主義によって支配される場でもあることを提示してきた。これらの分析は、男性／女性、異性愛者／同性愛者という、対立的にえがかれるカテゴリーのあいだに、それまで認識されてこなかった権力関係があることを、まずは問題の俎上にのせる試みであった。

その試みの延長上に、近年の日本では、「セクシュアル・マイノリティ（性的少数者）」という包括的な言葉が頻繁に使われるようになったことは、前章でほんのすこし触れた。では、セクシュアル・マイノリティとは、いったい、どんな人たちのことなのだろうか。まずは、フェミニズムとゲイ・スタディーズ／アクティヴィズムとが指摘してきたふたつの軸にも関連する視点から、確認しておきたい。

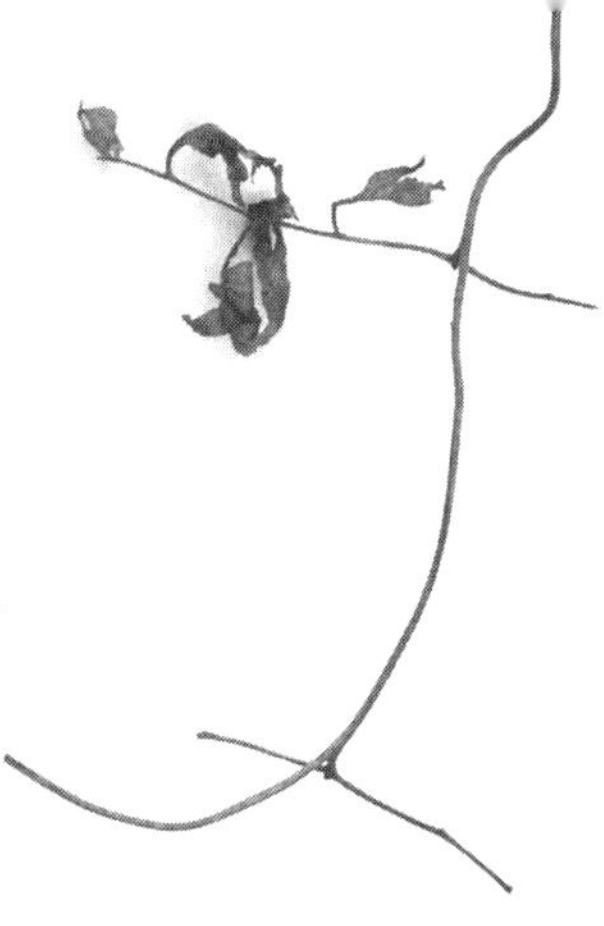

セクシュアル・マイノリティと〈アイデンティティ〉

セクシュアル・マイノリティとは[1]、①解剖学的性差（sex）および社会的・文化的性差（gender）が女／男に分離され、固定されていることを前提とする「性別二元論」、②性的指向が異性に向いている状態を前提とする「異性愛主義」、これらふたつの軸が重なっているところからは外れる人びとを指す、と定義しておく。

しかし、この定義もややこしいので、マイノリティの存在を羅列するのは気のすすまない行為ではあるが、例示しておこう。ひとつめの性別二元論の軸からみた場合は、身体的性別と社会的性別や性自認とが一致しないトランスジェンダーや、そもそも身体の性別を女／男いずれかに限定することが不可能なインターセックスなどの存在があてはまる。また、ふたつめの異性愛主義の軸からみた場合は、性的指向——性意識の向く方向性——が、同性に向く同性愛者や、両性に向く両性愛者[2]などの存在が該当する。考えてみれば、セクシュアル・マイノリティとは、いま挙げただけでも、身体からライフスタイルに至るまで、ずいぶん広い事柄がテーマとなっているし、かなり広範囲な人びとを包含する言葉でもある。

　言い換えておこう。「性的少数者」とは、「性的多数者」からこぼれ落ちるところの残余カテゴリーでしかないのだ。いや、そもそも、「性的多数者」などというカテゴリーを、わたしたちは想定することができるのだろうか。少なくとも、そのような言葉は、多くの人びとにとって、日々の生活では出くわさないであろう。言ってみれば、「性的多数者」とは、社会のなかで無徴な存在——〝あたり前〟の存在——とみなされている先入見のことである。

　セクシュアル・マイノリティという包括的な言葉が積極的に使われるようになった背景のひとつに、特定の属性（輪郭）のみに限定することを戦略としてきた、アイデンティティ・ポリティクスに対する疑いがあるともいえる。たとえば、「同性愛者」とひとくくりにしてしまうと、ほかのマイノリティの存在（たち）を取りこぼしてしまう。共通点をもちながらも、ジェンダー格差に根ざすさまざまな状況のちがいを軽視できないレズビアンと、ゲイ男性という存在（たち）を、「同性愛者」という言葉が、一括して代表してしまう。アイデンティティ・ポリティクスへの疑義は、ひとつの中心的な属性を帰属先とする集合的な〈アイデンティティ〉——たとえば「同性愛者」――が、ある種の権力を発動してきたのではないかという疑いでもある。ほんらい多様であるはずの個々のちがいを抹消し、意図的に一枚岩の輪郭に集約してしまうことが疑問視されたといえる（後の節であらためて詳しく述べる）。

では、わたしたちは、もはや「同性愛者」という集合的な〈アイデンティティ〉にしがみつくことなく、そこから距離をとることによってしか、あらたな地平――「つながっていく可能性」など――をめざすことができないのだろうか。しかし、第1章でも述べたように［⬇34頁〜］、ことはそう簡単でも単純でもなさそうだ。たとえば、いまも現に、「同性愛者」という名づけを引き受け、その存在の可視化を求めて集合行動――人びとが集まる場をつくったり、ウェブ上で意見を公表したりといった行動も含む多様な活動――を生み出そうとする動きがつづいている。個々人が発する声は、ともすると、かき消されてしまう。もし一時的に注目を集められても、すぐに消費され、忘却されてしまう。だからこそ、社会に何かを訴えていこうとしたと

1―― レズビアン、ゲイ、バイセクシュアル、トランスジェンダーの頭文字をとって「LGBT」と表現されることも多い。また、「性的少数者 sexual minorities」は複数形で語られることがあり、たとえば、セックス・ワーカーや、年齢差のあるパートナーシップ関係をもつ人びと、サド＝マゾヒズムにかかわる人びとなどを含む概念として使われることもある［Butler, 1997: 13］。

2―― ただし、両性愛者（bisexual）の場合、性対象選択の際に相手の性別が重要な要素とはならない人びとである、と表現されることもある。

きに、集合行動は不可欠になる。しかも、地に根をはりうるような、強く、持続的な集合行動が。また、集合行動を生み出していこうとすると、そこに足がかりになるものが必要になってくる。その足がかりとして、「同性愛者」という集合的な〈アイデンティティ〉を必要としている人びとは、確実に存在するのだ。

しかし一方で、そもそも「同性愛者」を、一枚岩の集合的な〈アイデンティティ〉としてとらえることができるのか、という問いの前に立ち止まることも必要だ。たとえば、レズビアンについて考えぬこうとするときも、「同性愛者」というとらえかたのみでは、たくさんの取りこぼしや抹消が生じてしまうことはあきらかである。

また、〈クィア〉という用語をアカデミズムに導入したテレサ・デ・ラウレティスは、つぎのように指摘している。病理の名称としてつくられた「ホモセクシュアリティ homo-sexuality」というラベルへの対抗言説として「レズビアン／ゲイ lesbian/gay」という言葉が生まれた。しかし、その「レズビアンとゲイ」という用語を使用するさいの問題のひとつとして、一見、ジェンダーのちがい（レズビアン／ゲイ）を表わしているようにみえるこの言葉のなかにおいてすら、ジェンダーをめぐる格差（権力関係）をとらえる視点が欠如していたのだ、と。

もう一度述べるが、〈アイデンティティ〉は、単独でかたちづくられるものではない。自己の輪郭が彫琢されていくのは、他者との関係によるのであり、他者と自己のあいだに「「意味のある」差異」をみいだす営為であるという、前章での議論［➡38頁］を思い起こしてほしい。あるいは、〈アイデンティティ〉は「社会的に承認されてきた一連の差異との関係において確立される」という、ウィリアム・コノリーの議論〔Connolly, 1991＝一九九八、一一九頁〕も参考になるだろう（これらの議論はこの章の末尾でもあらためて言及する）。レズビアンとは、異性愛者の女たちとのあいだにある差異と、同性愛者の男たちとのあいだにある差異とを同時に問題化し、これらの問いのただなかに〈アイデンティティ〉を構築してきた存在であるといえる。しかし、「レズビアンとゲイ」という言葉と同様、注意しなければならないのは、ただたんに「異なる」というだけでなく、そこには非対称的な権力関係が介在しているという点である。

この第2章では、まず「**〈アイデンティティ〉を求める解放運動**」の節で、レズビアン／ゲイの社会運動がアイデンティティ・ポリティクスを採用してきた流れを簡単に整理し、そして「**「レズビアン」とは誰か？**」にて、「レズビアン」の定義をめぐるこれまでの議論を追う。その上で、「**揺れる定義からみえるもの**」の節で、レズビアンとゲイのあいだにあるジェンダー格差について考えていくこととしたい。

〈アイデンティティ〉を求める解放運動

そもそも、〈アイデンティティ〉はなぜ必要なのだろうか。この点から簡単に整理し、みていくこととしよう。

〈アイデンティティ〉と承認の政治

政治哲学者のチャールズ・テイラーはつぎのように述べる。〈アイデンティティ〉とは「ある人が誰であるかについての理解、すなわち彼らが人間としてもつ根本的な明示的諸性格についての理解」である、と。そして、それはときに「他人による承認、あるいはその不在、さらにはしばしば歪められた承認

（*misrecognition*）によって形作られる」〔強調は原文〕ものである、と。テイラーによると、一定の集団や個人に対する「不承認や歪められた承認は、害を与え、抑圧の一形態となりうる」ものである。たとえば、女たちが置かれた状況を例にとり、テイラーはつぎのように述べる。

> あるフェミニストたちは、家父長制的社会における女性は、自らについての貶められた像を受け入れるように仕向けられてきたと論じてきた。彼女たちは自らが劣っているという表象を内面化してきたので、前進を阻む客観的な障害のいくつかが消失したときでさえ、この新しい機会を利用する能力をもたないかもしれないのである。さらにこれにとどまらず、彼女たちは、**低い自尊心しか持ちえないという苦痛を被る**よう運命づけられている。
> 〔Taylor, 1994＝一九九六、三八頁、強調は引用者〕

テイラーがここで示しているのは、女は（男よりも）「劣っている」というメッセージを、女たち自身が内面化しつづけるという「運命」である。内面化しつづけられるメッセージは、たとえ社会制度が改善されたとしても、女が「低い自尊心しか持ちえないという苦痛を被る」という結果を生み出す。

このような「害」を「運命」として甘受しないために、テイラーは、「不承認や歪められた承認」を与えられた者にとっての「最初の任務は、この押しつけられた、そして破壊的なアイデンティティを自らのうちから取り去ることでなければならない」と主張する〔同書、三九頁〕。

この視点を踏まえるならば、マイノリティにとって、〈アイデンティティ〉を足がかりとする社会運動は、「不承認や歪められた承認」への抵抗・対抗手段として、重要な意味をもつことが読みとれる。「押しつけられた〔…〕破壊的アイデンティティ」を取り去るという行為は、マジョリティが自明視する社会規範を問うと同時に、歴史のなかで内面化されてきたアイデンティティに疑問を投げかけ、「低い自尊心しか持ちえないという苦痛」を変革しようとする試みでもある。それは、マイノリティが、自己の輪郭を問いなおし、みずから内面化してきた自己に対する蔑視を克服し、「自尊心」を回復する作業であるともいえる。

ところで、レズビアン／ゲイにとって、「不承認や歪められた承認」とは、具体的に何であるのだろうか。その問いに近づくために、ひとまずは、北米レズビアン／ゲイの解放運動という文脈からみていこう。

レズビアン／ゲイとアイデンティティ・ポリティクス

カナダのアクティヴィズムの歴史を記したトム・ワーナーは、レズビアン／ゲイ解放運動が目指した要求として、つぎの二点を取り上げる。まず、レズビアン／ゲイの自己イメージを変化させること。すなわち、権利の平等を求めるだけでなく、レズビアン／ゲイが不可視化され、抑圧されてきたことに人びとの意識を喚起し、制度化された異性愛主義や同性愛（者）嫌悪と闘うこと。つぎに、同意のある性行為を禁止するような法の強化や、宗教右派、「家族の価値尊重派」やその支持者たち[3]がまき散らすような性的・社会的表現に対する全面的な規制という、自由への脅威と闘うこと。それと同時に、同性愛を病理や不道徳とみなす通念のなかでつくられてきた、〈寛容〉や〈同情〉といったリベラルな概念にも挑戦することである［Warner, 2002: 7-9, 13］。

つまり、解放運動の要求は、レズビアン／ゲイが、マイノリティとして、マジョリティの価値観のなかに包摂されることでは、ない。抑圧の現実を俎上にのせ、存在を可視化させると同時に、マジョリティによって向けられる〈寛容〉や〈同情〉をも問題化していくことを、ワーナーは強調している。つまり、マジョリティの規範に包摂されることを拒絶している、と解釈することもできるのだ。

では、なぜこのような主張へと至ったのだろうか。その経緯を簡単にみておこう。

3——「家族の価値尊重派」の主張については、本書の第6章で触れる。またこの主張を支える人びとは、キリスト教を中心とする「宗教右派」が主たる集団であるが、いわゆる「一般的」なキリスト教信者のなかにも異性愛主義や同性愛（者）嫌悪は根強くある。しかし、キリスト教の教義（教え）はその歴史のなかで解釈には異なりが生じており、かならずしも同性愛者を排除する主張が主流であるわけではないことは特筆しておきたい。［堀江、二〇〇六b］を参照いただきたい。

社会学者の風間孝は、第二次世界大戦後の、アメリカ合州国における同性愛者の社会運動史を整理し、その流れを、①「ホモファイル運動」、②「同性愛解放運動」のふたつに分類する。前者は、ⓐ「同性愛を嗜好(-phile)の問題」とみなし、ⓑ「同性愛に対する寛容を求め、社会への同化を志向していた」ことに特徴づけられる。それに対して後者は、「同性愛者であることを公言すること——カミングアウト——に積極的な意味」をみいだし、差異を強調するという特徴をもつという［風間、二〇〇二b、三四八－三四九頁］。

とくに後者の流れを生み出すきっかけとなったのは、一九六九年にニューヨークのグリニッチ・ヴィレッジで起こった「ストーンウォール・インの蜂起」である。この「蜂起」は、ゲイ男性やドラァグ・クィーン（異性装者）が集まるバーへの警察の手入れに対して、そこに集っていた人びとが抵抗し、同性愛者が社会運動を広げるきっかけをつくったと語られてきた出来事である。

社会学者のバリー・アダムは、この抵抗の背景を、一九六七年ごろから合州国やヨーロッパなどの主要都市を中心に起こっていた学生運動や反戦運動などの広がりにみている。すでに、グリニッチ・ヴィレッジの近隣のバーへの警察による執拗な手入れは、三週間もつづいていた。そのような嫌がらせに対して、その日、バー「ストーンウォール・イン」に居あわせた人びとは、自分たちの権利主張のために、抵抗運動へと立ち上がることになったのである［Adam, 1995: 81-82］。

この出来事が象徴的に語り継がれるなか、合州国の大都市を中心として、レズビアン／ゲイたちによる社会運動が広がりはじめる。運動をしていくなかで、執拗な嫌がらせを受けたり、いのちを奪われたりする危険から身を守る権利を獲得するため、レズビアン／ゲイたちは、「レズビアン／ゲイ」という〈アイデンティティ〉を足がかりとした社会運動を創りだしていく。この社会運動は、「自分たちがホモセクシュアルだと、またはホモセクシュアルだとみられていると発見したり、そう思われる可能性があると恐れたりする女性や男性が、法律、宗教、精神療法、大衆文化、医学、軍隊、商業、官僚制度などの様々な制度に、そして容赦ない暴力によって、肉体的精神的な脅威にさらされている」状況への抵抗・対抗であった［Sedgewick, 1990＝一九九九、七八頁］。

一九七〇年代以降には、この社会運動のなかで、〈性的指向 sexual orientation〉という概念が広がり、「生まれながらではないにせよ、幼年期には確立されてしまう固定された条件」をめぐる主張が生み出されていく［D'Emilio, 1983＝一九九七、一四五頁］。この主張にもとづいて、レズビアン／ゲイを、権利を剥奪された存在、マイノリティ集団として位置づけ、権利の獲得をめざす運動が立ち上げられるようになっていく。

レズビアン／ゲイたちが運動を推進していくにあたってモデルとしたのは、人種／民族的マイノリティ、とくにアフリカ系アメリカ人たちによる公民権運動の手法である。異性愛主義への抵抗戦略として、人種／民族的マイノリティが採ってきた手法が用いられるようになった。いわゆる「エスニック・モデル」と呼ばれる戦略である［Altman, 1982］。

社会学者のスティーヴン・エプスタインによると、この人種／民族的マイノリティ集団の手法を流用した「エスニック・モデル」は、「公民権闘争や、民族に根ざした利害集団の闘争の歴史をもつ米国の経験には、とくに合致する集団組織づくりの形態」であり、レズビアン／ゲイに「明確に政治的な有用性」をもたらすことになったという。そして、「それまで個々人としての同性愛者（homosexual）は否定されてきたが、市民権を主張することによって、集団としてのゲイは正当性／合法性（legitimacy）を要求することが可能となった」のである[Epstein, 1987/1992: 255]。このような「エスニック・モデル」は、たんなる抽象的なプランに終始することはなかった。ゲイ男性たちは、ニューヨークやサンフランシスコに集住して生活をはじめ、独自の地域コミュニティを形成するに至ったのである。

ただし、エプスタインも述べるように、その地域コミュニティの中心をなしたのは、多くの場合、白人ゲイ男性たちであったのだが[*ibid.*, 256]。つまり、このような「制度化された異性愛主義や同性愛（者）嫌悪」への抵抗手段としての戦略も、①「エスニック・モデル」のもつ限界性と、②それにもとづく主張内容の限界性とが、あらわになるのである。

たとえば、①については、運動のなかで、以下のふたつの問題が浮上した。まず、「レズビアン／ゲイ」という〈アイデンティティ〉のみが強調されることによって、白人中心主義や男性中心主義といった、運動が内部に抱える非対称の権力が見逃されてしまうことが批判されるようになった。[4] そして、この問題と重なりつつ、集住地区が、ゲイの空間のなかだけで生活のすべてを完結できる、「ゲットー」のような排他的様相をおび、異性愛が中心の一般社会とは切り離されていって、分離主義の傾向が生まれることになった。[5]

また、②については、さらに以下のふたつの問題があらわになった。まず、〈性的指向〉を、「生まれながらではないにせよ、幼年期に確立されてしまう」条件とみなすことによって、レズビアン／ゲイであることが、運動において、「不変のアイデンティティ immutable identity」として唱えられてしまう問題である。つまり、レズビアン／ゲイであることが、歴史的・地域的な背景や文脈によるちがいを無視して、固定された同一のイメージとして認識されて一般化してしまうのである。そして、もうひとつの問題は、ゲイやレズビアンも異性愛者とかわらず、「普通の」人間である、と主張することが、異性愛主義社会への同化に身をまかせる結果になることである。しかも、「普通の」に加えて、「健康な」、「良い」といった形容詞がつぎつぎとかぶせられることによって、レズビアン／ゲイ当事者のあいだに、「善／悪」という区別と格差（良い

4―― 非白人のレズビアンの視点から提示された批判としては［Moraga and Anzaldua, 1981］を参照のこと。

5―― たとえば、エプスタインは、ニューヨークやサンフランシスコの街の、「分離」された一角の光景を、「ゲイの教会、ゲイの銀行、ゲイの映画館、ゲイのハイキング・クラブ、ゲイの本屋、そして、何百もの、ゲイが経営するビジネスを掲載したイエローページ」と、えがいている［Epstein, 1987/1992: 256］。

レズビアン／悪いレズビアン、良いゲイ／悪いゲイ、健康なゲイ／異常なゲイ、…）を生み、さらなる非対称的な階層秩序をもたらしてしまう、という批判も向けられた。▼6

また、合州国において当時、同性愛者に対する弾圧があったことや、同性間の性行為が犯罪とされていた文脈にも、注意を向ける必要があるだろう。歴史学者のジョージ・チョーンシーは、合州国における、婚姻制度の同性間への適用を唱えたゲイ解放運動史を整理するなかで、レズビアンやゲイをとりまく状況の劇的な変化について、つぎのように述べている。

> これらの変化が起こったのは、国家やその他の行政機関が、性的アイデンティティは個々人の自我の鍵となる要素だと決めつけ、ゲイからは無条件に市民権を奪うという冷酷な行為に出て、そのことが第二次世界大戦後のゲイの「アイデンティティ運動」に弾みをつけたからだ。そしてこの運動が結果的に成功したのは、数十万人もの人々が互いに手を取り合い、自分の仕事や社会的地位、家族との関係を危うくしてでも、自分たちの生を取り巻く状況を変えてゆこうという意志を貫いたからだ。
>
> ［Chauncey, 2004＝二〇〇六、五四頁、強調は引用者］

運動のただなかで、〈性的指向〉という概念が使われることによって、「レズビアン／ゲイ」という、足がかりとしての〈アイデンティティ〉が構想され、剝奪された権利を回復するプロセスがみいだされていった。そして、レズビアンとゲイとが、「同性愛者」として解放運動を共有する場が、広がるに至ったのである。

しかし、ここでひとつの明白な疑問が生じる。そもそも、レズビアンとゲイ男性とは、並列的に一括して語ることができる存在なのだろうか。これまでにみてきた解放運動の経緯を踏まえた上で、つぎに、「レズビアン」について踏み込んでいくことにしたい。

6――　このような指摘は、合州国における同性間の婚姻をめぐる議論にもみてとれる。ジュディス・バトラーは、同性間の婚姻を法的に承認することによって、人びとの関係性を合法／非合法というカテゴリーに区別するのみならず、非異性愛者のあいだに諸々のヒエラルキーを生み出すことになると述べている [Butler, 2004: 106]。なお、婚姻をめぐる議論については、本書の第6章で検討する。

「レズビアン」とは誰か？

前節では、合州国の解放運動が、「レズビアン／ゲイ」という、マイノリティ集団としての〈アイデンティティ〉を生み出してきた歴史をふりかえってみた。このような歴史のなかで、他方では、「レズビアン」という名をめぐって、運動の展開と伴走しながら、さまざまな議論が提起されてきた。「レズビアン」とは、いったい、誰のことなのか？——この問いは、レズビアン・スタディーズにおいても、レズビアン・アクティヴィズムにおいても、重要なテーマのひとつであろう。言い換えれば、「レズビアン」という名の定義は、確定することなく、たえず議論にさらされてきたといえる。

まずは「レズビアン」の定義の変遷を、アメリカ合州国の状況を例にみておこう。ここで合州国の例を取り上げるのには、ふたつの理由がある。まず、「レズビアン」の社会運動が、ある程度まで社会的に可視化され、大きなうねりを生み出してきたがゆえに、議論の特徴をつかみやすいという利点がある。もうひとつの理由は、英語圏で生まれた「レズビアン」という言葉が日本でも使われているなど、現状では、「レズビアン」の運動は、合州国からの影響を色濃く受けている背景があるからである。▼7

合州国におけるフェミニズム運動のなかで、レズビアンをめぐる事柄が大きな論点となったのは、一九七〇年代以降のことである。また、同時に広がったレズビアン／ゲイ解放運動においては、その担い手の中心がゲイ男性であったために、レズビアンは、その存在が認識されないという不可視の歴史をも辿ってきた。したがって、まずは運動の前史をみる必要もあるだろう。そこで、いったん二〇世紀初頭にまでさかのぼって、「レズビアン」という言葉が合州国

7―― 英語圏からの輸入を日本の「レズビアン」の出発点として把握することへの注意も必要である。赤枝香奈子は、戦後早い時期、雑誌等のなかで、すでに「レスビアン」という言葉が使われていた背景を考察し、もともとフランス語がカタカナ読みされていた点を指摘している［赤枝、二〇一四］。また、一九六〇年代以降、日本の一般雑誌で女性同性愛者がどのように表象されてきたかは［杉浦、二〇〇五、二〇〇六］に詳しい。さらに、29頁の註2も参照。

において使われてきた経緯を一瞥する。その上で、フェミニズムとのかかわり、ゲイ男性とのかかわりの、ふたつの側面から「レズビアン」定義の変遷を追っていくこととしたい。

「レズビアン」の顕在化

合州国において、レズビアンが顕在化したのは、二〇世紀初頭のことである。それまでは、「女同士の親密な関係性」は、「ロマンチックな友情」として、いくつかの制約はあったものの、「れっきとした社会制度として尊重されてきた」という。その状況が一変するのは、性科学者による言説が人びとのあいだに流布していくことによってであった[8]。つまり、一九世紀後半になって、「性倒錯の女」としての「レズビアン」というカテゴリーがつくりだされたのである［Faderman, 1991＝一九九六、四頁］。

もちろん、性科学者の生み出した専門的な言説が、即座に、社会のすみずみまで浸透していったわけではない。二〇世紀に入っても、「ロマンチックな友情」は生きながらえたのである。と同時に、中産階級の女たちが、後に「レズビアニズム」と呼ばれる友愛をも育んでいくことによって、「ロマンチックな友情」言説を賦活させていったのである。その背景には、女たちが、生活のために男と結婚するという選択肢をとらずとも、自活できることを可能にした社会的・経済的な変化があった。とりわけ、高等教育を受ける機会が開かれたことも大きい。教育を飛び板として専門職に就く女たちが続出し、経済的に自立できるようになったのである。また、女子大学という閉じた空間のような、女同士の親密な関係性を育む場が生まれたことも、「レズビアニズム」と呼ばれる友愛が拡充した背景のひとつとして、付け加えることができる［同書、一二一―一二三頁］。とはいえ、これらはあくまで、特定の階層の女たちに限定された特典ではあっただろうけれど。

このように、レズビアンを「性倒錯の女」とする性科学者の言説と、「ロマンチックな友情」言説とは、しばらく並存することとなる。しかし、「性倒錯の女」という負のラベルを貼る性科学者の影響も徐々に広まっていく。そのため、その抵抗手段として、一九三〇年代には、「レズビアン」を自認する人びとが、独自のネットワークをつくりはじめるのである。その結

8――　合州国における「ロマンチックな友情」をえがきだしたのは、スミス＝ローゼンバーグである［Smith-Rosenberg, 1975＝1986］。赤枝香奈子は、フェダマンがレズビアンの歴史に重ねて読み解くことによって、この「友情」により注目が集まったと指摘する［赤枝、二〇一一、二四頁］。また、竹村和子は、「ロマンチックな友情」とは、女同士の親密な関係性を「脱性化して骨抜きにしながら容認する二重操作」であると指摘する。それは、長らく、「同性愛抑圧（異性愛主義）の前触れとして」認識されることが多かった。しかし、竹村が述べるのは、「男女のセクシュアリティを非対称形に固定する性差別的な性配置の虚構性を糊塗するために」「性対象の性別をめぐる階層秩序」が生み出されるプロセスの「きわめて当然の帰結」として把握すべきだという点である［竹村、二〇〇二、五〇頁］。竹村が指摘するように、「ロマンチックな友情」が消されていくプロセスのみならず、それ自体が維持されていた背景にも、性差別的な性配置があったことに注意しておきたい。ただ、このような竹村の指摘に対して赤枝は、「ロマンチックな友情」が隆盛した一八世紀イギリスも含め、それ以前の歴史について竹村が触れていない点に着目する。この点から、「ロマンチックな友情」が「同性愛抑圧の前触れ」として普遍化されることには注意を促している［赤枝、同書、三四頁］。

果、この時代に「レズビアンの自覚をもった女たちは、数十年前までロマンチックな友情を育んでいた母や祖母の世代とはずいぶん異質な集団」となっていく。というのも、「(性的接触を含む、女どうしの性愛の可能性に対する)女自身の性的自覚と社会の意識が、(女どうしの愛は病的かつ退廃的だという方向に)変わったから」であった。そのため、「前の世代が(ややもすると欲求不満の中で)謳歌していた純粋さが完全に死に絶えた三〇年代において、女から女への愛が「レスビアン」と呼ばれるのは避けられず、その定義は明らかに性的なもの」になってしまったのである[同書、一三一頁]。▼9

そして、第二次世界大戦を迎えるなか、軍隊内でのレズビアン排除の規律化や、レズビアンに「性倒錯の女」というラベルを貼りつける性科学者による言説の流布、その言説にもとづいて治療を施そうとする精神医学の拡張など、レズビアンへの「犯罪」、「病理」というまなざしが、人びとのあいだに広がっていく。しかし、このような状況のなかでも、レズビアンたちは、自分たちが集える空間をつくりだしたり、ネットワークを拡大していく活動をつづけていった。「犯罪」や「病理」というまなざしは逆に、たとえリスクを冒してでも、共有空間をもつ意義や、対抗的な言説を表現する場の必要性を、レズビアンたちに痛感させたといえるだろう。

レズビアンとフェミニズム

つぎに、合州国のフェミニズム運動において、一九六〇年代後半からはじまった議論をみていくこととしたい。先の「**〈アイデンティティ〉を求め**

る解放運動」の節〔⬇54頁〜〕でみてきたレズビアン／ゲイの解放運動とほぼ同時期、フェミニズム運動では、レズビアンをめぐるもうひとつの議論がまきおこっていた。

一九七〇年、ニューヨークで「第二回女性連帯会議」が開催された。この会議に参加するにあたって、レズビアンのグループ「ラディカレズビアンズ Radicalesbians」は、「女と一体化した女 The Woman-Identified-Woman」と題した声明文を準備して臨んだ。声明文の冒頭には、「レズビアン」の定義がつぎのように記されている。

> レズビアンとは爆発点にまで達したすべての女たちの怒りである。レズビアンとは、社会が〔…〕女に認める以上に、もっと完全で自由な人間でありたいと願う、内なる衝撃のままに行動する女である。〔…〕レズビアンとは、社会のもっとも基本的な役割——すなわち女の役割——に課せられた制限や抑圧を、断固拒絶した女である。
>
> 〔Radicalesbians, 1971/2000: 233〕

9——　原美奈子と富岡明美は、翻訳にあたって「レスビアン」という表記を用いている。富岡はその理由をつぎのように述べる。「現在多く流通している「レズビアン」ではなく、「レスビアン」としたがこれは、紀元前六〇〇年頃サッフォーが女性のための学校を作った島、レスボス島、を記憶に留めるためにあえてそうした」〔Faderman, 1991＝一九九六、三九三頁〕。また、先述の29頁の註2および65頁の註7も参照のこと。

ラディカレズビアンズは、「レズビアン」を、「女の役割」として「課せられた制限や抑圧を、断固拒絶した女」と定義し、女に課せられた性別役割分担(gender role)をその問題の焦点に据えることで、あえて女同士のあいだにある性的な意味あいを割愛した。ラディカレズビアンズがこのような戦略をとるには、理由があった。そのひとつとして、レズビアンに対して、「男と一体化した女 The Woman-Identified-Man」という負のラベルが貼られてきた現実を看過できなくなった状況があげられる。

合州国では、一九五〇年代から労働者階級を中心としたレズビアンたちのなかに、「男」／「女」役割をもつ、ブッチ／フェム文化[10]が形成されてきた。リリアン・フェダマンによる歴史研究は、このブッチ／フェム(男役／女役)文化には、ふたつの背景があったことを解き明かしている。この文化が生まれた背景と、そして維持されてきた背景とである。まず、レズビアンとしての生き方を示すモデル・ケースが、その時点ではなかったことが、ブッチ／フェム文化が生まれた背景をなしている。そして、維持されてきた背景として、この文化が、レズビアンとしてのアイデンティティをかたちづくる際に、きわめて重要な駆動力になったことを軽視できない。

まず、ひとつめの背景の、モデル・ケースの不在についてみていこう。レズビアンであるという自認をもつ女たち、とくに労働者階級のレズビアンたちにとって、異性との婚姻制度に依存せずに生活するには「実際にはどうすればよいかという手本はまったくなかった」のである。さらに、女同士の親密な関係性をどう維持していくかについても、この時代は、モデル・ケースがほとんどなかった。そんなかのじょたちにとって、親密な人間関係の身近なモデル・ケースは、「異性関係のモデルだけ」だった。

生きていくためのモデル・ケースがないなかで、かのじょたちは、「異性関係のモデル」を模倣して、「男」／「女」という役割分担を、自分たちの関係性のなかに生み出すことになった。いわば、異性関係のモデルを「盗用 appropriate」したのである。とはいえ、異性関係のモデルを模倣したとしても、関係性自体は、女同士の関係性のままである。当人たちも、そして周囲の人びとも、そのことを認識している。そのようなまなざしのなか、ブッチ／フェム（男役／女役）というそれぞれの役割に徹することは、「自分たちは［異性愛主義の人びとと］共通の文化の一員だと感じることができた」という効果を、かのじょたちにもたらしたのである［Faderman, 1991＝一九九六―一九七頁］。

このような「伝統」文化は、一九六〇年代を経て薄まっていったが、けっしてなくなりはし

10――「ブッチ／フェム butch/femme」とは、いわゆる「男役／女役」として認識されることが多い。しかし、清水晶子は、この認識に留保をつけつつ、「フェム」とは、「ブッチ」と対比されることによってしか定義されえないような、一見、不可視な概念であると指摘する［清水、二〇〇四］。

なかった。やがて七〇年代に入り、とくにブッチ・レズビアンに対して、フェミニズムからの風当たりが強くなる。女同士のあいだに「男役」をもちこむ関係性とみなされたがために、異性愛のジェンダー規範を受容して再生産する共犯者とみなされたからである。それゆえ、ブッチ・レズビアンは、「男と一体化した女」として批判を受けたのである。女に課せられた性別役割を問題化したフェミニズムにとって、ブッチ・レズビアンの「男」役割は、まさにその問うべき批判の対象とみなされたわけである。

一九六六年に創設されたNOW（全米女性機構）でも、レズビアンと、かのじょたちを排除しようとする人びととが、何度も衝突している。というのは、異性愛のフェミニストたちにとって、「女の運動全体が「男嫌いのダイク集団」であるという汚名を着せられることになりはしないか、という不安」があったからである［Faderman, 1991＝一九九六、二五二頁］。[11]

一九六八年一〇月に開催された大会では、レズビアンに十全な会員権を認める新条項が提出されたが、このような「汚名」への「不安」を理由に、却下された。その結果、レズビアンたちや、かのじょたちを排除することを問題視した異性愛の女たちが、NOWを脱会するという事態が起こることになった。[12]翌六九年には、当時の会長ベティー・フリーダンが、レズビアンたちを、「女性運動のイメージを壊し、政治的成功を脅かす」存在とみなし、「ラベンダー色の脅威 Lavender Menace」と名指したことが報告されている［Faderman, 1991＝一九九六、二五五頁］。

先にみたラディカレズビアンズは、フェミニズムのなかで、レズビアンが異性愛者の女たちから敵対視されている状況を危惧し、「男と一体化した女」という「汚名」を返上するために、あえて「レズビアン」の定義から性的な意味あいを払拭し、ジェンダー軸を中心にすえて、異性愛の女たちとともに男性支配社会を問うことを優先したのである。そして、異性愛者の女たちと連帯することにより、同性愛／異性愛という性的指向にかかわらず、「女一般／総体」に対して強いてくる、特定の役割を押しつけて維持される非対称的なシステム、すなわち、家父長制を問うことを第一目的とする戦略を選択したといえる。

しかし、このような戦略は、かならずしも、連帯していく力を即効的に生み出したとはいえない。たとえば、フェミニズムのなかで大きな影響を及ぼしていたベティ・フリーダンについては、つぎのようなエピソードがある。

> レスビアン・フェミニストは、自分たちのことをゲイであるよりはフェミニストであるとみなしていたのにもかかわらず、女性運動に携わっている他のフェミニストたちか

11—— ダイク（dyke）は、レズビアンに対する蔑称であったが、ブッチ・レズビアンを指したり、クィアと同様に意味を横奪して自称として使われるようになった言葉である。

12—— このときに脱会したメンバーが中心となって、先の「ラディカレズビアンズ」を結成することとなった［浅井、一九九〇］。いったん排除されたという歴史を経た上で、（異性愛者の）フェミニズムとの共闘関係を模索し、先の「女と一体化した女」の文書が作成されたのである。

ら心から歓迎されていたわけではなかった。〔…〕ベティ・フリーダンは、一九七三年に『ニューヨーク・タイムズ』紙に、CIAがフェミニズムの評判を落とそうと企んでレズビアンを女性運動に潜入させたのだ、とさえ言っている。〔Faderman, 1991 = 一九九六、二五五頁〕。

ここからは、ラディカレズビアンズによる「女と一体化した女」の宣言文を経た後も、フリーダンがレズビアンを敵視している様子がみてとれる。

他方で、このような状況に対し、異性愛者の女たちの側からも、レズビアンの側からも、フェミニズム内部に生まれてしまったこの分断を、架橋しようとする動きが起こってくる。たとえば、架橋を試みたひとりに、アドリエンヌ・リッチ〔➡35頁〕がいる。リッチは、みずからレズビアン・フェミニストとしてフェミニズムのなかで活動してきたひとりだが、〈レズビアン連続体 lesbian continuum〉という概念を導入することによって、女同士の紐帯をふたたび、レズビアンの側から強調した。リッチによると、〈レズビアン連続体〉とは、「女への自己同定の経験の大きな広がり」のことであり、「たんに女性が他の女性との生殖器的経験をもち、もしくは意識的にそういう欲望をいだくという事実だけをさしているのではない」のである〔Rich, 1986 = 一九八九、八七頁〕。

リッチは、〈レズビアン連続体〉を導入するにあたって、第1章でみたとおり、〈レズビアン存在〉〔➡35頁〕という概念も、同時に用心深く導入し、フェミニズム内部でレズビアンが不可視化されている状況に対して問題提起をしている。リッチによると、〈レズビアン存在〉とは、「レズビアンたちの歴史的存在という事実と、そういう存在の意味を私たちがたえずつくりつづけていくその創造」を意味する言葉である。また同時に、「タブーの侵犯と、強制された生き方の拒絶の両方を含んでいる」とも述べている［Rich, 1986＝一九八九、八七－八八頁］。

　けれども、リッチのそのような意図とは離れ、〈レズビアン連続体〉という概念は、フェミニズムにおいて、性的指向のちがいを捨象された、たんなる「女たちの連帯」を示す言葉として用いられることになった。それまでラディカル・フェミニズムで使われていた〈シスターフッド〉［↓144頁〜］と、ほぼ同じ意味で解釈されてしまったのである。このとらえかたにおいては、女たちのあいだに生じる精神的な絆のみが強調されることによって、身体的な絆――性的欲望を媒介とする関係性――のもつ意味が抹消されてしまうことになった。

　このような、レズビアンから性的欲望を消し去ろうとする反応、いわばレズビアンを脱性化しようとする言動は、逆方向からの定義をも生み出した。たとえば、キャサリン・スティンプソンは、レズビアンとは「ほかの女との肉体的な関係を楽しむ」存在であると表明し、性的関係もその意味づけに含むことを主張した［Stimpson, 1981: 301］。それまでに存在していた女同士の性関係を理論のなかで位置づけたのである。

　フェミニズムにおける「レズビアン」の定義をめぐる抗争は、このような枠組のなかで行なわれてきた。レズビアン・アイデンティティとは、まさに、テレサ・デ・ラウレティスが述べるように、「フェミニズムを通して、あるいはフェミニズムに対抗して政治的なものとして概念化され、位置づけられてきた」といえる［de Lauretis, 1988/1993: 141］。レズビアンは、ときには（異性愛の）女たちとともに、その群れに同化することによって家父長制を問い、そしてときには（異性愛の）女たちに対して、その群れから異化することによって異性愛主義を問うという作業を繰り返してきたといえる。[13] レズビアンは、たえず女たちのあいだで同化と異化のはざまに身を置きながら、「レズビアン」の定義を模索してきたのである。

レズビアンとクィア理論

つぎに、レズビアン／ゲイ・スタディーズからクィア・スタディーズに至る、学問領域での「レズビアン」定義についてみていこう。

フェミニズムが、女同士の紐帯を強調し、ジェンダー軸に焦点を合わせつつ、家父長制を問うことを目的のひとつとしてきたように、レズビアン／ゲイ・スタディーズは、性的指向を中心としたセクシュアリティを機軸に、（ヘテロ）セクシュアリティ［異性愛］化された歴史、社会、テクストなどの分析を進めることを目的としてきた。

しかし、レズビアンとゲイとは、「同じ同性愛者」として、（ヘテロ）セクシュアリティ化された空間を問題化する可能性をともにもちつつも、そこには、ジェンダーのちがいが横たわっている。それゆえ、異性愛主義という社会規範を問題化していくプロセスにおいて、「レズビアン／ゲイ」という一括的な言葉では、ジェンダーや人種のちがいによって生み出される階層秩序が不可視化されてしまう。そこでテレサ・デ・ラウレティスは、「クィア理論 Queer Theory」という言葉を学問の世界に導入した。おもにゲイ男性に対する蔑称として使用されてきた〈クィア〉という語［➡42頁］を、あらたに導入することによって、不可視化されているさまざまなちがいと、そこに横たわっている非対称的な階層秩序とを問題化しようとしたのである。

デ・ラウレティスは、その導入の背景を、つぎのように述べる。

> 同性愛はもはや古臭い病理学的モデルに照らして、正しく自然な性行為〈つまり制度化された再生産行為〉からの単なる逸脱行為としてのみ見なされるものでもなければ、現在北米で進行中の多元主義が示すモデルに従って新たに加えられるもうひとつの「ライフスタイル」として見なされるものでもない。そうではなくて、男の同性愛と女の同性愛——北米における最近の性をめぐるポリティクスの用語を使えばゲイ／レズビアン・セクシュアリティ——は、それ独自の社会的・文化的形象をもつものとして概念化しなお

13—— 社会学者の福岡安則と辻山ゆき子は、在日韓国・朝鮮人の若者たちの意識の多様性を分析する際に、「同化」、「異化」という観点を採用し、「まわりのみんなと同じでありたい、とする反応」を「同化志向」、「まわりのみんなと違った自分であってかまわない、とする反応」を「異化志向」と呼ぶ［福岡・辻山、一九九一、一二頁］。レズビアンの置かれた状況も、マジョリティ／マイノリティという共通項をもつため、この章ではこの枠組を援用した。

されるのだ。

［de Lauretis, 1991 = 一九九六、六六–六七頁］

ここで「男の同性愛と女の同性愛」と記されているように、かのじょは「レズビアン／ゲイ」という表現が「一般的になってきたのはわずか数年前」であり、それ以前には、たんに「ゲイ」と表現され、ジェンダーのちがいが不問にされてきたことを指摘する。この点について、デ・ラウレティスは、一九九六年に「動くゲイとレズビアンの会」からのインタビューにこたえて、つぎのように述べている。

当時［一九九〇年］、合衆国ではよく「ゲイとレズビアン」という表現が使われていました。それはひとつの固まり、あるいは集団という意味で使われていました。全くゲイのセクシュアリティとレズビアンのそれとの間に差異がないかのように使われていたのです。私はそれを問題化したかったのです。

［動くゲイとレズビアンの会、一九九七、一三頁］

このように、〈クィア〉という概念の導入は、「レズビアン／ゲイ」と一括して並記されることによって不可視化されてしまうジェンダーの格差を明確にするための手だてでもあった[14]。たとえ〈性的指向〉というセクシュアリティ軸を中心に据えた空間にあっても、レズビアンは「女」であるがゆえに不可視化されつづけた。〈クィア〉という概念の導入には、この状況を問題化する意図が込められていたのだ。このような流れをみるとき、レズビアンは、ゲイ男性とのあいだにおいても、同化と異化を繰り返してきたことがわかる。

14――しかし、「差異を語り合う場」の提供のために導入された〈クィア〉は、時間を経るに従って、一方でセクシュアル・マイノリティを包括する言葉として「ひとつの安定したアイデンティティ」を意味するようになり、他方で、レズビアンやゲイの〈アイデンティティ〉を結果的に抹消する言葉としても使用される場面も散見されるようになった。風間孝は、「道具」として使用される〈クィア〉という概念が「誰によって、どのような背景の中から、つくられてきたのかを知ることが不可欠である」と、かつて述べた［風間、一九九七a、一一頁］。

揺れる定義から みえるもの

これまで、おもに合州国におけるアイデンティティ・ポリティクスの背景を概観し、そのなかで「レズビアン」がどのように定義され、変遷してきたのかをみてきた。ここであきらかになったのは、レズビアンとゲイは、ともに「同じ同性愛者」として社会運動を進めていくことを模索しつつも、同時に、そこで語られる「レズビアン」とは、そのつど、それぞれの文脈に依存しつつ、定義されてきた言葉であるという点である。

ここであらためて、「**セクシュアル・マイノリティと〈アイデンティティ〉**」の節で引用したコノリーの議論［↓53頁］をみてみよう。〈アイデンティティ〉は、「社会的に承認されてきた一連の差異との関係

において確立される」とコノリーは述べている。つまり、「社会的に承認されてきた」他者との差異を認識するところから、〈アイデンティティ〉を模索する作業ははじまる。そして、その差異の認識は、「社会的に承認されてきた」他者と自己の置かれた状況とのあいだに、非対称的な権力関係が介在することによって、より際立っていく。とすれば、「社会的に承認された」他者が存在しなければ、〈アイデンティティ〉が立ち上がることはない。

「レズビアン」という名づけ――〈レズビアン・アイデンティティ〉――を引き受けること。それは、「女」であることと「同性愛者」であること、そのいずれにプライオリティを置くのか――誰と手を結ぶのか――という、自分がたえず境界線上に置かれる経験だともいえる。そして、この境界線は、「男」であり「異性愛者」であるという、「社会的に承認された」他者との差異のなかで生み出され再生産されてきたといえる。と同時に、境界線上に置かれつづけることは定義が不確定なままでありつづけることでもあり、この不確定性が、レズビアンの不可視性を生み出し、存在を抹消してきたひとつの要因ともなる。

このような検討をとおして、ふたたび、「**〈アイデンティティ〉を求める解放運動**」でみてきた、レズビアン／ゲイ解放運動のあゆみ［↓56頁〜］を振り返ると、つぎのようなことがいえるだろう。北米におけるレズビアン／ゲイの解放運動は、とくに一九七〇年代以降、レズビアンとゲイとの協働作業として、集合行動として広がっていった。しかし、ゲイが、その「ゲイである」ことを前面に掲げることができたことと比較して、レズビアンの場合は、「レズビアンである」ことの内容そのものがつねに議論にさらされてきた経緯がある。その定義の不確定性のために、「レズビアン」という名づけの引き受け自体が、暫定的に行なわれてきたものにすぎないということだ。

レズビアン／ゲイという「不変のアイデンティティ」を掲げたアイデンティティ・ポリティクスに対する疑義は、レズビアンとゲイのあいだに、自己への名づけのプロセスにおいて非対称性が存在するがゆえに、じつは、レズビアンには向けられそこねていると考えることもできるのではないだろうか。「不変のアイデンティティ」どころか、「レズビアン」であること自体が、不確定要素を多く含むものであり、〈レズビアン・アイデンティティ〉とは、そのなかで暫定的に引き受けられてきたものにすぎないのだから。

このような事態を、より詳しく考察し、ゲイ男性とのちがいを検討していくために、レズビアンにとっての性的欲望をめぐる問題を、次章でみていくこととしたい。

第3章 「レズビアン」に〈なる〉こと

前章では、レズビアン／ゲイのアイデンティティ・ポリティクスと同時並行で議論されてきた、「レズビアン」の定義の不確定性について考えてみた。この章では、ゲイ男性の置かれた状況とのちがいをよりあきらかにするため、レズビアンの、「女」という属性に焦点を絞って、その背景を探っていくこととしたい。

「わたしはレズビアン」？

「レズビアン」をめぐっては、定義の不確定性とあわせて、もうひとつの問題が内包（ないほう）されている。それは、誰がどう名乗（なの）るのか、という問題である。とくに、名づけの引き受けにおいて、ゲイ男性とのもっとも大きなちがいとして、つぎのような点がある。たとえば、〈アイデンティティ〉のひとつとして「レズビアン」という名づけをみずから引き受ける人びともいれば、女同士のパートナーシップを「レズビアン」（もしくは「レズビアン・カップル」）と名づけつつも、個々人は「レズビアンではない」と表現する人びともいる。言い換えれば、自分自身を表わす名づけとして「レズビアン」という名を使う人びと——ひとりでもレズビアン——もいれ

ば、個人の名づけとしては引き受けず、関係性への名づけとして使う人びと——わたしたちは「レズビアン」——もいるという現実がある。このように、言葉の使い方にも揺れがある。つまり、「レズビアン」とは、その名づけを引き受けた存在である、というゆるい定義しかみいだせない言葉（名）なのである。

また同時に、「レズビアン」は、この日本においては、たんなる外来語にすぎないという指摘もかつてはあった。たとえば、「日本社会で使われているこの「レズビアン」という名の曖昧さや言われている意味のさまざまな違いの持つ危険性」について考える必要がある、と［掛札、一九九四a、二五頁］。

このような指摘や、用法の揺らぎがありながら、では、なぜ〝わたしたち〟は、問題をはらむ「レズビアン」という名づけを暫定的に引き受けて、名乗っているのだろうか。言い換えれば、何が「レズビアン」と名乗らざるをえない状況に駆りたてているのであろうか。

このような根源的な問いへのこたえは、早急に出せるものではない。そこで、この章では、この問いを考えていく道筋をみいだすために、女性の性的指向［⬇50頁］に照明をあててみたい。なかでも、性的指向という軸によって分割された境界を越境する行為について考えていくことにしたい。もちろん、女性のセクシュアリティ——性的欲望のあり方やその表現——をとらえる視点も、さまざまな要素から成り立っている。したがって、まずは第一歩として、そのなかのひとつの要素である性的指向に焦点を絞ることによって、「レズビアン」という名づけをめぐる問いの手前に辿りつきたい。

そこで、次節で、「レズビアンに〈なる〉」という行為——性的指向の越境の経験——について考えていく。その越境の経験を踏まえて、境界へのまなざしをみていく（「**境界へのまなざし**」）。さらに、境界へのまなざしと異性愛主義との両義的な関係を論じる（「**異性愛主義のふたつの輪郭**」）。これらの考察を経て、異性愛が、実際には流動的なものであること、つまり、恣意的な線引きがなければ固定された実体として存立しえない可能性もあることをあきらかにし、異性愛主義を攪乱する可能性を模索してみたい。

越境という経験

まず、性的指向の越境について考える際に浮上する問いは、越境するという行為の前提として、そもそも、欲望のあり方のひとつである〈性的指向〉――性対象を選択する方向性――を、単純に、異性愛／同性愛という境界線（／）で区切ることができるのか、という疑問であろう。[1]

英国の社会学者であるタムシン・ウィルトンは、成人した後に異性愛者からレズビアンへ「移行 shifting」した人びとを対象としたインタビュー調査をまとめ、その経験を「予期せぬ喜び unexpected pleasure」として、詳細にえがきだしている。ウィルトン自身も、人生の途中まで異性愛者として生き、その後、自分がレズビアンであることを発見したひとりである。自身がレズビア

ンへと移行したことに対して、周囲から「科学」的な説明を求められ、そのプロセスを説明できる言葉がなかったところに、かのじょの調査研究の出発点がある。説明を求めた人びとは、かのじょから応答の言葉が表わされなければ、自身の勝手な解釈や想像で、自分が安心できる既存の意味づけを、かのじょに施そうとした。たとえば、レズビアンとは「ふさわしい男 the right man に出会うことができなかった（かわいそうな）人びとである」、というふうに。

しかし、ウィルトンは、自分自身をはじめ、異性愛者として生活を積み重ねた後にレズビアンへ移行した人びとにとって、このような使い古された紋切型の解釈は不適切であると主張している。異性愛からレズビアンへ移行した人びとの多くは、実際にそれまでの日々の生活のな

1——同時に、アセクシュアリティ（asexuality／無性愛）やバイセクシュアリティ（bisexuality／両性愛）をどのように位置づけるか、という問いも生じる。さしあたり、現段階ではつぎのようにとらえておきたい。まず、アセクシュアリティについては、性的指向という枠組で語ってしまうこと自体に問題がある。というのは、性愛を否定型で語る「無」性愛を〈欲望〉のカテゴリーでとらえること——包括すること——自体が暴力的だといえるのではないか、と思えるからだ。また、バイセクシュアリティについては、その名称自体が二項対立を含むとはいえ、「性対象選択に際し、相手の性別を重要な要素として認識しない」というあり方もあるため、性的指向という概念でとらえること自体を問いなおす必要があるのではないか、ということ。このような点をも踏まえたうえで、この章では、境界線が恣意的に引きなおされる背景を中心に考えていくため、同性愛／異性愛というカテゴリーに限定して進めていく。また、バイセクシュアリティについては、後の頁［↓277頁］でもすこし触れる。

かでたくさんの男たちと「出会って」きたし、親密な関係を築いてきた。しかし、それでもなお、パートナーシップを育むのにふさわしい相手として、女を選ぶのだ、と［Wilton, 2002: 1-2］。

そこで、ウィルトンが着目したのは、「たんに生物学だけでは性的魅力を説明することはできないということを示すような、緻密で経験的な証拠を科学的に提示する」という手法であった［Wilton, 2002: 3 強調は原文］。そのため、「レズビアンに〈なる〉」という越境行為を経た女たちの経験を詳しくえがきだすことが、第一の目的とされる。そして、そのような手法をウィルトンは、「科学」として定義しなおすのである。

ウィルトンがえがきだす女たちの経験は、じつにさまざまである。一例をあげてみよう。

生物学の分野では、いわゆる「ゲイ遺伝子 the gay gene」が存在するとの仮説が提示されたことがあった。仮説によると、人間の性的指向は出生以前に決定されており、特定の人びとが「ゲイ遺伝子」をもって生まれるのだという。その遺伝子をもった人は性的指向が同性に向かうのであり、その指向性は出生以後には変更不可能である、と説明した。しかし、この仮説に対する女たちの反応はさまざまであった。

たとえば、異性愛者として生活した後に、じつは自分が「生まれつき」にレズビアンであることを発見した女たちがいる。このような女たちにとっては、「ゲイ遺伝子」は存在していて、性的指向は生まれつき決まっていると主張できるかもしれない。しかし他方で、日々の生活のなかで、異性愛者であった頃の自分も肯定し、かつレズビアンであるいまの自分も肯定する、という立場の人びとにとっては、「ゲイ遺伝子」は存在するとはいえないのではないかと反駁できるだろう。一人ひとりの女たちの経験は、じつにさまざまであり、その現実は、性的指向の決定的原因を追究しようとする人びとに対して、むしろ、そのような追究自体が問題であることを突きつけるのだ。というのは、「ゲイ遺伝子」なるものを追究する振舞自体が、同性愛の原因を突き止めることを目的としており、追究の前提にすでに、性的指向が異性に向かうありかたこそが「自然」であるという先入見（異性愛主義）が含まれているからだ。

このように、ウィルトンは、一人ひとりのレズビアンの経験を対置することによって、これまでかのじょたちに下されてきた解釈の一つひとつに「科学」的に反証するのである。興味深いのは、ウィルトンがこの仕事を、いわゆる学術書ではないと述べている点である。アカデミズムのツールによって分析を施す前に、まずはその一人ひとりの経験を丁寧にえがきだすことを主眼としているからだ。その姿勢自体が、異性愛からレズビアンへの移行という、境界を越境した人びとの経験の、多様性と複数性を体現しているともいえるだろう。

さらにウィルトンは、「レズビアンに〈なる〉」という経験をした女たちのあいだに、みずからの経験を語ることへのニーズが確実にあることを指摘している。英国のレズビアン雑誌『ディーヴァ Diva』に、調査協力の呼びかけ記事を投稿したところ、思いもかけない多数の返信があったことからもわかるように。

しかし、「語ることへのニーズ」がある一方で、女たちが性的欲望について語ること自体、いまだに困難であるという現実も存在する。しかも当人にとって、「最良の環境にあったとしても、まったく知らない人に、欲望や性的経験、結婚の破綻やトラウマ的な人生の出来事など、深く個人的な事柄を語ることは、つねにたやすいことではない」のである［Wilton, 2002: 9］。そのため、かのじょたちには「語ることへのニーズ」と同時に、「語ることの困難さ」もつきまとうと、ウィルトンは指摘する。この両義的な状況は、異性愛からレズビアンへの「移行」という越境を経た女たちの存在が認識されにくいという逆境を示してもいる。存在が認識されにくければ、たとえ「語ることへのニーズ」を強くもっていても、おたがいの経験を語りあう当事者たちが出会うことは、困難をきわめるだろう。

日本にも、異性愛者から「レズビアンに〈なる〉」という経験をした人びとが存在する。日本のウーマン・リブを担ったひとり、町野美和は、リブ新宿センターのメンバーとして活動していたが、「その中でフェミニズムを推し進めるとレズビアンにならざるを得ないと気づき、一九七六年頃からレズビアン運動を始めた」と述べている［町野・敦賀、一九九四、二一六頁］。町野が「レズビアンになった」理由は、つぎのように説明されている。

> 女の受け身性を否定し、自分のしたいことを自分でやれるという自立した能動的な生き方でなれるものではありません。私は一〇年という長い歳月をかけて徐々に真のレズビアンになりました。それは女に刷り込まれた「女は男と性交すべきだ」という意識を払拭するだけでなく、それを強制する社会を見定め、その中で孤独の闘いを強いられてきた仲間に呼びかけてコミュニティづくりを進め、「この男社会を変える最終手段としてのレズビアン存在」とレズビアン運動の政治性を主張し、レズビアンの仲間とともに活動することで、お互いを支え励ますというトータルな運動を通してでした。
>
> ［前掲書、二一九－二二〇頁］

町野のこのような経験——「受け身性を否定」したうえで、「自立した能動的な生き方」を具体化するために、徐々に「レズビアンになった」という経験——は、ジェンダー規範によってレズビアン・アイデンティティがかたちづくられることを示している意味でも、とても興味深いものである。

ただし、ここで注意すべきは、ウィルトンと町野はともに、「レズビアンに〈なる〉」という経験を取り上げてはいるが、両者にはちがいがあるという点だろう。ウィルトンがインタビューを通してえがきだしているのは、おもに生活のなかで移行するという越境経験である。そして町野が述べているのは、運動のなかで越境するという行為をみずから選びとっているという点である。そのようなちがいがありながら、しかし、両者に通底する経験は、性的指向を固定した実体としてとらえることは不可能であることを示している。このような現実は、女性の性的欲望の構築プロセスについて考えるうえでも、興味深い経験である。この点については、後でふたたび取り上げたい。

境界へのまなざし

　異性愛から「レズビアンに〈なる〉」という経験は、性的指向を越境する人びとの経験であった。かのじょたちの経験が語っているのは、異性愛とレズビアンのあいだにある境界が曖昧で流動的だということである。では、越境を経験していない女たちにとってその境界は、どのように認識されているのであろうか。レズビアンに対する異性愛の女たちのまなざしをみていくことにしたい。

性的指向の無自覚さ

掛札悠子［⬇28・34・36頁］は、マスメディアの場で、レズビアンとしてカミングアウトした後、「はっきりわかった」こととして、「日本社会で生きている女のヘテロセクシュアリティ（異性愛の傾向）が、実はとてももろいものだということ」を指摘している。そして、レズビアンのカミングアウトに対して、自分の立場を異性愛者として表明する人はあまりにも少なく、「彼女たちと私の間が、薄紙一枚もないほど近いことに気がついた」と看破する［掛札、一九九四b、一〇二―一〇三頁］。

掛札が直面したのは、「私、男の人が本当に好きなのかどうか、わからないんですよね」、「私にも、「女の人が好き」っていう感じはあるんです。恋愛経験がないだけで……」という、「レズビアンに対する共感を伴って次々くり出される言葉」であったという。このような反応について、掛札はつぎのように分析している。

> 私が「女」という存在そのものに性的な感情を持っているかといったら、答えは「持っていない」になる。ある種の（＝自分の好みの）女性の存在によって性的感情を喚起させられるかといったら、「そんなことはない」になる。それは、私が「レズビアン」という、あたかも性的な積極性と主体性を持ったかのような存在の看板を背負って出ていった時に、「私はこういう積極性や主体性を、男であれ、女であれ、誰かに対して持ったことがあるだろうか」とたじろいでしまう女性たちと、ある意味ではなんの変わ

りもないのである。［掛札、一九九四b、一〇三頁］

ここで掛札が指摘するのは、レズビアンに対して圧倒的多数の人びとが、「自分は異性愛者である」とは表明しないという点である。レズビアンのカミングアウトに呼応して、かのじょたちが表明するのは、むしろ、自分がいかに性的指向に無自覚であることに気づくに至ったかという発見の経験についてなのである。つまり、自分自身の性的指向の輪郭を疑うことはおろか、名づけることさえできないでいたことに、あらためて気づいて考えさせられたのである。かのじょたちのこの応答から、掛札は、レズビアンと異性愛の女たちとが、じつは「地続き」であるとも述べている［掛札、一九九二a］。

この例だけをみると、異性愛の女たちは、レズビアンに対して忌避感や嫌悪感をもっておらず、また、もつことにもならず、もはや両者には、明確な境界がないようにも思える。ほんとうに、そうだろうか？　女たちのあいだには異性愛／同性愛の境界は存在しない、と明言できるのだろうか？　もし境界線が存在しないのであれば、ではなぜ、日本においても、レズビアンとしてカミングアウトすることが、こんなにも困難なのだろうか。

これらの問いをたずさえつつ、もう少し、異性愛者の女たちからのレズビアンへのまなざしをみていこう。

フェミニストであり心理学者である河野貴代美は、〈対〉関係に関するインタビュー調査をまとめている。河野は、異性愛者の女たちに「レズビアニズムについての理解や興味」をたずねたところ、「無条件な肯定派から曖昧派までいるものの、概して肯定的反応がかえってきた」ことを報告している〔河野、一九九〇、六九頁〕。では、かのじょたちは、どのような理由で、レズビアンに対する「肯定的反応」を示したのであろうか。

レズビアンへの「肯定的反応」

河野は、かのじょたちが「男性との関係を手離せない（どう手離していいのかわからない）現実にあって、意識のレベルでのバイセクシュアル」であり、このことが異性愛者の女たちによるレズビアンへの「肯定的反応」の背景になっていると指摘している〔強調、引用者〕。そして、このようなかのじょたちの反応を、「レズビアニズムへの傾斜と思っている」だけであると分析し、つぎのように述べる。

> 男性との性関係に全体性を求めて夢やぶれた女たちは、醒めている。一人の人だけに、一つの性だけに自らの全存在を賭けるよう強いられてきた性文化を、彼女らは生きにくいと感じているからだ。〔河野、一九九〇、九〇頁〕

河野の調査では、「レズビアニズムについての理解や興味」に「肯定的反応」を示したのは、具体的に男との親密な関係をもつ、いや少なくとも、異性愛者としての生活をおくっている女たちである。そして、そのような日々の生活をおくりながらも、「男性との性関係に全体性を求めて夢やぶれた」という実感を抱いている。その背景にあるのは、「男性との関係を手離せない（どう手離していいのかわからない）現実」である。これは、異性愛者の女たちが、「男性との関係」からの逃避先として「レズビアニズム」をとらえていることを示しているだろう。先の河野の言葉に重ねてみると、レズビアンである／になるということを、実際の生活に引きつけてとらえようとするのではなく、あくまでも観念的な「意識のレベルでの」「肯定的反応」であるということだ。

もちろん、このような逃避に対して、わたしたちが善悪の価値判断をくだすことはできない。ただ、ここで注意しておくべき事柄は、かのじょたちの日常には、逃避したくなるような現実が存在するという事実であろう。河野の言葉を借りれば、「男性との性関係に全体性を求めて夢やぶれた」状況がある、ということだ。かのじょたちは日々の生活のなかで、男たちとの「性関係」に自分がみいだそうとしていた「全体性」が、幻想にすぎなかったという実感をもっているのだ。この実感のみに焦点を絞るとすれば、異性愛者の女たちによるレズビアンへの「肯定的反応」は、異性愛体制のほころびとしてとらえることができるかもしれない。

このような河野の調査で表わされている、異性愛者の女たちによる「肯定的反応」は、一見、レズビアンに対する排除意識が表面化していないという点では、「地続き」、「薄紙一枚」［↓96頁］というとらえ方と通底している。しかし、ここで注意しておかねばならないのは、掛札の述べていた曖昧な境界線と、河野の調査からみいだすことのできる「肯定的反応」とは、位相の異なる別々の経験だという点である。掛札が「地続き」として表現した事柄は、女にとっての性的欲望の所在の問題であった。他方、河野がみいだした「肯定的反応」は、具体的な異性愛の生活における経験から導き出されたものであった。この両者のちがいを、もう少し掘り下げていくことにしよう。

異性愛主義のふたつの輪郭

もう一度ここで、掛札が述べていた、「「積極性や主体性を、男であれ、女であれ、誰かに対して持ったことがあるだろうか」とたじろいでしまう女性たち」の経験［↓96頁］について、振り返ってみたい。掛札が述べていたのは、そのような異性愛者の女たちの感覚と、掛札自身が「「レズビアン」という、あたかも性的な積極性と主体性を持ったかのような存在の看板」に対してもつ違和感とのあいだに、共通する点があったという気づきだ。ではなぜ、このような共通点をみいだしえたのであろうか。レズビアンと異性愛者の女たちが「地続き」、「薄紙一枚」であるとの認識を念頭に置きつつ、かのじょたちをとりまく社会構造の問題に目を向けてみることとしよう。

掛札はかつて、「レズビアン」もしくは「同性愛者」という名づけを引き受けることに戸惑った理由として、性的欲望についての「常識」に対する疑いがあったことをあげている。その「常識」とは、そもそも「一般的に男性が抱く（とされている）欲望」こそが「性的欲望」であるというものであった。しかも、この「常識」の歪さゆえに、「レズビアン」につぎのようなイメージが押しつけられてきたのである。

> 異性愛の場合でも、女性の欲望は男性の欲望に準じて二次的に規定されてきたにすぎない（たとえば、男性によって**開発**される、と）。そして、同性愛の場合、「女性に性欲はない」という「常識」と同時に、「レズビアン＝女に対して**男のような**性欲をもつ者」という歪められたイメージが、「女」に対する自分の欲望に女自身が気づき、それをねじまげたり、否定したりすることなく認める作業を困難にする。［掛札、一九九二a、一六頁、強調は原文］

その背景にあるのは、女には「そもそも性的な欲望などあってはならない」という「常識」である。それゆえに、「女性は自分のなかにある「なにか」を名づける手段からしてまず奪われてきた」のであり、「その「なにか」の存在をも抑圧し、女性自身でさえ、自分には性的な欲望はないのだと思わざるをえないような環境をつくりだしてきた」のだと、掛札は述べる［掛札、一九九二a、一六–一七］。

言い換えておこう。レズビアンが、同性である女に性的指向が向く存在として認識されるとき、女であるにもかかわらず、「一般的に男性が抱く（とされている）欲望」をもつ存在として解釈されてしまう。けれども、レズビアンは男ではない。そのため、掛札のように、「「レズビアン」という、あたかも性的な積極性と主体性を持ったかのような存在の看板」に対する違和感が生じることとなり、「レズビアン」の名づけを引き受けることへの戸惑いが惹き起こされることになる。女のなかにある性的欲望は、名づけえない何かとして、「常識」の外に横たわりつづけ、不可視化されるのだ。レズビアンも異性愛者の女たちも、自分のなかにある何かを名づける手段を奪われてきた者たちであるがゆえに、レズビアンに生じる違和感や戸惑いと、異性愛者の女たちに生じる性的自覚の不在の発見とが、「地続き」であることが露わになる。[2]

これまでのさまざまな文献においても、性的欲望におけるジェンダー間格差については、しばしば指摘されてきた。たとえば、社会学者の江原由美子は、「社会的実践としての「異性愛」

2――本書では、「レズビアン」に対して性的存在というラベルが過剰に貼られてきた経緯を踏まえ、レズビアンと性的な快楽や欲望との積極的な関連づけを、あえて避けている。貼られた負のラベルを問いなおす手法や研究はすでに存在する。またこの点については、わたしの今後の課題のひとつでもあることを明記しておきたい。

を「ジェンダー秩序」の主要な構造として指摘している。江原が抉りだす「異性愛」は、「「性的欲望の主体」を「男」という性別カテゴリーに、「性的欲望の対象」を「女」という性別カテゴリーに、強固に結びつけるパターン」である［江原、二〇〇一、一四二頁］。このパターンはつぎのような特徴を示す。

> ある関係が性的関係と社会的に見なされるためには、「男」の「性的欲望」が条件となる。すなわち、「男」が「性的欲望の対象」である「女」に「性的欲望」を持つ場合は、たとえ「女」には「性的欲望」がない場合にも、その社会関係は性的関係と見なされうる。「女」は「性的欲望の主体」ではなく「性的欲望の対象」にしかなれないので、両性間の社会関係が性的であるかどうかを定義する力はないということになる。「異性愛」という「ジェンダー秩序」のもっとも重要な構造特性は、この性的関係を定義する両性間の非対称的な力にあるのである。［江原、二〇〇一、一四三頁、強調は引用者］

「性的欲望の対象」とされてきた女たちには、自分の性的関係を「定義する力」が与えられていない。江原が示すこのような「異性愛」のパターンは、「性的欲望の主体」とはなりえないことを多くの女たちの意識のなかに刻印してきたプロセスと歴史をも示していると言えるだろう。

掛札の言及する、異性愛者の女たちとレズビアンとしての掛札との、「地続き」の関係性は、

「性的欲望の主体」を形成しえなかったがために、もしくは性的欲望は女にはないとみなされてきたがために、みずからの欲望を認識できなかった女たちが置かれた状況から生まれた関係性であると言えるだろう。両者のあいだにみいだされた共通点、つまり自覚の不在や名づける手段の不在は、「性的関係を定義する両性間の非対称的な力」のただなかで強いられた空白状態なのである。この構造は、ジェンダーのちがいを刻印しながら駆動し、境界をたえず再生産するのである。

異性愛主義の両義性

しかし、異性愛者の女たちとレズビアンとのあいだに共通点をみいだせたとしても、結局は、女性たちの「地続き」にある関係性は分断されてしまう。そこには、すでに、権力作用をもつ境界が書き込まれているからである。この点について、河野の述べていたことをあらためて振り返りながら、考えていくことにしたい。

河野の調査において「肯定的反応」を示した女たちには、「レズビアニズム」を「男性との関係」からの逃避先としてとらえる側面もあると言えるだろう。そのようなとらえ方であるかぎり、あくまでも「レズビアニズム」は、異性愛主義という規範の上に立った「幻影」もしくは「幻想」――実在しない外部（＝非在のもの）――として、受け取られているのである。つまり、レズビアンが他者化され、不可視化されたままなのである。それゆえ、イメージとしての異性愛主義への抵抗は存在しても、そのイメージが現実に実践される〈レズビアンに〈なる〉〉かどうかについては、距離がたもたれることになる。「男性との性関係に全体性を求めて夢やぶれた」状態に置かれた女たちの圧倒的多数は、それでもなお、異性愛の関係性のなかに留まりつづけるのだ。かのじょたちのこの身振りは、異性愛主義の規範を問いかえす可能性を秘めながらも、しかし実際には、優勢な規範のなかから一歩も動こうとしない保身でもある。異性愛主義の社会規範にのっとった〈生〉——「婚姻」「就職」「法律」など——のなかで享受する特権を手放すことがいかに困難かを、物語っているのかもしれない。

　つまり、異性愛者の女たちからのレズビアンに対する「肯定的反応」は、異性愛体制のほころびを示していると同時に、依然として異性愛主義が強固に横たわりつづける現実をも示しているという、両義的な意味をもっている。言い換えれば、レズビアンと異性愛者の女たちとのあいだにある境界線は、非常に曖昧で流動的である反面、異性愛主義の規範によってなおも作用しつづける強制力としても認識されているのである。一方で、異性愛体制にほころびが生じている事態があきらかになりつつも、他方で、異性愛主義という規範によって、異性愛者の女たちとレズビアンとのあいだには、なおも境界線が引かれつづけているわけである。

　このような両義性ゆえに、性的指向を越境する行為をはじめとする、異性愛体制を攪乱する実践の可能性が存在しつつも、異性愛主義という強固な規範によって、攪乱が頓挫させられる可能性も同時に存在しつづけているのである。

性的指向の越境が可能になる背景、不可能になる背景を、先の両義性が生まれる背景とあわせてみていくこととしたい。そもそも、まず、その〈主体〉が生まれる背景(歴史的条件)を素描してみよう。

再生産される〈境界〉

「レズビアン」という名づけには、そこに名づける〈主体〉が必要であることはいうまでもない。そもそも、まず、その〈主体〉が生まれる背景(歴史的条件)を素描してみよう。

歴史学者のジョン・デミリオは、合州国におけるレズビアン/ゲイ解放運動のあゆみを振り返りながら、「わたしたちはどこにでもいる」という運動スローガンに象徴されるような、レズビアン/ゲイという存在の普遍性・不変性に疑問を投げかけている。デミリオが強調するのは、そのスローガンが政治的な意味をもっていて、ある時期には戦略として有効であったが、だからといって「正しい」とはいえないという点である。少なくとも、レズビアン/ゲイをとりまく状況は、時代的な背景をもち、社会的な変動にさらされてきたわけである。とくに、レズビアン/ゲイという〈主体〉が生まれる背景には、資本主義が大きく影響してきたと、デミリオは述べる。

デミリオが注目するのは、資本主義の歴史的発展によって生まれた「自由労働システム」である。わたしたちは多くの場合、このシステムのもとで、「自らの労働力を売る自由を有している」とともに、「自らの労働力を売る以外に選択の余地がない」という、有無を言わせぬ力にさらされて、日々の生活を送っている[D'Emilio, 1983＝一九九七、一四七頁]。そして、このような両義的なシステムの拡大は、性を生殖から分離することによって、家族の変容を促すことになる。

資本主義は一部の男たちや女たちが同性への性愛的／情緒的関心をもとに個人生活をつくりあげていくことを可能にする諸条件を創出した。このことは都市部でのレズビアン／ゲイコミュニティの形成を、そしてより近年のものとしては、性的アイデンティティを基盤とした政治行動を可能にしたのである。［同書、一四九頁］

レズビアンである、という〈主体〉が成立しうることで、「レズビアンに〈なる〉」という行為は生まれてくる。「自由労働システム」は、女たちに対して賃金労働の可能性を開くこととなった。もちろんそこには、ジェンダーによる賃金や参加機会の格差がある。しかし、男に経済的に依存しつつ、婚姻関係のなかで生活することを余儀なくされてきた女たちが、みずからの労働力を売ることによって経済的な「自立」を獲得したことは、異性間の婚姻外での生活の可能性を、多くの女たちにもたらすことになったのである。「資本主義が諸個人に家族の範囲を超えて生きることを許容した」わけである［同書、一五〇頁］。言い換えれば、レズビアン／ゲイという〈主体〉を成立可能にした「自由労働システム」が拡大するにしたがって、異性愛の生活を離れて「レズビアンに〈なる〉」という可能性が生み出されることになったのである。

このように、資本主義は、レズビアン／ゲイの〈主体〉の成立を可能にした。そして、個々人は「自由労働システム」のもと、家庭外の賃金労働に従事することによって、生活することができるようになった。しかし、先にみてきたように［⬇105頁〜］、わたしたちの生きる社会には、異性愛をめぐる両義性がつねに存在している。異性愛主義にほころびが生じることで境界を越境することが可能になるとともに、越境を不可能にする境界がなおも引かれつづけるのである。攪乱の可能性と不可能性がともに横たわっているのである。この両義性ゆえ、可能性のみを強調することは、現に存在する（あるいは歴史的に存在した）困難さから目を逸らしてしまうことになる。

資本主義は、レズビアン／ゲイの〈主体〉の成立を可能にするとともに、レズビアン／ゲイの〈生〉を、ふたたび疎外する構造をも生み出す。デミリオによると、資本主義社会のイデオロギーは、「愛と情緒と感情面での保護の源泉」として、「安定性、親密な人間関係を満たす場所」として、異性愛の家族へと、個々人をふたたび囲いこむのである［同書、一五三頁］。

> 一方では、資本主義は恒常的に家族生活の物質的基盤を弱め、諸個人が家族の外部で生きることを可能にし、レズビアンとゲイ男性のアイデンティティがあらわれうる条件を整える。他方では、資本主義は人々を家族へと押し戻し、少なくとも労働者となる次世代を再生産するまでそこに留めおこうとする。家族に多大なイデオロギー的な意味づけをおこなうことは、資本主義社会が子供たちだけでなく異性愛主義と同性愛嫌悪をも

再生産することを意味する。〔同書、一五五頁〕

一九七〇年代の合州国の都市部において、レズビアンやゲイは、「生きるための安全な空間を社会的に切り開いてきた」のだが、その反面、レズビアンやゲイに対する「抑圧はその場を変えただけであり、国家の法による暴力からますますあからさまになっている身体的攻撃という法を超えた暴力へとうまくずれた」だけなのだと、デミリオは述べている〔同書、一五三頁〕。

たしかに、一九七〇年代の合州国の都市部と、現在の日本の状況とは異なる。しかし、ちがいがありつつも、同じく資本主義体制のなかに生きる状況を、つぎのようにえがくことができるのではないだろうか。資本主義とともに異性愛主義が、境界を補強して、非対称的な権力関係を再生産しつづけることによって、レズビアンは、自己表明の困難な状況に、なおも留め置かれるのである、と。性的指向の越境（レズビアンに〈なる〉こと）の不可能性が、かのじょたちを呑みこもうとする。

越境と異性愛主義への抵抗

この章では、女性の性的指向をめぐる越境をテーマとして、その可能性と不可能性（異性愛主義を攪乱する可能性と不可能性）について考察してきた。まず、越境の経験が可能になる背景には、異性愛体制のほころびが生じているということであった。しかしそれとともに、ほころびが生じつつも、同性愛／異性愛のあいだになおも境界線（／）が引かれつづけていることもみてきた。この両義性を踏まえつつ考えなくてはならないのは、越境という行為が、それでもなお、異性愛主義を攪乱する実践として企てるに値するものであるのかどうか、という問い

である。
　掛札悠子は、日本社会において、「「女」が「母」であり、「妻」であり、「ある男のもの」であることが自明とされているこの社会の規範」が存在するがゆえに、女同士の親密な関係性は、「規範に対する完全な裏切り行為」として否定されてしまうと、述べている［掛札、一九九二a、五八頁］。したがってレズビアンは、存在しないものとみなされてきた、と。このような状況のただなかにいるからこそ、掛札は、あえて「レズビアン」を名乗ることの必要性を強調した。法律や社会制度のなかで「女二人（あるいはそれ以上）の関係を選んだ女と、法的な結婚を選びとった女は極端な差別で断絶されている」状況があることと、社会意識として「女と女の関係性（特に性的な関係）を無視したり、差別したりする風潮が強くある」こと、このふたつの理由から、「違い」を主張する――「レズビアン」を名乗る――必要性がある、と掛札は強調するのである［掛札、一九九四b、一〇四－一〇五頁］。

　再生産されつづける異性愛主義のイデオロギーを、わたしたちはどのように攪乱することができるのだろうか。同性愛／異性愛のあいだに権力関係を介在しつつ措定される境界を越境することに、なおも攪乱の可能性をみいだしうるのであろうか。掛札の述べる「断絶」をつないでいくこと、それとともに「違い」をも主張していくこと。あるいは、「同化」と「異化」［➡77頁］を、それぞれ際立たせていくこと。異性愛主義がふたつの輪郭（両義性）をもつがゆえに、攪乱の可能性と不可能性をめぐる問いも、「断絶」をつなぐことと「違い」を際立たせていくことの両者のあいだで、理論と実践の両側面において考察をつづけなければならないだろう。同時に、境界が人びとのあいだに刻みこまれる仕組みや作用をあきらかにしていく作業も並行しなくてはならない。それらの作業が、異性愛主義のイデオロギーを攪乱する可能性を、理論と実践から読み解きつづけることへと、つなげうるのではないだろうか。

次章以降では、異性愛主義のイデオロギーを攪乱する可能性を、どのように社会のなかでみいだしていけるのかを、具体的な例にもとづいてみていくことにしたい。

第 II 部

ソーシャリティ

国家・制度と自己のあいだで

第4章

社会的行為としての〈カミングアウト〉

第Ⅰ部（第1章「いま、〈レズビアン・アイデンティティ〉を語ること」、第2章「アイデンティティ・ポリティクスを辿ってみる」、第3章「「レズビアンに〈なる〉」こと」）でみてきた〈アイデンティティ〉をめぐる事柄――それは、社会のただなかで、まさに相互作用によってかたちづくられていく、流動的なプロセスであることに特徴があった。では、〈アイデンティティ〉を足がかりとして、どのような行為が生み出されるのだろうか。また、越境という行為は、異性愛主義を攪乱する可能性をもちうるのだろうか。

異性愛主義への異議申し立てとして、同性愛者が採用してきた戦略は、「同性愛者である」ことを自己表明し、公言する社会的行為である。この行為は、「クローゼットから出る coming out of the closet」と表現される。ここでは、「クローゼット」という空間概念が自分の性的指向を隠蔽する場を表現する言葉として使われてきた。このような同性愛者であることを表明するという社会的行為――〈カミングアウト〉――について、まずは考えていくこととしよう。

〈カミングアウト〉という戦略

同性愛者にとって、〈カミングアウト〉とは、存在を可視化するために、自己を語るという社会的行為である。それは、異性愛が〝あたり前〞とされる社会にインパクトを与える政治戦略の実践でもある。

その政治戦略の実践は、異性愛主義社会のなかで、ふたつの意味をもちうる。すなわち、①異質性――〝みんなと同じ異性愛〞ではないこと――を表明することによって、異性愛を〝あたり前〞のものではないこととして問題化すること、②同じように異質性をもつ同性愛者が分断され孤立させられている状況を問題化し、つながりをつくる可能性を提示すること、である。

〈カミングアウト〉という行為は、しばしば、同性愛者が被差別／被抑圧のただなかに置かれた状態から解放を志向する言説――「解放」言説――と合わせて、論じられてきた。しかし、歴史学者のデイヴィッド・ハルプリンは、クローゼットに留まることと比較して、〈カミングアウト〉は、「また違った種類の危険と制約に自らをさらすこと」にすぎず、「自分で手軽なスクリーンになって、ストレート［異性愛者］の人びとがいつだってゲイに対して抱いている幻想を引きうけること」を意味すると述べる。〈カミングアウト〉には、「自分の身振り、発言、表現、意見のすべてに、ホモセクシュアルのアイデンティティを認めた者、という、とてつもなく大きな社会的意味が加わってくる」のである。つまり、表明することによって、同性愛者についてのステレオタイプのイメージが自分自身に投影される危険性が待ちうけている、ということだ。当人の意図しないところで。

そうした側面をとらえ、ハルプリンは、〈カミングアウト〉の定義を、「解放という意味ではなく、抵抗という意味での自由の行為」［強調、引用者］としてえがきだす。その上で、〈カミングアウト〉という行為の核心にあるのは、「わたしとわたしのセクシュアリティについて、他人が特権的な知を得るのを防ぐことにある。彼らから主導権を奪い取り、わたしのことばと行動の意味を解釈する権威を、彼らから取り戻す手段である」と強調する［Halperin, 1995＝一九九七、四八－四九頁］。

言い換えておこう。〈カミングアウト〉とは、同性愛者として負のラベルを貼りつけられた疎外状態から、そのラベルを引き剥がして、単純に解放へと向かうプロセスを指すのでは、ない。むしろ、自身のあり方を語ることにおいて、誰かによってイメージを語られるという受動的な位置から、語りの主導権を回復するという手段を通して行使される、抵抗の行為として位置づけられるのである。

この抵抗の行為としての〈カミングアウト〉について、もう少しみておこう。風間孝［➡58・79頁］は、哲学者であるミシェル・フーコーが「解放というヴィジョンにかわって、抵抗という概念を提示することで、権力に抗う方法を示した」と述べる。そして、ハルプリンの議論をも援用しながら、同性愛者の〈カミングアウト〉を考察している。

> カミングアウトを解放ではなく抵抗の行為として位置付けることによって、解放というヴィジョンのなかでは存在し得ないはずのカミングアウト後に生じる「危険と制約」、すなわち新たに生じ得る権力関係——同性愛嫌悪の力学——を対象化することが可能になる。いいかえれば、抵抗という視点を採用することにより、同性愛者として公言する瞬間のみを政治的行為として考えるのではなく、その後に起動する同性愛嫌悪の力学を把握し、その力学に対して政治的介入を行っていくことが可能となるのである。
>
> ［風間、二〇〇二b、三五五－三五六頁］

同性愛者の〈カミングアウト〉は、プライベートな立場表明として認識されてしまうことが少なくはない。つまり、誰とパートナーシップを育むか、誰と性行為をするか、ということの個人的な表明としてイメージされがちである。また、異性愛体制のなかで異質性を表明すること自体が、場を乱す違反行為として拒絶されてしまうこともある。「なぜ、そんなプライベートなことを、あえて言わなければならないのか」、と。

そのような認識には、風間が指摘するように、「同性愛者として公言する瞬間のみを政治的行為として考える」社会の傾向も影響しているだろう［強調は引用者］。しかし、カミングアウトを、瞬間の出来事ではなく、その後へとつづく抵抗の行為としてとらえるとき、そこに「同性愛嫌悪の力学」が存在することをあきらかにできる。そして、その力学に対する「政治的介入」を開始することが可能になる。つまり、同性愛者の問題ではなく、同性愛者にカミングアウトを要請する社会構造の問題としてとらえることが可能になるということだ。わたしが〈カミングアウト〉を社会的行為として強調するのは、この点からである。

ただし、ここで注意しなければならないことがある。以上述べてきたような〈カミングアウト〉にかかわる言説は、ゲイ男性の状況をもとに考えられてきたという点である。ハルプリンは、あくまでも合州国におけるゲイ男性の——そしておそらくは白人の——状況をもとにしていると思われる。また、風間自身も、「レズビアンとゲイのジェンダー差がカミングアウトにいかなる意味で反映され得るかについて考察することができなかった」と記している［風間、二〇〇二b、三六二頁（註6）］。

第2章「アイデンティティ・ポリティクスを辿ってみる」で、デ・ラウレティスが「クィア」という言葉を学問へ導入してきた経緯をみてきたように［⬇52・77頁］、レズビアンとゲイのあいだには、ジェンダーの格差が横たわっている。であれば、抵抗の手段としての〈カミングアウト〉という行為をみるとき、安易に「同性愛者」というジェンダー中立的な表現を使ってしまうことにも、問題が生じるだろう。まさに、「レズビアンとゲイ」という、一見、ジェンダーのちがいを書き込んでいるようにみえる表現（レズビアン／ゲイ）のなかにおいてさえ、レズビアンが不可視化されるという現象が起こってきたのであるから。

そこで、〈カミングアウト〉という戦略について、レズビアンの状況に焦点を絞り、検討していくこととしたい。

レズビアンと〈カミングアウト〉の困難

レズビアンにとって、社会的行為としての〈カミングアウト〉とは、どのような意味をもつのであろうか。まず、レズビアンの〈カミングアウト〉がもたらす結果、とくに、そこに横たわっている困難について、検討していく。

困難をめぐるふたつの側面を取り上げたい。すなわち、①〈カミングアウト〉する行為が他者に受け取られずに無化されていくという側面と、②語り手の提示した〈カミングアウト〉がその意味から乖離し、受け手の解釈のなかで誤認され、抹消されるという側面である。第2章で

みてきたチャールズ・テイラーの議論［➡54頁］が示す枠組からみると、①は「不承認」（＝承認の不在）、②は「歪められた承認」としてとらえることができる。前者を消極的困難の側面、後者を積極的困難の側面として位置づけることもできるだろう。以下、具体的にみていきたい。

無化による不可視化

第1章「いま、〈レズビアン・アイデンティティ〉を語ること」の中で述べたとおり［➡36頁］、掛札悠子は、レズビアンの置かれた状況が「マイノリティ」というカテゴリーとしてではなく、「不可視性」の問題として語られるべきだと述べた。同時期、掛札は、日本におけるレズビアンの状況を考察するなかで、つぎのようにも述べていた。二〇年余りを経ても、日本社会におけるレズビアンの状況は、根本的には、さして大きな変化を迎えてはいないのではないだろうか——そのような思いも含め、みておきたい。

> この社会は、女性二人が一緒に住んだり、多少親密に行動したりすることに対して、男性がそうしている場合に比べ、格段に寛容である。だが、それも女性が「結婚するまでは半人前」と思われ、モラトリアムを与えられているためであり、その女性が「レズビアン」かもしれないという可能性は真剣に疑ってみる価値もないことだからでしかない。
>
> ［掛札、一九九二a、一〇四頁］

レズビアンは、ゲイ男性と比較して、「格段に寛容」なまなざしを向けられていると認識されている。しかし、それは裏返せば、レズビアンの存在が、不可視な／みえにくい(invisible)存在であることをも意味する。掛札が示しているのは、「格段に寛容」なまなざしを向けられるのは、あくまでも、「女性二人が一緒に住んだり、多少親密に行動したり」という、プライベートな関係性に対してであって、レズビアンという存在に対してではないという点である。そもそも「「レズビアン」かもしれないという可能性は真剣に疑ってみる価値もない」のだから。

　そのような状況のなか、レズビアンの〈カミングアウト〉は、一方で、ハルプリンが述べるような「ホモセクシュアルのアイデンティティを認めた者、という、とてつもなく大きな社会的意味」を背負う可能性と同時に、他方で、レズビアンは「女」であるがゆえに、つぎのような意味付加(ふか)がある、ということだ。つまり、「結婚するまでは半人前」というなかで解釈されれば、一時的なものとしてとらえられてしまうのだ。言い換えれば、いずれは「異性愛」の枠組に参入するとみなされるのである。それは、女という存在は、男と結婚しないと「一人前」とは認識されないということでもある。すなわち、男との結婚を経ないレズビアンは、「一人前」ではない、と解釈される結果となる。

　この場合、カミングアウトは、抵抗の手段として機能せず、「レズビアンである」という表明自体が、なかったことにされる――無化(むか)される――という現象が起こる。このような無化という現象――抹消(まっしょう)――は、レズビアンを不可視化する回路(かいろ)を生み出すひとつである。

つぎに、「歪められた承認」について考察していくこととしたい。

「歪められた承認」による抹消

第2章「アイデンティティ・ポリティクスを辿ってみる」のなかの「「レズビアン」とは誰か?」の節［↓64頁〜］では、合州国の例から「レズビアン」の定義の変遷についてみてきた。そこでえがきだしたのは、あくまで、フェミニズムの運動やゲイ・スタディーズ／アクティヴィズムのあいだでの、レズビアンの位置であった。では、たとえば、より広い社会——異性愛規範を無意識のうちにもちつづけている社会——においては、レズビアンは、どのような位置を与えられてきたのだろうか。

異性愛／同性愛という二項対立の図式のあいだには非対称性がある。とくに「愛」というカテゴリーにかかわって認識されるのは、そこに性行為が介在するという憶測であり、同性愛者であるとの表明が、同性とかならず性行為をおこなう者と解釈され、性的存在に一元化される可能性を、つねにはらんでいるということである。

この点について竹村和子［↓67頁］は、つぎのように指摘する。「異性愛者は、生涯をつうじて異性と性交渉をもたなくても、またもとうと思わなくても、同性愛者でないかぎり、異性愛者でいることができる」。それに対して、同性愛者は「そもそもが性器的セクシュアリティが完全に実践できない（つまり生殖に導くことができない）ということで差別されているにもかかわらず、かならず性器的セクシュアリティをもつと期待されている」。というのは、「もしもそうでなければ、それは同性愛ではなく、単なる友情ということになるからだ」〔竹村、二〇〇二、六頁、強調は原文〕。

ここで竹村が示しているのは、同性愛にはかならず性行為が介在している――身体性が存在する――はずだ、という思い込みがある、という点だ。でなければ、異性愛と区別できなくなってしまうからだ。異性愛者は、異性と性行為を行なわずとも「異性愛者」として無徴な存在〔⬇50頁〕としていられるのに対し、同性愛者は、異性愛者と区別するために、「同性と性行為を行なう者」とみなされる。

では、同性愛者のなかでも、とくにレズビアンの身体に対しては、どのようなまなざしが向けられるのであろうか。

掛札悠子は、「レズビアン」という言葉が一般的にもつイメージについて、かつて以下のように指摘した。まず①「「男性が見る」ためにつくられているポルノグラフィで利用されているような「レズビアン」というイメージ」であり、そして②「ある状態にいる女性が自分自身を認識するためにもちいる「レズビアン」というイメージ」である。掛札は、とくに前者、すなわち、「性的な行為のイメージ」が日本社会には浸透しているのではないかと省察した上で、つぎのように述べた。

仮に、この二つの言葉がおたがいにまったくふれあうことのない社会でそれぞれ使われているとすれば、あるいは問題などないのかもしれない。だが、現実はそうではなく、一方が一方をつねに侵食している。［掛札、一九九二a、九頁］

掛札が示すのは、レズビアンとしてのカミングアウトが、「自分自身を認識するためにもちいる「レズビアン」というイメージ」を提示したとしても、それが受け取られそこねて、つねに、「ポルノグラフィで利用されているような」、「性的な行為のイメージ」によって矮小化されてしまう状況が存在しつづけている、ということである。そして、そのイメージが、レズビアンが自己表象として使う「レズビアン」という言葉を、たえず「侵食している」ということ、つまりは、抹消していく、ということである。

言い換えておこう。「レズビアン」という言葉によって、その名づけを引き受けた存在が、さまざまな知を引用しつつ、レズビアンである〝わたし〟について、暫定的な自己定義を行なう。そして、その自己定義にもとづいた、レズビアンである〝わたし〟を表現する。しかし、そこで提示された「レズビアン」の意味内容は受け取られず、「性的な行為のイメージ」という、またべつの意味が貼りつけられていく。つまり、レズビアンによる自己定義が提示されているにもかかわらず、たえず、それとは異なる他者定義によって意味内容が規定されることとなる。このように、提示したはずの〝わたし〟と、受け手が貼りつけた意味づけとのあいだに溝が生じていく。

一方ではその身体に過剰な意味が貼りつけられ、他方ではその存在が不可視化されるという現象（暴力）。このような一見矛盾する現象のただなかで、「レズビアン」という名づけを引き受けた――もしくは引き受けざるをえないという意識をもった――存在は、「女」であり（「男」ではなく）、「同性愛者」である（異性愛者ではない）ことで、〈引き裂かれた自己[▼1] divided self〉を生きるよう強いられてきたといえる。

もちろんゲイ男性に対しても、「性的な行為のイメージ」は、ある。そして、性的存在として一元化されていく矮小化は存在しうる。しかし、ここでレズビアンの特徴を挙げるとすれば、「レズビアン」が、（異性愛の）男性による（異性愛の）男性のための商品として流通している点であろう。ポルノグラフィの一ジャンルとして存在するように。レズビアンの身体には、（異性愛の）男性による、ねじれた欲望の対象としてのまなざしが向けられているのだ。

また、このような（異性愛の）男性の欲望は、レズビアンをめぐる「歪められた承認」ともつながっていく。たとえば、「ゲイ男性に対しては殺傷事件となる場合が多いが、レズビアンに対してはレイプによって彼女たちの「目を覚まさせる」というかたちをとる傾向がある」というところにもあらわれる［竹村、二〇〇二、五〇頁］。レズビアンに対して、性的指向が同性である女に向くことを、性科学は「性倒錯」として位置づけ、精神医学は「治療」の対象としてきた歴史をもつ［➡66頁〜］。また、医学の言説に便乗しながら、（異性愛の）男たちによるレズビアンへのレイプが「矯正方法」と表現され、ときに実践されてきた経緯もある。

これら、ポルノグラフィでの商品化に表れるようなイメージは、レズビアンの身体を対象として（異性愛の）男性が消費することによって、再生産されつづける。このようなプロセスをとおして、レズビアンによる自己定義の権利と同時に、「治療」や「矯正」という手法によって、レズビアンによる自己決定の権利さえもが剝奪されることとなるのである。▼2

これまでにもフェミニズムは、女性に押しつけられたイメージや役割に対して異議申し立て

1――精神医学者のR・D・レインは、体験がふたつに裂けている状況に置かれた人びとについて論じる。その裂け目とは「第一に世界とのあいだに断層が、第二に自分自身とのあいだに亀裂が生じている」ということである。かれらにとって、この裂け目は「他者と〈ともに〉ある存在として生きることができないし、世界のなかで〈くつろぐ〉こともできない」ことを、そして「それどころか、絶望的な孤独と孤立の中で自分を体験する」ことを意味しうる、と指摘する［Laing, 1960＝一九七一、一四頁］。レズビアンは、「女」、「同性愛者」というふたつの属性をもつ。そのため、①男性／異性愛を前提とする社会のなかで、いずれの属性にプライオリティを置くかという問いを抱えることで「自分自身とのあいだに亀裂が生じる」可能性をもつ。同時に、②先の前提から排除されているがゆえに、「他者と〈ともに〉ある存在として生きることができない」状態に置かれる可能性をもつ。これらの状況を踏まえ、ここではレインの用語を援用したい。

を行ない、自己定義や自己決定の権利をとらえなおしてきた。男性を性的主体とし、女性を性的客体とするまなざしにも異議を唱えてきた。それらの知見を踏まえると、つぎのようにいえるだろう。

レズビアンは、男性が介在しない関係性をもつ存在、男性を必要としない身体として解釈される。しかし、女性を性的客体としてきた男性中心主義の社会規範は、このイメージを容認しない。そのために、「レズビアン」は、ときに淫靡なイメージを貼りつけられ、ときに（異性愛の）男性のための、（異性愛の）男性による消費の対象として「性的な行為のイメージ」へと一元化されていく。また、ときに「矯正」や「治療」の対象として扱われ、女同士の関係性に男が強制的に介在するという手段――レイプ――が用いられる。つまり、レズビアンの身体に向けられるまなざしは、「女」であることを利用して、（異性愛の女性よりも）よりいっそう過剰に性的意味づけを、かのじょたちに付加しているのである。

二重の困難

以上でみてきたように、社会のなかで「レズビアン」をとらえてきたまなざしには、ふたつの位相――「不承認」（＝承認の不在）と「歪められた承認」――が存在する。そこから、レズビアンにとって〈カミングアウト〉が、二重の困難に直面することがわかる。つまり、①社会のなかで不可視化され、黙殺されるか、もしくは、②ポルノグラフィに象徴される「性的な行為のイメージ」によって消費されることで抹消されるか、である。いずれにしても〝消される〟ということだ。
ライターの浅井杏子の言葉を借りれば、レズビアンは、「「普通の」生活領域にあっては存在そのものを否定された「透明人間」とみなされ、「異常な」性的・心理的領域にあっては女と寝ることしか頭にない「性的人間」とみなされてきた」のであり、「いわば「性器のみを備えた透明人間」という不気味なダブル・アイデンティティを強要されてきた」［浅井、一九九〇、二二四－二二五頁］。そのため、この二重の困難から生み出される「ダブル・アイデンティティ」は、レズビアンという名づけを引き受ける「個人にとって完全にマイナスのもの」でしかない。そして、「そのイメージはその言葉で呼ばれる人の人格さえおとしめてしまうほど決定的」なのである［掛札、一九九二a、一四頁］。

このような二重の困難は、多くのレズビアン（たち）に、クローゼットに留まることを選択させることとなる。そしてもっと深刻なことに、レズビアンという名づけを引き受けて、その

2――　この自己決定の権利が剝奪されていくプロセスは、レズビアンがみずからの性的欲望を語ることにも困難や戸惑いをもたらす。「レズビアン」から性的な意味あいを払拭することは、（異性愛の）男性が生み出す「性的な行為のイメージ」への抵抗ともなりうるが、同時に、性的欲望について語ることを阻害してしまうことにも注意をしておきたい。この点については、さまざまな読みかえの試みが必要であろう。

名づけを表明していくという「個人にとって完全にマイナスのもの」でしかないような〈カミングアウト〉という行為は、クローゼットに留まるレズビアン（たち）に対して、ある種の恐怖を与えることとなる。それは、二重の困難のうち、「無化」による「黙殺」の側面のみならず、「抹消」の側面である「歪められた承認」をかのじょたちに与えてしまうこともあるのだ。すなわち、ポルノグラフィの表象のなかで矮小化され、異性愛の男たちからの欲望の対象としてのまなざしをさしむけられて消費される回路を拡大し、再生産するにすぎないと、かのじょ（たち）によって認識されうるからだ。いわば、〈カミングアウト〉という行為は、「レズビアン」という名につきまとう「歪められた承認」を再生産する〈恥さらし〉にすぎないと認識されうることもあるからだ。[3]

では、〈恥さらし〉にすぎないような〈愚行〉を、なぜ、少なくないレズビアンたちはつづけようとするのだろうか。そもそも、〈カミングアウト〉という行為は、レズビアンにとって、〈恥さらし〉なうえに、〈愚行〉でしかないのだろうか。ここで立ち止まるべきは、このように、〈恥さらし〉であり〈愚行〉であると認識されうるような回路が生み出される地点であろう。その回路が生み出される、まさにそのプロセスのただなかで、クローゼットという空間の内外という境界を隔てて、レズビアンのあいだに境界線が引かれることとなる。しかし、レズビアンを分断するこの境界とは、いったい、何を意味するのだろうか。[4]

文学研究者であり、クィア理論の担い手の一人であるイブ・コゾフスキー・セジウィックが述べるように、そもそもクローゼットという空間は、「不可能なほどに矛盾した場」にすぎない。たとえば、「ガラスのクローゼット」と呼ばれる現象があるように、表明せずとも、当人のセクシュアリティが、その振る舞いや言動によって推測され、暴きだされるときがある。そのように、クローゼットの空間においては、「非常に暴力的に循環している、全体化作用のある知識——権力の渦巻き」がとりまいているのである［Sedgewick, 1990＝一九九九、二三二頁］。そして、そこにはつねに「沈黙の軽蔑、沈黙の恐喝、沈黙の魅惑、沈黙の共犯など、それぞれの力の回路」が存在しているとセジウィックは指摘する［前掲書、一一三頁］。

言い換えておこう。クローゼットという空間の内外を隔てる境界は、異性愛主義の社会のな

3—— わたしが実際に、ある「クローゼット・レズビアン」から言われてきたことである。

4—— 本書では、レズビアンをめぐる根本的な状況はかわっていないという見立てを提示しているが、実際に、日本社会のなかでは、一九九〇年代以降、とくに二〇〇〇年代に入ってから、レズビアンの可視化は急速に進んできたともいえる。その意味で、いまの時代をレズビアンとして生きている人びとにとっては、ここで記したように、カミングアウトを〈恥さらし〉や〈愚行〉と認識されうるという記述自体、違和感があるかもしれない。
一九九〇年代以降の日本におけるレズビアン・コミュニティの形成とアクティヴィズムを追ったものとしては［堀江、二〇〇七］を、クローゼットとカミングアウトのはざまに生じるコンフリクトを考察したものとしては［堀江、二〇一〇c］を参照いただきたい。

かで、つねに恣意的に引かれるものである。そのため、実際には、「そのなかにいることはできないし、そこから出ることもできない」のであり、クローゼットに留まり、同性愛者であることを隠していると自身では認識していたとしても、それが「本当に隠し通せているのかどうか確かめることはできない」のである。同性愛者であることを表明しない、沈黙する、そういう選択をしたとしても、つねにそれは第三者によって暴かれる——アウティング(outing)される——危険性が存在するのだ。言うまでもないが、アウティングは暴力行為以外のなにものでもない。

このように、クローゼットという空間の内外を隔てる境界は、つねに曖昧であり、クローゼットに留まっていると認識している人びとは、つねに「異性愛者」としてのパフォーマンスを強要されながら、かつ、暴き出される危険性をもずっと抱え込まされているのである。

先の問いに立ちかえることとしよう。レズビアンにとって、〈カミングアウト〉という行為は、たんなる〈恥さらし〉にすぎないのであれば、ではなぜ、その〈愚行〉がつづけられるのだろうか、という問いである。

たとえば掛札[⬇28・34・36・96・101・112・125頁]は、〈カミングアウト〉のことを、「個人にとって完全にマイナスのもの」でしかなく、「そのイメージはその言葉で呼ばれる人の人格さえおとしめてしまうほど決定的である」と看破しているにもかかわらず、レズビアンであることを表明する決意をして実行した。(異性愛者の)男たちによる(異性愛者の)男たちのためのポルノグラフィという解釈枠組のなかで、「歪められた承認」が押しつけられるリスクにさらされながら、それでもなお。しかも、同時に、クローゼットに留まるレズビアン(たち)から、その「歪められた承認」を再生産する〈恥さらし〉にすぎないと認識されうるリスクを負いながら、あえて。

このように考えると、レズビアンであることを表明する行為、すなわち、〈カミングアウト〉という社会的行為が遂行される背景には、〈愚行〉であると罵倒して片づけてしまうことのできない、何らかの意味があると考えるのが当然だろう。そしてこの意味については、レズビアンのあいだにもちこまれる境界線の問題ともあわせて、考えていく必要があるだろう。

つまり、〈レズビアン〉の存在を不可視化すると同時に、「歪められた承認」を押しつけるもの、そして、〈カミングアウト〉を無化や抹消という二重の困難へと追いやる社会構造が存在する一方で、レズビアンが〈カミングアウト〉を選択する独自の文脈が存在するととらえることもできる。

そこで、次節では、〈カミングアウト〉の背景をえがきだすために、まず、レズビアンの無化や抹消を生み出す構造について探ってみたい。それらを踏まえた上で、レズビアンにとって、無化され抹消されてしまうにもかかわらず、なおも企図される〈カミングアウト〉は、どのような意味をもちうるのか、考察を深めていくこととしたい。

〈カミングアウト〉を要請する社会的背景

排除機構としての〈ホモソーシャリティ〉

前節の「**レズビアンと〈カミングアウト〉の困難**」では、無化（むか）や抹消（まっしょう）という現象（暴力）が起こるなかで、レズビアンの〈カミングアウト〉が行なわれる様子をみてきた。そのなかで、レズビアンにとっての〈カミングアウト〉とは、すでにある「歪（ゆが）められた承認（しょうにん）」を再生産するような〈愚行（ぐこう）〉でしかないのか、という問いが導（みちび）き出された。この問いを考察するために、とくに無化や抹消という現象（暴力）を生み出しつつ、同時に、レズビアンを〈カミングアウト〉に駆（か）り立てる独自の文脈を、これまでみてきたゲイ男性との差異（さい）を念頭に置きながら、考察していくこととしよう。

竹村和子［➡67・127頁］は、近代資本主義社会には、「正しいセクシュアリティ」という装置が組み込まれていることを指摘する。竹村によると、「正しいセクシュアリティ」とは、「終身的な単婚（モノガミー）を前提として、社会でヘゲモニーを得ている階級を再生産する家庭内のセクシュアリティ」であり、「次代再生産」を目標にすえる装置である。この「次代再生産」という目標が標榜されるために、「正しいセクシュアリティ」という装置は、異性のあいだにおける「性器中心の生殖セクシュアリティを特権化」する。さらに、ここで認知されるセクシュアリティとは、「片方に生殖＝次代再生産という目標をもち、もう片方に家庭を基盤とする男女の非対称性を戴く相互連関的なカテゴリー」である。

　このような「正しいセクシュアリティ」の装置のもとで、つぎのような構造が生み出されるのである。すなわち、「近代の市民社会の性力学を構成しているのは、一方に性差別、他方に異性愛主義という別個の抑圧装置ではなく、性差別と異性愛主義を両輪とした〔ヘテロ〕セクシズムであり、ただ一つの「正しいセクシュアリティ」を再生産するメカニズムである」［竹村、二〇〇二、三七－四一頁］。

　さらに、この「正しいセクシュアリティ」という装置によって支えられるメカニズムは、社会のなかで、（異性愛の）男同士の紐帯――〈ホモソーシャリティ〉――によって維持されてきたことに注目しておきたい。イヴ・コゾフスキー・セジウィックは、社会は男たちによる「女の交換」（ゲイル・ルービン）によって成立するというフェミニズムの知見をもとにさらに議論を進めた。セジウィックによると、女たちを交換することによって成立する「男たちの絆」で社会は支えられているのだが、その関係性には「ホモソーシャルな欲望」が内包されている、ということである［Sedgewick, 1985＝二〇〇一］。この「ホモソーシャルな欲望」によってかたちづくられている男同士の紐帯――〈ホモソーシャリティ〉――は、性的対象としての女を交換するという制度――たとえば婚姻制度――によって維持される。

このような〈ホモソーシャリティ〉は、男同士の結びつきのなかにホモエロスの可能性を内包していると同時に、〈同性愛（者）恐怖／嫌悪 homophobia〉と〈女性嫌悪 misogyny〉とによっても支えられている。つまり、社会を構成する〈ホモソーシャリティ〉は、緊密になればなるほど、強固になればなるほど、必然的に、その内部に、男から同性である男への身体的欲望を含みうるのである。そのため、社会でタブー視されている同性への欲望を禁止し、必要以上に「（男性）同性愛者」という身体を排除しなければならないという矛盾を抱え込むのである。

具体的な例を挙げておこう。

たとえば、社会学者の河口和也は、一九九八年初頭に起こった帝京大学ラグビー部員による集団暴行・レイプ事件◀5を例示しながら、つぎのように述べる。「ホモソーシャルな世界としての男性学生集団によって女性の身体に行使される性暴力としての強姦」という事態が存在する。

これは「男性同士の紐帯を維持するために行われる究極の「女性嫌悪」の表われ」として把握することができる。このような紐帯の維持は「構造的暴力」として存在し、「女性の沈黙によって支えられる」。また、このような事態は、同時に、「同性愛嫌悪という構造的な偏見あるいは暴力によって同性愛者が構造的沈黙を強いられ、その沈黙こそがホモソーシャルな世界を支えている」という側面をあわせもってもいる。構造的沈黙を強いられる状況において、ゲイ男性のカミングアウトは「ホモソーシャルな特権的世界から撤退する実践を意味」するし、また、「異性愛男性として享受できる特権を放棄すること」をせまられる行為でもあると、河口は考察している〔河口、一九九九、二一三―二一四頁〕。同じような集団暴行事件はいまなお後を絶たないわけで、枠組としては、何度も繰り返し行使されている暴力である。

河口がここで論じているのは、〈ホモソーシャリティ〉とゲイ男性（男性同性愛者）の〈カミングアウト〉との関係性である。異性愛／同性愛という二項対立図式を生み出し、後者を排除することを〈ホモソーシャリティ〉は強要する。しかし、この議論では、ジェンダーのちがいは考察対象とはなっていない。河口は、集団レイプという女性への暴力の事態をとらえ、「男性

5――河口はここで「大学の体育会系のクラブの男子学生らによる女性に対する集団暴行事件」と記しており、具体的な出来事を想起しつつも、その名指しを行なっていない。ただ、起こった事柄を風化させないために、ここで明記することとした。

同士の紐帯を維持するために行われる究極の「女性嫌悪」の表われ」であると述べる。ここで注意すべきは、この「女性嫌悪」というカテゴリーには、嫌悪が向けられる対象である女性の性的指向は考慮の埒外にある、ということだ。つまり、ゲイ男性はカミングアウトすることによって、「異性愛男性として享受できる特権を放棄する」こととなるが、レズビアンの場合、性的指向がどこに向いていようが「女一般／総体」として一括され、嫌悪の対象とされる。このように、河口の議論が示す事例からも、レズビアンとゲイ男性とのジェンダーのちがいによる非対称性が浮かび上がってくる。

竹村和子は、この非対称性を析出する。とりわけ、〈カミングアウト〉という行為をめぐるレズビアンとゲイ男性の非対称性には、性差別が存在しているとし、つぎのように指摘する。

> 男の同性愛の方がより可視的で、より強力に弾圧されるのは、女の場合——異性愛であろうと、同性愛であろうと——「正しいセクシュアリティ」から得られる特権が比較的限られているのに反し、男の同性愛の場合は、「正しいセクシュアリティ」を拒否することによって、彼らに与えられるはずの多大な特権を捨て去り、それによって、「正しいセクシュアリティ」への疑義をつきつける価値転覆力をより強力にもつからである。
> ［竹村、二〇〇二、三九－四〇頁］

ゲイ男性はカミングアウトすることにより、〈ホモソーシャリティ〉の体制のなかでは、男ではないものと認識され、「多大な特権」を放棄するというリスクを負わなければならない。その上、「正しいセクシュアリティ」に対して「価値転覆力」を発揮してしまうがゆえに、よりいっそうの「弾圧」を受けなければならなくなる。そうとらえると、「正しいセクシュアリティ」という装置によって生み出される同性愛者排除の論理は、①その矛先をゲイ男性に向けながら、②異性愛主義という社会規範によってゲイ男性が語ることを制限する、という二重の機能を含み込んでいることとなる。この点から、ゲイ男性は、レズビアンとは異なり、可視化のメカニズムのなかに存在させられているといえるだろう。

これらの知見を踏まえ、先にみたレズビアンの〈カミングアウト〉をめぐる困難のひとつめの側面――無化されることによる不可視性が生み出される側面――を振り返ると［⬇125頁〜］、つぎのようにいえるだろう。ゲイ男性の〈カミングアウト〉が、可視化のメカニズムのなかに存在させられているという点は、もちろん、レズビアンが不可視化されることと比較して、より良い状態であるとはいえない。〈カミングアウト〉という行為をめぐって、ゲイ男性とレズビアンにそれぞれ非対称的に配置される可視化／不可視化のメカニズムは、いわば、コインの表裏のようなものとして存在している。すなわち、ゲイ男性に過剰に付与される焼印の背後で、同時に、レズビアンの不可視性が生み出されているのである。

不可能な女性の〈ホモソーシャリティ〉

もう少し別の観点から、〈ホモソーシャリティ〉についての考察を進めておくこととしよう。

先に、〈ホモソーシャリティ〉とは、男同士の紐帯であることをみてきた。では、わたしたちは、それを反転させるかたちでの、女同士の紐帯としての〈ホモソーシャリティ〉を考えることはできるのだろうか。

「ホモソーシャルな欲望」という概念を生み出したセジウィックは、「男性に比べて女性の場合、「ホモソーシャル」対「ホモセクシュアル」という弁別的対立は、遥かに不完全であるし二項対立的でもない」と述べる。というのは、「女性同性愛とそれ以外の女性同士の絆」は、「目的・感情・価値観を軸にして明らかに連続体を形成している」からだ[Sedgewick, 1985＝二〇〇一、三頁]。しかし、すでにこのような「連続体」として脱性化してしまうことの問題性も、わたしたちは第3章「**「レズビアンに〈なる〉」こと**」のなかの「**異性愛主義のふたつの輪郭**」の節[➡101頁〜]でみてきた。

たとえば、ただたんに、同性同士のあいだの紐帯ということであれば、これまでに、フェミニズムが生み出してきた概念に、〈シスターフッド〉という概念がある[➡75頁]。では、この〈シスターフッド〉を、〈ホモソーシャリティ〉を反転させたものとして、わたしたちは把握することができるのだろうか。

まずひとつめに、〈ホモソーシャリティ〉には、重要な要素として、「女の交換」が存在することに注目すべきであろう。男／女という二項対立のあいだには、あらかじめ権力関係が介在している。この権力関係のなかで、男が女を付随物、従属物として扱うところに、男同士の紐帯が成立している特徴がある。この権力関係を踏まえれば、〈シスターフッド〉には、付随させるべき、従属させるべき交換物が、存在しないことに気づかされる。女同士のなかで権力関係を介在させる「男の交換」が存在しえないからだ。〈ホモソーシャリティ〉が存立している社会のなかで、女たちには、何かを交換して獲得できるような特権というものが、そもそも、与えられていない。

ふたつめに、〈ホモソーシャリティ〉と〈シスターフッド〉のあいだにある決定的なちがいは、その出発点にある。〈シスターフッド〉とは、そもそも、男性支配社会（male-dominant society）に対する抵抗手段として、女たちによって自発的に立ち上げられた関係性である。つまり、規範を支えるために維持される〈ホモソーシャリティ〉とは異なり、〈シスターフッド〉とは、その規範への抵抗のための〈アイデンティティ〉なのである。

これらふたつの点を考慮すると、（異性愛の）男同士の紐帯としての〈ホモソーシャリティ〉と、女同士の紐帯としての〈シスターフッド〉は、同じく同性同士の紐帯ではあるものの、そのあいだには非対称性が存在することに気づかされる。

異性愛／男性中心主義という制度を維持・補強するために機能する〈ホモソーシャリティ〉は、男同士の紐帯(ちゅうたい)であるからこそ意味をもつのであって、それに対して、女同士の紐帯としての〈ホモソーシャリティ〉が不可能であることを竹村は指摘する。女たちのあいだでは、その同性同士の紐帯という連なりは「制度によって裏づけられることがなく、制度の隙間(すきま)に出現する、あくまで個別的で私的な「出来事」として取り扱われるために、公的な場には存立しえないのだ［竹村、一九九九、三一一頁］。

いや、むしろ「制度によって裏づけられる」ことがないために、女同士の紐帯は、〈シスターフッド〉というかたちで、男性支配社会への異議申(いぎもう)し立(た)て、もしくは抵抗手段として立ち上げられてきた。それは、男同士の紐帯である〈ホモソーシャリティ〉が、社会制度を維持するための装置として機能してきたこととは、まったく位相(いそう)の異なる出来事である。それゆえ、〈シスターフッド〉は、（異性愛の）男同士の紐帯である〈ホモソーシャリティ〉に対して、その歴史のただなかで、女たちの経験を社会に書き込もうとする試みとして成立してきたのである。

このような点を踏まえながら、前節「**レズビアンと〈カミングアウト〉の困難**」でみた、レズビアンの〈カミングアウト〉のふたつめの側面、「歪(ゆが)められた承認(しょうにん)」が押しつけられることによって抹消(まっしょう)されるという現象（暴力）［➡132頁］について振り返ると、つぎのようにいえるだろう。男同士の紐帯である〈ホモソーシャリティ〉には、「女の交換」が重要な要素として存在する。それは視点をかえれば、男による「女の交換」が存在しない場では、女の〈生〉自体が成立しえないということでもある。つまり、女の〈生〉は、男が介在することによって、はじめて成立しうるということになる。わたしたちは、このような社会構造のなかで生きているのだ。

レズビアンが、親密な関係性において、男の存在を必要としないのであれば、〈ホモソーシャル〉な認識のなかでは、レズビアンの〈生〉は存在しえないのだ。しかし、〈ホモソーシャリティ〉は、男の介在がなければ女の〈生〉は成立しえないと条件づける一方で、〈ホモソーシャル〉な体制に生じる空白をなくして拡大再生産をつづけるために、レズビアンの関係性に男の介在を何らかのかたちで刻印する必要があるのだ。このような回路のなかで、（異性愛の）男たちによる（異性愛の）男たちのためのポルノグラフィという解釈装置が立ち上げられる。たとえ、そこで生み出されるストーリーがフィクションであっても、男の介在がないと理解できないからだ。

（異性愛の）男たちのためのポルノグラフィでは、レズビアンを、①女同士の性行為に一元化されたイメージとして生み出し、②過剰に意味づけられた性的イメージを対象として消費し、③ときにそのストーリーのなかに「性倒錯」を「治療」する〈主体〉としてレイプという手段をもって介入するケースがある。そのような解釈装置と介入が「歪められた承認」を生み出すことにより、「レズビアン存在」が抹消される事態が起こってくるのである。

以上述べてきたことをまとめておこう。
〈ホモソーシャリティ〉という装置によって維持される異性愛主義は、女に対して、男と結びつくことによってしか〈生〉を成り立たせることができないという土壌を生み出す。それは、レズビアンを不可視化し、抹消する機能を果たす。と同時に、〈生〉が成立しえないのだ、というメッセージをたえず発しつづけることによって、多くのレズビアンたちにクローゼットに留まることを選択させる。いや、それ以前に、レズビアンという名づけを引き受けることの困難をもたらす。このように、〈ホモソーシャリティ〉によって維持される異性愛主義は、クローゼットの内外という、じつは明確には区分できない、つねに曖昧な境界で隔てて、レズビアンを分断する役割をも担っているということになる。

これらを踏まえると、レズビアンの〈カミングアウト〉という社会的行為は、このような状況に対する、レズビアン（たち）の〈生〉の奪還のプロセスとしてとらえることもできる。そのプロセスは、境界線を引こうとする側への異議申し立てでもある。すなわち、レズビアンをクローゼットの内外に分断することへの抵抗の行為でもあるのだ。このように、レズビアンにとって、〈カミングアウト〉には、たんなる〈愚行〉だと切り捨てることのできない独自の文脈があることを、みてとることができるのではないだろうか。

では、レズビアンによる抵抗の遂行を可能にする条件とは、いったいどのようなものであるのだろうか。次節にて、抵抗の手段と可能性について検討していくこととしたい。

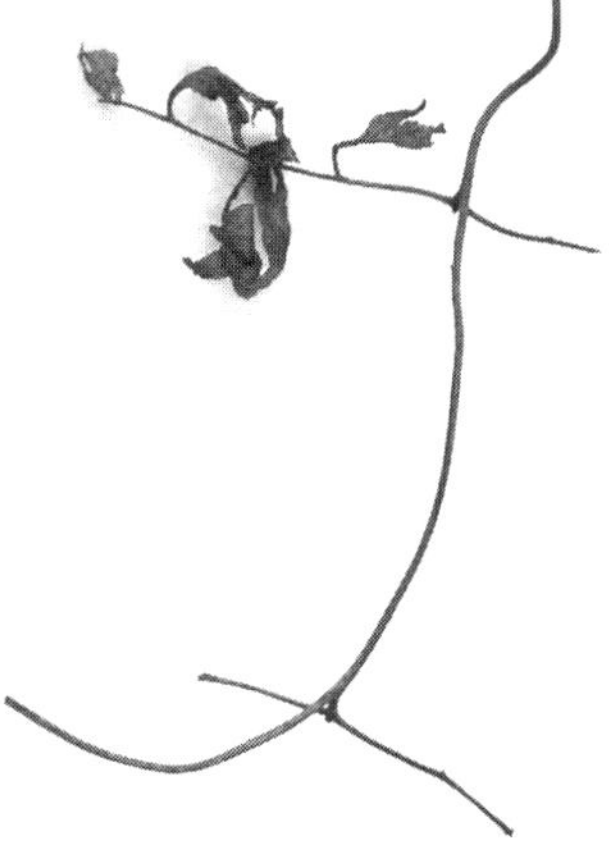

無化／抹消への抵抗可能性

「（ビ）カミング・アウト」という戦略

　そもそも、レズビアンにとって、〈カミングアウト〉とは何を意味するのであろうか。すでに第2章「**アイデンティティ・ポリティクスを辿ってみる**」のなかの「**「レズビアン」とは誰か？・**」の節［↓64頁］でみてきたとおり、「レズビアン」という名が定義を確定できずにいるとすれば、レズビアンとして〈カミングアウト〉するとは、「レズビアン」という名づけを引き受けることの表明でしかない。

　とりわけ、セクシュアリティの領域で「アイデンティティ」を語ることは、私的領域に属する言動ととらえられ、公共性とは相容れない行いであると認識されてきた。[▼6] しかし、性的な〈アイデンティティ〉とは、私的領域で構築され、その場に属しつづけるものなのだろうか。この疑問を踏まえつつ、〈アイデンティティ〉の可能性をいまいちど模索してみることとしよう。

〈レズビアン・アイデンティティ〉を引き受け、表明していくプロセスについて、ここでは、これまでの〈カミングアウト〉にかかわる言説に疑義を提示しつつ、あらたな方向性を模索する、政治学者のシェイン・フェランの議論を追っていくこととしたい。

フェランは、多くの〈カミングアウト〉が、ある種の「真実」を「発見」する言説と結びつけられた物語であることを問う。というのは、表明する行為には、つねに、特定のアイデンティティを「特権化し、さらにそれを裏づける真実を発見しようとの思い」が横たわってきたからだ。そのような〈カミングアウト〉に対する人びとの解釈は、表明する人が「それ以前には隠されたままだった真実を認識すること」として、つまり「構築と選択のプロセスではなく、発見ないし事実承認の過程」として限定づけられてきたという[Phelan, 1993＝一九九五、一二五頁]。

このような解釈がもたらす結果には、ふたつの側面がある。まず、①自分だけではなく、他者に対しても、「セクシュアリティとポリティクスとの「一貫性」」を強要する、という点である。そして、②汚名を着せられたアイデンティティに対するレズビアン（たち）の挑戦が、皮肉なことに「汚名を拒絶しながらも、まさにその傷ついたアイデンティティの強化に一役買ってしまった」という点である［Phelan, 1993＝一九九五、二二四－二二五頁］。

実際には、レズビアンの生き方は多様である。その生活の背景も異なれば、個々人の置かれた文化や仕事もちがう。そのなかで獲得したり選択したりする一度かぎりの立場もある。それらのうちのなにが「真実」かを特定することは、不可能であるといわざるをえない。フェランが指摘するのは、「真実」を求めるがゆえに、他者にアイデンティティを強要し、そしてそれが結果として、さらなるレズビアンに対する「汚名」を再生産してきたという悪循環である。

そのような反省に立ってフェランが提唱するのは、レズビアンが自己をとらえ、他者とのちがいの「気づき」によってアイデンティティが生み出されるプロセスを、「（ビ）カミング・アウト／(be)coming out」として把握することであり、それをポリティクスの手段として提示していく実践である。

フェランによると、「人は、特定の歴史的な文脈の中にあるコミュニティと言説への参加によって、レズビアンやゲイであることを認識してゆく」という。その結果、〈カミングアウト〉

6―― 風間孝［⬇58・79・121頁］は、「パブリック（公的領域）は女性を排除した男性空間であるがゆえに無性と考えられ、プライベート（私的領域）は男女が交流する場であるがゆえに性的と考えられている」が、「そこで含意されている「性」とはどちらも異性愛という性的欲望でしかない」と指摘する。そして、このような「公／私の区分けは、実は、異性愛を前提とした無性／性的という規範に立脚しているのである」と分析する［風間、二〇〇二a］。

という行為をとおしてえられる経験は、「何者かになってゆくこと becoming」であり、「それ以前には存在しなかったような自我を形成すること」である［Phelan, 1993＝一九九五、二二六－二二七頁］。

つまり、ここで重視されているのは、「何者かになってゆく」ことの結果ではなく、そのプロセスである。そこでは、〈カミングアウト〉を確固たる自己の確立――フェランの指摘する「真実」としての揺るぎなき自己――の表明としてではなく、あくまでもプロセスとして把握することによって、これまで「単一のもの」とされてきた「アイデンティティ」を、ポリティクスの手段として援用することが強調されているのである。

プロセスの途上で援用される「アイデンティティ」というカテゴリーについて、フェランは、つぎのように述べる。

> カテゴリーとは暫定的なものであるという認識こそがポストモダンとポスト構造主義の鍵であったが、それはすべてのカテゴリーの破棄を意味してはおらず、カテゴリーの使用にさいしての慎重さと謙虚さを要求していたのではなかったのか。カテゴリーという概念に挑戦するにしても［…］私たちはアイデンティティのカテゴリーの一時的安定性に基づいて共通の行動を起こすしかない。
>
> ［Phelan, 1993＝一九九五、二三六頁、強調は引用者］

ここでフェランが強調しているのは、アイデンティティを捨て去ることではない。むしろ、アイデンティティというカテゴリーをすべからく放逐してしまう手法に対しては、「ポリティクスの忌避」であるという批判を向けている。言い換えれば、戦略としての「アイデンティティ」を用いることにより、それをあくまでも暫定的な、「一時的安定性」として確保しつつ、「共通の行動」を起こすことを強調しているのである。もちろん、プロセスの途上で援用される「アイデンティティ」は「一時的」である以上、その内容はたえず検討される必要もあり、さまざまな問いに開かれつづけるものでなければならない。

このような「一時的安定性」による「共通の行動」として、フェランが模索するのは、レズビアンという名づけを引き受ける存在が、社会のただなかで声をあげていくことによって、人びとに「まず私たちの声に確実に耳を傾けさせること」なのである。

> 私たちは固定した不動のアイデンティティをもった大文字の「レズビアン」としてではなく、刻々**レズビアンになりつつある者**、すなわちヘテロセクシュアルな社会の中で**暫定的な主体のポジションを占める者**として、公的な言説へ参画してゆく。人々に語りかけ、耳を傾けさせることとは、単に自分たちの生の「経験」に頼ることではなく、私たちの人生と生活の輪郭を、レズビアンでない人々との接点を模索しながら明瞭に描き出し、みずからについての解釈と読みなおしを続けることなのだということをしっかりと心に刻み込もうではないか。
>
> ［同書、二三七頁、強調は引用者］

〈カミングアウト〉という社会的行為を、このように「(ビ)カミング・アウト」として、すなわち「何者かになってゆく」プロセスとしてとらえること。そこに拓かれるのは、「レズビアンではない人々との接点」である。レズビアンであることを表明することで、その存在を可視化すると同時に、そこで起こる反応から、ふたたびみずからを「解釈」しなおし、「読みなおし」つづけるという相互行為が生み出されるのである。プロセスの途上では、フェランが述べるように、「レズビアンとしての主体の位置と信念を保ちながら発言を続けつつ」、同時に、その「主体性も変化を続ける場の一部」〔同書、二三八頁〕として他なるものへも開くという、ふたつの作業を往還しつづけることになるのだ。

「集団カミング・アウト」という戦略

また、誰がどのように、このプロセスを共有していくのかを考えた場合、つぎのような事例も参照できるだろう。

言語学者のクレア・マリィは、一九九〇年代初頭に、日本において開始された「レズビアン・ゲイ・パレード」という出来事を、「強制的差別のもとで起こった特定の事件に対する自発的な行動」ではなく、「意識的に計画」されたものであるという理由から、あらたな動きとして位置づけ、「集団カミング・アウト」と呼んだ。つまり、起こった出来事への突発的な対処としてではなく、意図的に出来事を起こしていくところに、「集団カミング・アウト」という自発的行為が出現した、といえる。

そこで起こった集合行動は、「映画館［レズビアン／ゲイ映画祭が上映される場としての映画館］やクラブの前に並ぶ列と異なって、ふだんレズビアンの存在が隠される歩道に、レズビアンとレズビアンの足が踏まれた」行為であり、「パレードの参加者の行動によって、その足跡を無視することが拒否された」ことを示すものであると、マリィは述べる［強調、引用者］。このような、集団としてのレズビアンの出現は、同時に、「複雑に交差するアイデンティティーズと同性愛嫌悪／恐怖が新たに交差する」場に直面することともなる［マリィ、一九九七、二二五－二二七頁］。

ふたつの点に注目したい。レズビアンとしての表明は、固定したものではなく、個々人のもつそのほかの諸要素――複数形としてのアイデンティティーズ――とともに交差すること。さらに、同性愛嫌悪／恐怖（ホモフォビア）と交渉をつづける場でもあること。

マリィが表現するように、「ふだんレズビアンの存在が隠される歩道」――日常では異性愛者の空間とされている場――に、「レズビアン」という名をもった集団が出現することは「消せない事実」として、その場に遭遇する人びとに提示されることとなる。マリィがえがきだす「集団カミング・アウト」は、複数の存在を可視化することによって、「存在しないもの」とされてきたレズビアン（たち）の不可視性への問いかけを行ない、社会のなかで貼りつけられたレズビアン（たち）のイメージを問いなおす場ともなりうる集合行動なのである。

「レズビアン」という名づけの意味内容それ自体を問いなおし、つくりかえていくこと。自己定義権の剥奪や存在の不可視化に対するレズビアンの自己呈示——それは、多様なレズビアンの〈生〉を提示していくことによって、矮小化されたひとつの解釈（物語）に回収されえないイメージを生み出しつづけ、それを受け取る者／受け取らざるをえない者との相互作用を繰り返す活動である。

　ひとつの解釈に回収されえない多様で複数の〈生〉を提示することは、この社会のなかで、ノイズを発しつづけるという抵抗権を行使する試みでもある。ノイズは、人びとの耳に心地の良いものではない。ノイズはひとつに統合された和声ではない。レズビアンとは、ああいうものだとか、こういうものだとか、一定の受容されうるイメージを想定し、説明を積み重ねるのではなく、レズビアンとは、あれでもないとか、これでもないとか、そのような表明を重ねていくこと——受容や理解を求めるために説明するのではなく、貼りつけられたイメージをときには否定し、ときにはずらすという意味において、声を発しつづける、ということである。このようなノイズを発しつづけていくことによって、男性／異性愛主義という規範への攪乱を企図していく実践が可能となるのではないだろうか。

　そのようなノイズとしての表明が集積されていくプロセスは、当然のことながら、レズビアン（たち）が提示するイメージを、たえず塗り替えていく可能性をあわせもっている。とすれば、レズビアン（たち）による複数形の自己定義は、固定した単数のものではなく、あくまでもノイズとして発しつづけるなかで、暫定的に表れる〈アイデンティティーズ〉としてとらえることができる。まさに複数の闘争プロセスのただなかで、剥奪された自己定義の権利が回復される瞬間が、そのつど、そのつど、生み出されつづけていくのだ。

暫定的な「場」としての〈レズビアン・アイデンティティーズ〉

この第4章では、レズビアンにとっての〈カミングアウト〉という社会的行為をみてきた。同性愛者、すなわちレズビアン／ゲイ双方にとって、みずからの性的指向を表明するという行為は、異性愛主義という規範への抵抗の行為としてとらえることができる。しかし、そこに横たわるジェンダーのちがいから、レズビアンにとっての〈カミングアウト〉は、ゲイ男性と比較して、二重の困難があることをあきらかにした。その困難とは、①その意味が受け取られずに、表明という行為自体が無化され、存在が不可視化されるという側面と、②（異性愛の）男たちのためのポルノグラフィで使用されてきた解釈装置によって、「歪められた承認」を付与され、

抹消されるという側面であった。また、これらの困難によって、クローゼット内外を隔てる境界線が恣意的に引かれ、レズビアン（たち）が分断されることもみてきた。

そのような困難にもかかわらず、なお、レズビアン（たち）は、〈カミングアウト〉という社会的行為を遂行しつづける。それは、不可視化への抵抗と「歪められた承認」への拒絶とによって、「低い自尊心しかもちえないという苦痛」を「自らのうちから取り去る」プロセスでもある［➡55頁］。言い換えれば、剥奪された尊厳を回復していくプロセスでもあるのだ。

竹村和子［➡67・127・139・142頁］は、「〔ヘテロ〕セクシズム」は、異性愛主義と性差別という二重の困難をレズビアンにもたらすと指摘する。竹村が指摘するように、「〔ヘテロ〕セクシズム」が、異性愛主義と性差別を両輪とした「正しいセクシュアリティ」を標榜する装置として機能するとき、「その双方によって負の意味づけを与えられてきた女の同性愛こそ、その体制によって幾重にも沈黙させられてきたのである」［竹村、二〇〇二、四頁］。とすれば、視点を転換すれば、レズビアンは、「近代の強迫観念であるセクシュアリティの問題系をあかるみにする潜在力をもちえるものである」［前掲書、八七頁］。

レズビアンというポジションが、竹村の述べるように「潜在力」をもちうるのであれば、これまで個々に問題化されてきた異性愛主義と性差別とを接合することにより、「〔ヘテロ〕セクシズム」という規範への攪乱可能性を生み出すこともできるかもしれない。すなわち、フェミニズムが問題化してきたジェンダー化された公的領域／私的領域の区分と、ゲイ・スタディーズ／アクティヴィズムが問題化してきた（ヘテロ）セクシュアリティ化された区分とを同時にみることのできるポジションが、レズビアンという視角には与えられていることとなる。

フェランもまた、多くのレズビアン理論家たちが、「レズビアンである」というポジションが「ジェンダーを解体する批判力を備えた場なのだという見方を創出しようとしている」と述べている［Phelan, 1993＝一九九五、二一二頁］。これら竹村とフェランの指摘から着想を得て、議論をさらに敷衍すれば、こうもいえるのではないだろうか。多様な〈生〉をもつ複数のレズビアン（たち）が、暫定的に〈レズビアン・アイデンティティーズ〉を引き受け、それを表明していくなかで、何者かに〈なる〉こと。境界を越境していくこと。そして、個別の〈アイデンティティ〉自体を問いなおしてつくりかえたり、ほかの〈アイデンティティ〉を招き入れたりしていくこと。そのような作業をとおしてしか、レズビアン（たち）の不可視性や抹消への抵抗は存在しえないのではないだろうか。多様なレズビアン（たち）の複数の〈生〉を提示していくことによって、ひとつの解釈（物語）に回収されえないイメージを生み出しつづけ、イメージを受け取る者／受け取らざるをえない者との相互作用を触発していくこと。そのプロセスの途上で、男／女という二項対立の図式を問う作業も生まれてくるのである。

〈レズビアン・アイデンティティーズ〉とは、そのような「批判力を備(そな)えた場」として把握することができる。

第5章

セクシュアル・マイノリティと人権施策

国家による承認をめぐって

グローバル化社会と同性愛者
日本の人権施策をめぐる流れ
戸籍性別の変更をめぐる法的整備
「性同一性障害・特例法」の成立
「性同一性障害」当事者間の分断
同性間の婚姻の禁止
定義の〈暴力〉性
人権施策にみる同性愛（者）嫌悪
地方自治体の事例
顕在化する同性愛（者）嫌悪
分断線を超えるために

一九八〇年代後半以降、日本における同性愛者（レズビアン／ゲイ）をめぐる状況は大きく変化した。その変化は、ときに、レズビアンとゲイ男性のあいだに齟齬を生みつつも、同性愛者をめぐる認識へのパラダイム転換を生み出すこととなった。[1]

一九八〇年代後半には、八七年三月に閣議決定を経て国会に提出された「エイズ予防法案[2]」に対する反対運動、それに引きつづき一九九〇年代に入ってから、東京都による同性愛者団体への宿泊利用拒否（一九九〇年四月）に端を発した「東京都府中青年の家裁判[3]」が闘われた。この時期、同性愛者を主体とした集合行動が広がっていくこととなった。

また、そのような社会運動の成果の一方で、とりわけ近年は、後に述べるように、国際的な情勢の波に乗り、日本国内の人権にかかわる法的整備がなされつつあり、その波のなかで、同性愛者の人権が条例や法に書き込まれる機会が広がっている。

1――法制度のなかにある異性愛主義を問題化することが本章の目的である。そのため、ここではセクシュアル・マイノリティという包括的な視点ではなく、同性愛者をめぐる出来事を記述するところからはじめたい。

2――結果的に「後天性免疫不全症候群の予防に関する法律（平成元年一月一七日法律第二号）」として成立し、一九八九年二月に施行。後に「感染症法」（一九九八年一〇月）が制定されたことにより、一九九九年四月に廃止された。

3――「動くゲイとレズビアンの会」が一九九〇年二月に東京都の施設に宿泊したところ、同泊団体より嫌がらせを受けた。その後、都に利用のための改善を求めたものの、利用拒否され、話し合いの回路は閉ざされることとなった。そして一九九一年二月に東京地裁に提訴後、原告側の勝訴、被告である東京都の控訴とつづき、一九九七年九月に東京高裁での第二審判決がなされた。判決文には、「行政当局としては、その職務を行うについて、少数者である同性愛者をも視野に入れた肌理の細かな配慮が必要であり、同性愛者の権利、利益を十分に擁護することが要請されているものというべきであって、無関心であったり知識がないということは公権力の行使にあたるものとして許されないことである」と記されている。詳細は［風間・河口、二〇一〇］、［風間、一九九九］などを参照のこと。

グローバル化社会と同性愛者

たとえば、一九九一年に提訴された「東京都府中青年の家」裁判においても、サンフランシスコでの教育実践や施策を参照しつつ、原告側が勝訴する結果となった。すなわち、日本の法廷において、合州国での実践と方法論が援用されることによって、同性愛者が「少数者」として定義され、人権擁護の必要性について確認されることとなったのである。

それまで「同性愛」は、性行為に一元化され、「性的趣味・嗜好[4] sexual preference」として扱われることによって、プライベートな問題として認識されることが多かった。しかし、「同性愛者」という〈主体〉を同性愛者自身が提示し、異性愛と同様に「同性愛」を、価値中立的な説明が可能

な性的指向という概念を用いて使うようになった。そして、この概念を用いて、同性愛者たちが、みずからの置かれた状況を、個人的な性の問題としてではなく、人権問題のカテゴリーのひとつとしてパブリックな領域で認識することを要求しはじめたのである。これらの動向において、同性愛者たちが「語られる者」(＝客体)から「語る者」(＝主体)へと変化したことが、最大の特徴だといえるだろう。

ただ、近年、とくに二〇〇〇年以降、日本の人権施策をみると、同性愛者の人権は、単独で条例や法に書き込まれてきたわけではないことがわかる。地方自治体レベルの人権施策などに多く採用されてきたのは「セクシュアル・マイノリティ」[5]という用語である。セクシュアル・マイノリティには、少なくとも、性別二元論と異性愛主義というふたつの軸から派生する、いくつものカテゴリーが存在することは、すでにみてきた[↓49頁〜]。

この第5章では、本来、さまざまなカテゴリーを含み込むセクシュアル・マイノリティの連

4―― 本来、「sexual preference」は「性的選好」と訳したほうが適切であろう。だが、〝趣味・嗜好〟の問題として解釈されてきた場面が多いため、意訳ではあるが、現在使われている言葉を当てておく。

5―― いくつかの表記があるが、ほかに行政では「性的マイノリティ」と表現されることが多い。LGBTという表記も二〇一〇年代以降にみうけられるようになった。

帯可能性を模索しながら、そこで生じているジレンマに焦点を絞ってみたい。具体的には、政府や地方自治体によって推進される人権施策や法制化の動きを取り上げる。そして、その流れのなかで生じたセクシュアル・マイノリティへのまなざしの格差——結論を先取りすれば、それは「国家権力による分断」とも表現できる——について考察した上で、レズビアンの置かれた状況を探っていくこととしたい。

日本の人権施策をめぐる流れ

まず、一九九〇年代以降の日本における人権施策の概要をみておこう。

日本において人権関連政策の見直しがはじまったのは、一九九七年である。日本政府の人権救済施策をはじめ、各地方自治体では、人権にかかわる条例が、形式上、急速に整備されてきた。▼6 その背景には、①国際人権法の広がりによって、各国・各地域での人権委員会の設立が進められたこと、②欧米「先進国」が同様の法律をもっていることから日本国内にも影響が及んだこと、という理由がある。前者については、日本政府は、国連の動向に色濃く影響を受けることとなった。一九九四年一二月、国連総会（第四九回）は、一九九五年から二〇〇四年までを

「人権教育のための国連一〇年」とし、加盟各国に対して行動計画を求めた。日本政府も、この決議を受けて、一九九七年に国内の行動計画を決め、同時に、各地方自治体での取り組みを促すこととなった。

このような流れのなかで、「人権擁護施策推進法」が一九九六年一二月に成立したことを受け、翌年五月には、法務省に「人権擁護推進審議会」（以下、審議会と略す）が設立された。審議会は、同年、「人権教育のための国連一〇年」の国内行動計画をまとめ、①人権に関する教育・啓発の推進、②人権救済機関の審議を重ねることとなる。①については一九九九年に出された審議会の答申ではセクシュアル・マイノリティの人権は触れられずに終わったが、②については同性愛者の人権擁護団体などによる積極的なアプローチにより、最終的には「性的指向」という概念が導入されることとなった。

二〇〇一年五月、審議会は最終答申を法務大臣に提出した。この最終答申に至るまでのプロセスを振り返っておこう。審議会は、国内の地方自治体の動向や、スウェーデンやカナダへの海外視察の内容を盛り込み、二〇〇〇年には「人権救済制度の在り方に関する中間とりまとめ」を公表した。翌二〇〇一年には、「人権救済制度の在り方に関する公聴会」を、札幌、東京、大阪、広島、福岡において開催し、そのうち一ヶ所（札幌）では「性的少数者」、二ヶ所（大阪、福岡）では「同性愛者」の人権をめぐる意見報告がなされた。[7] その後、審議会は、同性愛者の人権団体に意見を求め、提言を聞く機会も設けていた。

このようなプロセスを経て作成された最終答申をもとに、法務省は「人権擁護法案」を作成し、二〇〇二年三月、国会に上程した。この法案の総則には、以下のように記されていた。

> 社会生活の中で人種や性別、信条、障害、**性的指向**などを理由に不当な差別をしてはならない。不特定多数の出身地情報の公開や、差別の意思を公然と表示するなどの差別助長行為をしてはならない。
>
> ［強調、引用者］

法案では、これまでに言及されることのなかった「性的指向」という言葉が明記されたことが、特徴のひとつであった。

また、法案は、被差別者の人権救済をも明記しており、「人種、民族、性別、社会的身分、

6—— この章では「人権」を課題とした関連施策のみを対象にするため、男女共同参画関連の条例や法制度の詳細には触れない。しかし、「男女共同参画社会基本法」制定（一九九九年）以降、地方自治体での条例策定のなかで、性にかかわる人権問題として、女性と性的少数者を対象としているものもあるので、今後、検討する必要があると考えている。

7—— 公聴会での意見報告は申し込みを受けた上で選抜を行なう方式であった。東京会場でも、同性愛者の人権に関する意見報告の申し込みがあったが、採用されてはいない。また、わたしも同性愛者の人権団体との協力により、二〇〇一年一月二二日、「人権救済制度の在り方に関する公聴会」（大阪会場）で意見報告を行なった。

門地、障害、疾病または性的指向」による被差別者をその対象として挙げている。この法案自体は「メディア規制法」として機能するのではないか、表現の自由を規制するものではないか、との危惧も述べられることとなった。[8] 問題点がいくつもあったが、性的指向に触れられたという点のみを取り上げれば、画期的なことでもあったといえる。[9]

後に述べるが、日本には、「同性愛寛容論」のように、「同性愛」を性行為に焦点化する言説が存在してきた。また同時に、同性愛者は、日本には「いないもの」とされてきた言説[10]も多くあった。そのようななか、性意識の向く方向性という観点から説明する性的指向の概念が採用され、それをめぐる人権が書き込まれたことは、同性愛者の存在が可視化されつつある証左として評価することもできるだろう。

しかし、このような状況を、ただ手ばなしで評価するだけで終えることはできない。というのは、日本政府による同性愛者に対する認識は、より広い視野でとらえることが必要だからだ。そのため、ほかの施策との整合性や関連を検討しておく必要があるだろう。[11]

たとえば、二〇〇三年には、トランスジェンダーの一部である「性同一性障害」当事者[12]の戸籍の性別変更を可能にする法律が成立した。この法律を読み解いてみれば、日本政府がいかなる範囲までならば、セクシュアル・マイノリティを許容し、承認できるかを示していることがわかる。そこで、以下、大きな問題となった、この事例をみていくこととしたい。

8――「人権擁護法案」は、二〇〇五年に、国会へ再提出された。結果として廃案となったが、二〇〇二年に指摘された問題点が、改善されないままの再提出であった。その問題点としては、①メディア規制などに重点が置かれている点、②そもそも国連の規約人権委員会が「公権力による人権侵害の防止」を勧告しているにもかかわらず、官に対する規制が大幅に薄められている点である［「京都新聞」二〇〇五年二月二〇日、など］。

9――また、二〇〇四年度「人権週間」に法務局人権擁護局が発表した「第五六回人権週間強調事項」では、「性的指向を理由とした差別をなくそう」という項目がつくられ、「性同一性障害」への差別とは独立した項目として明記された。

10――たとえば、一九九五年、厚生省（当時）が、「エイズ第一号患者」として、米国在住の男性同性愛者を発表したことも、その一例としてとらえられる。この場合、「海外在住」と「同性愛者」という二重の他者化が行なわれていることとなる。後に、その発表が、血液製剤による感染者を隠蔽するためのものであったことがあきらかにされている。［風間、一九九七b、二〇〇〇a］を参照のこと。

11――二〇一五年三月には東京都渋谷区で「同性パートナー条例」が可決されたとの報道があった［「京都新聞」、二〇一五年四月一日］。正式名称は「渋谷区男女平等及び多様性を尊重する社会を推進する条例」。この条例は同性間パートナーシップをもつ人びとに「結婚」相当の証明書を発行するものであると報道されたが、実際には法的効果はなく、かつ、申請のためには公正証書を作成しなければならないなど、コストがかかるものである。また、ほかの施策との関連でみれば、つぎのような問題がすでに指摘されている。同じ渋谷区内にある宮下公園では、二〇一〇年より、野宿者を排除する政策がとられている。つまり、人権施策をその対象によって使い分けているという問題である［「東京新聞」、二〇一五年二月二〇日］。条例自体は差別禁止も明記しており、画期的な側面もある。

12――「トランスジェンダー」と「性同一性障害」のちがいについては後に述べる［➡188頁〜］。「性同一性障害」をめぐる医学・法学的な状況や当事者をめぐる調査とその分析など、基礎的な事項や論点の整理については［石田編、二〇〇八］に詳しい。とくに「性同一性障害」についての初歩的な知見をえるには、編者の石田仁による「総論　性同一性障害」がとても簡潔にまとめられていてわかりやすく、文献も多く紹介されている。

戸籍性別の変更をめぐる法的整備

「性同一性障害・特例法」の成立

二〇〇三年七月、「性同一性障害者の性別の取扱いの特例に関する法律」（以下、ＧＩＤ特例法と略す）が成立し、公布された。[13] これによって、「性同一性障害」当事者の一部に、法律上、戸籍の性別変更が認められることとなった。[14] この特例法が制定されたことで、日本におけるセクシュアル・マイノリティの人権は一歩前進したと評価する人びとも少なくはなかった。しかし、後に述べるように、成立後、「性同一性障害」の当事者団体が二分される結果となったことも報じられた。

この「ＧＩＤ特例法」は、参議院法務委員会への法案提出（二〇〇三年七月一日）、参議院本会議（同月二日）を経て、参議院本会議にて満場一致で可決（同月一〇日）。わずか一〇日間という短期間のうちに成立した。後述するように、そこにはいくつかの条件が明記されており、それをめぐって疑義があったものの、詳細に協議される時間も十分ないままに成立した感がある。もちろん、このわずか一〇日間ですべてが決定されたわけではなく、そこに至るまでに水面下ではさまざまな動きがあった。[15] 以下、簡単に触れておこう。

一九九六年、埼玉医科大学が性別適合手術[16]を「正当な医療」と判断し（手術施行開始は一九九八年）、一九九七年には日本精神神経学会が「性同一性障害に関する診断と治療のガイドライン」を発表した。しかし、性別適合手術を受けて、望む性別で生きていたとしても、戸籍上の性別訂正（変更）ができないために、身体的な性別を変更した人びとにとっては日常生活上の困難が

13――「平成十五年法律第百十一号（二〇〇三年七月一〇日成立、一六日公布）」。公布日から一年後、二〇〇四年七月一六日施行（二〇〇三年七月一六日「官報」号外第一六二号）。また、二〇〇八年には条件の一部が改正されている。

14――正確には、戸籍に記載されている続柄の変更であるが、ここでは一般的に使用されているように「性別変更」と記す。

15――特例法成立の前史として、司法での判例や、各自治体での条例策定や不必要だと思われる性別欄の撤廃などについては、［谷口、二〇〇八］を参照のこと。

16――SRS（Sex Reassignment Surgery）は、当時、「性転換手術」として報じられた。また、「性再判定手術」と訳されてもいたが、ここではGID特例法の記述に従い、「性別適合手術」と表記する。「性別適合手術」とは、GID研究会が提唱し、普及した訳語である［野宮ほか、二〇〇三、九二頁］。

生じることが指摘されるようになった。とくに、「GID特例法」を推進してきた「性同一性障害」当事者たちは、健康保険証やパスポートなど身分証明書の性別記載による日常生活の不便さや、就業の困難などを根拠に、戸籍上の性別変更の必要を主張した。▼[17]

とくに、特例法と直接的にかかわる動きとして、二〇〇一年五月、埼玉医科大学病院で、性別適合手術を完了した四名を含む六名の「性同一性障害」当事者たちが、戸籍法第百十三条を根拠に、性別変更の一斉申し立てをしたことがあげられる。この条文は、「戸籍の記載が法律上、許されないものであること又はその記載に錯誤もしくは遺漏があることを発見した場合」には「家庭裁判所の許可を得て、戸籍の訂正を申請することができる」とする。しかし、それらの訴えは、つぎのような理由により、却下されることとなった。

(一)人の性別は、法的には性染色体によって判断されるべきである。
(二)戸籍訂正を認めるべきであるという国民的なコンセンサスがない。
(三)戸籍訂正を認めれば、他に重大な問題が生じる。
(四)立法によって解決すべきであって、現行戸籍法では解決することができない。

〔大島、二〇〇二、i頁〕

それまでに、性別適合手術後の身体にあわせて、戸籍記載を訂正したという事例は、日本においても存在したという［虎井、二〇〇三、一八–一九頁］。しかし、そのような事例は考慮されることなく、国内で手術を完了した人びとも性別変更の申し立てを却下されることとなった。そのプロセスにおいて、申立人のひとりである虎井まさ衛は「立法府に訴えるしかない」と、法制化にむけてロビイング活動を開始したことを記している［同書、一四四頁以下］。とくに立法への動きについては、最高裁判所への特別抗告が却下された二〇〇三年に決定的になったという［谷口、二〇〇八、二五三頁］。

そして、一斉申し立ての後、並行して、議論の場は急速に国会にも移行した。二〇〇一年五月には、当時の与党三党（自民党、公明党、保守新党）が、法整備のためのプロジェクトチームを結成したことが報じられ、「GID特例法」の骨子案が発表された。そして、翌月六月、自民党内での要綱案が了承され、法案提出となった［虎井、二〇〇三、一四七–一五八頁］。与党プロジェクトチームの結成が報じられてから数えて、わずか二ヶ月ほどであった。▼18

このような異例のスピードによる法制化は、その流れや、法案に性別変更申請のための一定の条件が明記されていたため、「性同一性障害」当事者団体のうちでも、法制化を推進してき

17―― ただし、就業差別の問題について、蔦森樹は「明らかに改正雇用機会均等法違反」であり、「戸籍の問題ではない」と述べる［蔦森、二〇〇三、一〇八頁］。

た団体と危惧する団体とのあいだに分断を起こす結果となった。最も大きかったことは「現に子がいないこと」という条件が付されたことである。同年、世田谷区議選に当選した上川あやは、立法に向けてのロビイング活動に関わった一人だが、このときの様子を「蜂の巣をつついたような騒ぎになった」と表現している[19]［上川、二〇〇七、一〇九頁］。

もちろん、法制化を推進した側のすべての人びとが、条件付与を全面的に是認し、支持したわけではない。あくまでも妥協案として受け入れざるをえなかったのであり、条件付与の問題を前に、究極の選択を迫られたと解釈することもできる。かれらはまずは特例法成立を「一歩前進」ととらえることによって、一定の条件付与を受け入れ、後に条件の見直しを求めるという段階的な戦略を採用した。

そして、法案が成立した当日、法制化を進めてきた虎井らが活動してきた団体「性同一性障害についての法的整備を求める当事者団体連絡会」と、法案に修正を求めてきた「性同一性障害をかかえる人々が、普通にくらせる社会をめざす会（gid.jp）」および「家族と共に生きるGIDの会（TFN）」が、ほぼ同時間に記者会見を開いて、それぞれの見解を述べ、翌日には法制化反対グループが討論会を開催することとなったのである［『東京新聞』二〇〇三年七月一七日］。「性同一性障害」をめぐって、分断が明確になった出来事であった。

このような状況を踏まえつつ、セクシュアル・マイノリティという包括的な概念のなかにある非対称性をあきらかにするため、この特例法を批判的にとらえ、考察することとしたい。

具体的に「GID特例法」の内容をみていきたい。

この「特例法」は、まず、あらたに「性同一性障害者」という言葉を生み出し、それをつぎのように定義した。[20] ①「生物学的には性別が明らかであるにもかかわらず、心理的にはそれと別の性別であるとの持続的な確信をもち、かつ、自己を身体的及び社会的に他の性別に適合させようとする意思を有する者」であり、さらに②「診断を的確に行なうために必要な知識および経験を有する二人以上の医師」による「診断が一致しているもの」であること（第二条）。言い換えれば、これらの定義は、①心理的な性別での身体的・社会的な適合という本人の意思、さらに②医師による判断、というふたつの条件を提示することとなる。

「性同一性障害」当事者間の分析

18―― その後、「性同一性障害」が戸籍の性別変更との関連で国会議事録に登場するのは、二〇〇二年である。プロジェクトチームに積極的にかかわった浜四津敏子（公明党）が、法務省人権擁護法案の答申を受けての討議のなかで、具体的な「人権侵害の事例」として「性同一性障害」に触れ、戸籍の性別変更をめぐる法的問題に言及している［二〇〇二年一一月七日、参議院法務委員会］。

19―― 上川は、この条件の削除を要求する必要を認めつつも、しかし、「要件の内容についてあれこれ批判をはじめたら」、「骨子案もろともの粉砕」という結果しかなかったと振り返る。そのなかで「苦渋の選択」として支持したことを表明する［上川、二〇〇七、一一三―一一六頁］。条件付与のプロセスには当事者間で話し合う余地がなかった様子を示している。

現在、日本では、性別適合手術の執刀を含めた医療を提供する機関は少なく、かつ健康保険も適用されないために全額自費診療となり、手術希望者には多額な負担を課せられる。海外で手術を受けるケースが多いが、いずれにしてもコストはかかる。そのため、先の定義に合致する当事者は、けっして多くはないといわざるをえない。

さらに、家庭裁判所への申請が可能となるのは、先の定義にもとづき、つぎの五つの条件を満たす場合に限定された。

ⓐ二十歳以上であること
ⓑ現に婚姻をしていないこと
ⓒ現に子がいないこと
ⓓ生殖腺がないこと又は生殖腺の機能を永続的に欠く状態にあること
ⓔその身体について他の性別に係る身体の性器に係る部分に近似する外観を備えていること

これらの条件を満たすことによって性別変更の申請が可能となる。すなわち、申請可能な者は、すでに性別適合手術を完了し（条件ⓓⓔ）、法律婚をしていない、戸籍上は子どものいない人に限定された。[21] 条件ⓒについては、二〇〇八年に「現に*未成年の*子がいないこと」と改正され、条件が緩和されることとなったが、成立当初に「性同一性障害」当事者間に分断を生むほど大きな問題となったのは、まさにこの条件「現に子がいないこと」（以下、「子なし要件」と略す）であった。

「性同一性障害」当事者に分断をもたらした、①定義の問題、②「子なし要件」について、以下、少し詳しく考察していきたい。

まず、①「性同一性障害」の定義についてみておこう。「ＧＩＤ特例法」における定義は、医療上のガイドラインと大きく異なることに注目したい。先に触れたように、日本精神神経学

20―― 「性同一性障害者」は、医療上の疾患名である「性同一性障害」に「者」（＝人間存在）を合わせたものであり、この法律で概念化されたといえる。「性同一性障害」がマスメディア等でも多用されることによって広がり、ひとつの「個性」であると表現されたり、当事者からも自身への名づけとして使われることがある。社会学者の石田仁は、診断名である「性同一性障害」という言葉が「変質」してきた経緯を踏まえ、「私たちがしなければならないこと」として、「なぜそうした用いられ方がするのかを、社会的な文脈に置いて理解すること」をあげている［石田、二〇〇八、四-六頁］。

21―― トランスジェンダーとして活動をつづける田中玲は、これらの「性同一性障害」の定義と条件付与について、「数年前からトランスジェンダー・コミュニティで議論の的であった」とし、「大島俊之素案の三要件（一、「性同一性障害」と診断されている。二、性別適合手術を済ませている。三、届出時点で未婚である）」［大島、二〇〇二］よりはるかにひどいと述べる［田中、二〇〇六、八三頁］。

会は、一九九七年、「性同一性障害に関する診断と治療のガイドライン」を発表した。しかし、臨床の場面において、「性同一性障害」当事者が置かれている現状に合わないとの理由から、五年後の二〇〇二年に改訂を行なっている。改訂された「ガイドライン」は、「身体的性別とジェンダー・アイデンティティが一致しないことが明らか」である状態を「性同一性障害」と定義している。そして、「性同一性障害の当事者における性のありかたは、極めて多様である」ことを前提とし、「単に男か女かという二分法的な性のとらえかたに依拠するのではなく」、「本人が最も良く適応できる諸条件を個々のケースにそって探り、その達成を支援すること」の必要性を述べるに至った[22]［強調、引用者］。

このように「ガイドライン」が示す方向性は、性別二元論――「男か女かという二分法的な性のとらえ方」――を前提とするのではなく、多様な状況にある当事者の個別性を考慮するものであり、性別適合手術の必要性は問われていない。この点に、「GID特例法」の定義とのあいだに大きな溝があることがわかる。

つぎに、②「子なし要件」についてみておこう。この条件は、原案にはなく、法律の成立へと向かっていくなか、生殖能力の放棄（条件ⓓ）とともに追加されたという［石田、二〇〇八、二三頁］。実際には、子どもがいる「性同一性障害」当事者も多く、登録上の性別変更が可能な諸外国でもこのような条件をもつ例は存在しない。つまりは、日本独自の条件であるということが問題となった。二宮周平は、家族法の研究者としての立場から、このような条件は「きわめて異例な立法形式であることはまちがいない」と述べる［二宮、二〇〇三、三頁］。

また、この「子なし要件」に対する評価については、当事者の調査において「賛成できない」という声が多く、ほかの諸条件に対する反応と比較しても高く、「性同一性障害」当事者のなかでも大きな問題として注目されていたことがわかる［田端・石田、二〇〇八］。

子どもがいる「性同一性障害」当事者のなかでは、「子殺し要件」という表現もみられた。この条件があることによって性別変更の申請ができない人びとにとっては、自分たちの子どもの存在をも否定しなければならないのか、という疑問をも生み出したのである。

たとえば、子どもとの共同生活をいとなんでいる場合、「性同一性障害」当事者として生きる親は、その子どもたちにとって、その姿自体がまさに日常生活のプロセスのただなかにある。つまりは、子どもたちにとって、性別適合手術等も含めて、性別を移行する親の姿は、すでに日常生活のなかにある。であれば、むしろ、性別と登録上の性別を一致させた方が、子ども

22―― 日本精神神経学会・性同一性障害に関する第二次特別委員会、二〇〇二、「性同一性障害に関する診断と治療のガイドライン（第二版）」。

にとっても理解が促進される、納得がいく、ということもありうるわけだ。そのような現実と、法とのあいだには、実態の把握という意味において、大きな溝が横たわっていたのではないだろうか。少なくとも、「子なし要件」の理由づけとして「子の福祉に反する」などという言い訳をするのは妥当ではないだろう。現実に置かれている子どもたちの状況をまったく考慮していないのだから。

同性間の婚姻の禁止

つぎに、先の条件のうち、ⓑ「現に婚姻をしていないこと」という項目をみていくこととしよう。

法的な婚姻関係が異性間に成立している場合、一方が性別変更を申請し、認容されれば、結果的に同性間の婚姻が成立している状態となる。とすれば、結果的に、日本政府が同性間の婚姻を承認することとなる。そのような事態が起こらないように規制することが、この条件の目的である。

与党プロジェクトチームの座長をつとめ、法案を提出した自民党議員・南野知恵子は、その側面を裏づけるように、先の「子なし要件」の理由を「同性間の婚姻や同性が親になる可能性ができ、理解を得られないから」と述べたことが報じられている。[23]

異性間の二者関係を特権的に保護している婚姻制度を、同性間の二者関係にも適用すべきだという論理には慎重であるべきであろう。婚姻制度は、民法上、戸籍制度に則って執行される。

そのため、たとえば、諸外国における同性間の婚姻の承認をめぐる議論をそのまま日本に当てはめることはできない。というのは、戸籍制度とはそもそも天皇制をシステムとしてもつ国家の「国民」管理の形態であり、部落差別や性差別などのさまざまな差別の「温床」として存在するものであることが、これまでにも指摘されてきたからだ。また、日本の国家は、「国民」以外の外国籍住民については、いったん排除した上で、別形態での管理システムを保持している（この点については、次章でみていくこととしたい）。

ただ、ここで確認しておきたいことは、異性間の二者関係を一対のユニットとして規定しようとする思想が「GID特例法」にみられるという点である。

以上みてきた、(1)「**性同一性障害」当事者間の分断**〔→179頁〜〕、(2)**同性間の婚姻の禁止**〔→184頁〕という側面についてまとめておきたい。ここで注目すべきは、このふたつの点を考慮すると、現段階において日本の国家がセクシュアル・マイノリティのなかで、どのような存在を許容し、承認するのかという像が浮かび上がってくるということである。

まずひとつめに、医療上で承認され、生殖機能を欠くという「性同一性障害者」の定義や、

23　「東京新聞」［二〇〇三年七月一七日］は、「ジャパンタイムズ」の会見での発言として報じた。

子どものいない状態の人のみを性別変更の対象とする点から浮かび上がってくることは、その範囲でなら承認することができるという、国家の〈許容範囲〉である。生まれつき備わっている（とされる）解剖学的性別の特徴的な部分をなくし、反対の性別に移行した者であれば、〈許容範囲〉に含まれることとなる。言い換えれば、解剖学的性別の特徴的な（とされる）部分を残している状態であれば、それは〈許容範囲〉には含まれず、排除されることとなる。「男性」が妊娠および／もしくは出産をしてはならないし、「女性」が孕ませてはならない、という思考がここにはある。

　また、ふたつめに、同性間の婚姻を禁止するという点から浮かび上がってくるのは、婚姻は異性間でのみ成立し、子の親となる／である人は異性同士でなければならないという思考である。

　これらの点をあわせてみると、①性別二元論にもとづくジェンダーの固定化、②異性愛主義に合致する生活スタイル、という枠内に含まれる限りにおいては承認するという許容範囲があきらかとなる。つまり、セクシュアル・マイノリティと分類されるカテゴリーのなかで、この許容範囲を逸脱しない者が、現段階において、日本の国家が許容し、承認する像として認識されていると考えることができる。

　付け加えておくと、戸籍の性別変更は、既存の秩序に組み入れられるかたちでなされるわけではないことにも注意しておきたい。というのは、附則には、「当該性別の取扱いの審判を受けた者について新戸籍を編製する」（附則4）と明記されているからだ。この点から、当人の戸籍をあたらしくつくることで、それまでその人自身が帰属していた「家族」と切り離すという目的をもっていると、とらえることもできる。単独戸籍に編製されるものの、編製事由は記載されるし、もとの戸籍を辿ることも可能なので、戸籍上でのスティグマ（焼印）が一生残ることとなる。

　これらを踏まえると、規範は揺るがされることなく、従来の「家族」秩序が維持されようとしていることに気づかされる。そして、あるべき姿として、許容される範囲にのみ、法が救済を与えるという背景がそこから浮かび上がってくる。繰り返すが、「GID特例法」は、ジェンダーの再定位という意味で、既存のジェンダー秩序を維持し、かつ同性間の婚姻を禁止するという点において、異性愛主義を維持するシステムにほかならない。

定義の〈暴力〉性

　「GID特例法」が生み出した問題は、定義や条件付与の問題のみではない。筒井真樹子は、MtF（Female to Male）トランスジェンダーの運動にたずさわってきた立場から、特例法の根本的な問題として、「ジェンダーの視点がない」と指摘し、つぎのように述べる。

むしろ、ジェンダーを越境する者であるトランスジェンダーを、「性同一性障害」という医学上の概念に囲い込むことにより、ジェンダーに関する問題から遠ざけようとする意図が感じられる。また、伝統的な男性像女性像の堅持を前提に、その二分法を遵守できる者だけに、ジェンダーにより差別されないという、特権を与えようとしているようにすら見える。〔筒井、二〇〇三a、一七五頁〕

筒井がここで述べているのは、①「性同一性障害」という名づけの問題と、②性別二元論の強化の問題である。

筒井は、昨今、マスメディア等で多用されるようになった「性同一性障害」と、従来、当事者運動のなかで使われてきた「トランスジェンダー transgender」とが、日本においては混同されていると指摘する。筒井によると、「性同一性障害」とは、「医療上の概念」であるのに対し、「トランスジェンダー」とは、「性別の越境は治療されるべき個人の疾患の問題ではなく、性別の多様性に対し、硬直的な、社会の問題である、という問題意識が含まれている」。それゆえ、「性同一性障害」が「社会の多数派である女性または男性の存在を前提に、性別に違和感を感じることを疾患と捉え、可能な限り多数派に近づけることを良しとする認識である」のに対して、「トランスジェンダー」とは、「典型的な女性または男性の他に、第三、第四のジェンダーの存在や、さらにはそれらの間の自由な移行を、社会において認めようという認識である」〔筒井、二〇〇三a、一七五頁］。

「トランスジェンダー」は、しばしば、「性同一性障害」を含みこむ、性別越境者の包括的な概念として使われてきたが、両者は異なるカテゴリーであり、場合によっては対極に位置するとも解釈されうるカテゴリーであることがわかる。

以上述べてきたことを踏まえれば、「性同一性障害」という用語が定着する背後で、社会規範への抵抗、もしくは攪乱を求めてきた「トランスジェンダー」という概念や、その概念によって示される方向性が変質させられてきたと考えることもできる。

では、「医療化」や、そのために「障害 disorder」として認知されてきたこと自体が問題であったのだろうか。しかし、ホルモン療法や外科形成手術を求める人びとにとって、医療上の位置づけは必要である。そのために「障害」として固定化する戦略が不可欠であったと指摘する声もある。たとえば、トランスジェンダーの自助・支援活動をつづけてきた野宮亜紀は、「［「性同一性障害」の］当事者側に、医療技術（非精神科領域のもの）に対するニーズがある」こと、そして同時に「当事者や医療従事者を取り巻く社会の側に、医療技術の管理に対するニーズがあること」を指摘する［野宮、二〇〇四、八五頁］。ホルモン療法や外科形成という身体にかかわることである以上、当然のことながら、当事者にとっては、医療技術を正当に利用するためには、医療現場をどのように動かすか、という課題もある。

また、そもそも、このような立法化は必要であったのかという声もある。筒井真樹子はつぎのように述べる。

今回の特例法の立法運動は、いわゆるセクシュアル・マイノリティの運動の、スキームのねじれを露呈させてしまった。ゲイ・レズビアン・バイセクシュアル・トランスジェンダー・インターセックスの運動は、その存在そのものを顕在化させ、少数者であることのプライドを社会に訴えていくものであった。〔筒井、二〇〇三b〕

筒井はこのように理解した上で、立法化運動は、「基本的にマジョリティへの同化を目的とする運動」であり、「セクシュアル・マイノリティの運動の転換点として考察しなければならない」と述べる。この「同化」のプロセスには、法制化を促進した人びとが、結果的に「性同一性障害」当事者の分断を引き起こす事態になろうと、条件付与の問題について妥協せざるをえなかったという点も含まれる。

さらに、筒井は、法的に定義されることの問題を指摘する。法に書き込まれることによって「性同一性障害」の定義が生み出される。その定義は「それが課せられる者自らの意思決定に深く入り込む」。その結果、「定義にあてはまらない者を排除するだけではなく、人を定義に適合するように働きかける」。筒井はこのプロセス自体が「名付けることの暴力」を生み出していると指摘する[24][筒井、二〇〇三b]。

「GID特例法」の成立は、セクシュアル・マイノリティが置かれた状況に対し、ジレンマをもたらすこととなった。そのジレンマとは、多様なセクシュアル・マイノリティのなかに存在する利害関係を背景とし、その一方に「利益」(=包摂)を与え、その他方に「害悪」(=排除)を与えるものであった。まさに、国家は、性別二元論を基盤とした異性愛主義という社会規範を確認しなおし、その利害関係によって生み出された、セクシュアル・マイノリティという本来多様な存在のあいだにある裂け目を利用することによって、「GID特例法」の法制化を実現しえたのである。

戸籍の変更を必要とする人びとが存在し、そのために、「性同一性障害」の定義があらたにつくられていく。そして、そこから排除される存在が生まれる。その背後には、みずからの身

24——また、「法律に適合した正しいGID者、正しくないGID者(ジェンダーアウトロー化)という、さらなる差別化となる危惧」が指摘されているとの蔦森樹の指摘もある[蔦森、二〇〇三、一〇八頁]。

体を〈承認される者〉という定義に合致するように振る舞わざるをえない状況に、当事者たちが置かれるという側面も生まれる。

また、「GID特例法」に対し、トランスジェンダーとしての活動をつづけてきた田中玲は、つぎのように述べる。

> 今回の法律〔GID特例法〕は、「フツウの女」「フツウの男」になって生活したいと願う「埋没系」の「性同一性障害」を既存のシステムに取り込んで戸籍制度の維持強化をはかり、そこにおさまらない人々を退けるばかりか、当事者間に分断を持ち込み、さらなる差別を生み出す装置となりかねないものである。〔田中、二〇〇六、八三頁〕

田中がここで指摘するのは、「戸籍制度の維持強化」がはかられているという点である。すなわち、「性同一性障害」のうち、戸籍制度という国家の管理システムに「取り込む」ことのできる者のみを性別変更の対象とするという背景が指摘されている。

以上、「GID特例法」をめぐってトランスジェンダーのあいだにもたらされた分断を中心にみてきた。では、ほかの施策も含めてみた場合、性別二元論と異性愛主義が再強化されていくなかで、セクシュアル・マイノリティにはどのような分断がもたらされるのだろうか。つぎに同性愛者の置かれた状況から検討していきたい。

人権施策にみる同性愛（者）嫌悪

地方自治体の事例

前々の節「**日本の人権施策をめぐる流れ**」［➡169頁］では、日本政府の人権施策に「性的指向」という概念が導入されたことを中心に追ってきたが、この時期、同時に、施策の必要性を迫られた地方自治体においても、さまざまな議論が繰り広げられた。そこでは、「性的指向」概念を導入することや、同性愛者の人権を記述することが簡単ではないことが露わになることとなった。

たとえば、東京都の人権指針策定をめぐる動向をみていこう。

東京都は「人権施策のあり方専門家懇談会」（以下、懇談会と略す）を一九九六年に設置し、懇談会の提言を一九九九年二月に提出した。提言には「性的マイノリティ（同性愛者、性同一性障害、半陰陽など）」の人権を「都のなすべき施策の中に取り込むことにした」と記されていた。しかし、翌年六月に発表された「人権指針骨子」では「性的マイノリティ」という文言は記されているものの、同性愛者という言葉は外されることとなった。つまり、「性的マイノリティ（性同一性障害、半陰陽など）」という表現に入れ替えられていたのだ。

「同性愛者」という記述のみを削除した理由について、当事、東京都知事であった石原慎太郎は、つぎのように記者会見で述べた。その弁明によると、①同性愛者のなかには「好みでなっている人」もいるので、そのような者まで人権施策を拡張するわけにはいかないこと、②同性愛者を含むことについては「都民の理解」をえていないこと、これらが削除の理由とされた。

その後、東京都は、市民に対し、「人権指針骨子」に対するパブリック・コメントを求めることとなった。寄せられたパブリック・コメントは、七四六通のうち五二〇通（六九・七％）が、同性愛者の人権を盛り込むように要求したものであり、その結果を受けて、同年二〇〇〇年一一月に発表された「人権施策推進指針」では、同性愛者の人権が再記述されることとなった。しかし、その内容は「近年、同性愛者をめぐって、さまざまな問題が提起されています」という曖昧な内容に留まっている［「朝日新聞」二〇〇〇年一一月二一日］。

このような東京都の「同性愛者」削除の問題について、風間孝［➡58・79・121・151頁］は、「グローバル化」と「ローカル化」という観点から分析する。風間は、懇談会の提言を読み解きながら、セクシュアル・マイノリティの人権が書き込まれた背景が「世界都市にふさわしい普遍的な人権概念の確立というグローバル化にもとづく主張が重要な位置を占めている」と述べる［風間、二〇〇〇b、九六頁］。しかし、「都民の理解」をえていないという理由で削除された。ここでは「都民」という「ローカル化」した視点が採用されている。風間によると、「特定の地域に根ざした特殊化」した方法が採用されることとなった。このように、東京都の人権指針策定のプロセスにおいては、「グローバル／ローカルのレトリックを巧みに用いながら、同性愛者嫌悪のヘゲモニーを拡大していくような呼びかけ」が駆使されていると、風間は指摘する［同、九八頁］。

また、そのほかの地方自治体でも、東京都と類似した現象が起こった。

たとえば、二〇〇〇年九月に公表された川崎市（神奈川県）の「川崎市人権施策推進指針・骨子案」では、「性的マイノリティ」という言葉が採用され、当初、そこには同性愛者の人権も含まれていた。しかし、二〇〇一年一月に発表された人権指針では、「性的マイノリティ」という文言が「性同一性障害に悩む人」という記述に変更されるということが起こった。ここでも、同性愛者が抹消されるに至ったのである。

ちなみに、愛媛県は、二〇〇〇年五月に「人権教育のための国連一〇年行動計画」を制定したが、東京都の懇談会提言をも参考資料として加えられた上で作成されたため、同性愛者の人権を盛り込んだ日本初の人権指針となったことを付け加えておきたい。

その後、人権施策の文書に「同性愛者」が書き込まれることが、あからさまな標的となっていく出来事もあった。

たとえば、二〇〇三年一二月に市議会で可決され、翌年四月より施行された宮崎県都城市の「男女共同参画社会づくり条例」は、その項目のひとつに「性的少数者」をも含み、また「性別又は性的指向にかかわらずすべての人」という記述を採択した［強調、引用者］。それに対して、当初、「男女共同参画」政策に強硬に反対する人びと――バックラッシュ派と呼ばれることもある――は、都城市を「同性愛解放区」と表現するなど、条例への異議を唱えた。[25] さらに、二〇〇六年九月には、市町村合併などの背景もあり、この文言は削除されるに至った。[26]

25――「世界日報」［二〇〇三年十二月二三日］など。興味深いのは、同市の条例が「性的少数者」という言葉を使っているにもかかわらず、強硬な反対者たちはそのうちのトランスジェンダーやバイセクシュアルについては言及せず、同性愛者のみを対象とした点である。その点を踏まえて、異性愛主義を補強しようとする動きとして例示した。

26――都城市の事例については、その流れの整理と現地での聞き取り調査を行なった［山口ほか、二〇一二］に詳しい。

以上述べてきたことを踏まえれば、セクシュアル・マイノリティと一括されるカテゴリーのなかにも、取り扱いのちがいがあることがわかる。興味深いことは、東京都と川崎市の場合、「性的マイノリティ」という包括的な言葉を使いながらも、そのなかで同性愛者のみを削除するという事態が生じたことである。「性同一性障害」——加えて、東京都の場合には「半陰陽」（インターセックス）も——については人権擁護の対象とし、同性愛者については削除するという取り扱いの格差があきらかとなった。

石原慎太郎・都知事（当時）の「同性愛者の中でも好きでそうなっている人もいる」という表現や、川崎市の「性同一性障害に悩む人」〔強調、引用者〕が、その峻別の理由を象徴的に物語っているといえるだろう。同性愛者は「好きでなっている」もの——趣味・嗜好——であるという「自己責任」論へと回収されて認識される。同時に「性同一性障害」は「悩む」ものであると表現されるように、当人の責任は介在しない領域であると認識される。セクシュアル・マイノリティと一括されると同時に、その内部には異なったまなざしを向けることで、格差が生み出されている。これもまた、外部からの分断のひとつの手法であることに注目しておきたい。

顕在化する同性愛（者）嫌悪

これまでに、「ＧＩＤ特例法」と地方自治体における人権施策の例を検討するなかで、ふたつの点があきらかになった。

まず、「ＧＩＤ特例法」の背景には、婚姻は異性間でのみ成立し、子の親となる／である人は異性同士でなければならないとする思想が存在していた。もうひとつは、たとえば、石原東京都知事の発言や川崎市の事例のように、セクシュアル・マイノリティのなかでも、人権救済の対象とする者／しない者というふたつのカテゴリーに峻別され、格差が生み出されてきた。この二点を関連づけるとすれば、「ＧＩＤ特例法」は時期的にも、後者の格差を明確に位置づけたと解釈することもできる。

では、なぜ、このような格差は生み出されるのであろうか。

ここで、戸籍上、男女を一対とする異性愛主義を規範とするまなざしについて、検討していきたい。このようなまなざしは、同性愛（者）嫌悪をその基底におく。しかし、たとえば、「ＧＩＤ特例法」の条文をみても、表面上は、同性愛者をあからさまに排除しているわけではない。つまり、同性愛（者）嫌悪が明文化されているわけではない。

なぜ、このように、異性愛主義と同性愛（者）嫌悪のあいだに距離が生じるのであろうか。この点は、日本社会で同性愛（者）嫌悪を認識しにくい状況と関係がありそうだ。

これまでにも、日本は「歴史的に同性愛に寛容であった」という言説（同性愛寛容論）がたびたび述べられてきた。曰く——欧米諸国の一部では、近代以降、ソドミー法など、とくに男性同性間の性行為を禁止し、違反者には罰則規定を含む法律が維持されてきた。しかし、日本には同様の法律が定着せず、かつ、近代に入る以前には、男性同士の性行為を「衆道」、「男色」などの文化として享受する歴史があった、と。これが「同性愛寛容論」の主張である。

では、日本は本当に「歴史的に同性愛に寛容であった」のだろうか。であれば、声高に叫ばずとも、同性愛者の人権は日本ではすでに確立されているというべきなのであろうか。

わたしはふたつの点で、「同性愛寛容論」には肯首できない。まず、①「同性愛」を男同士の性行為のみに限定している点、そして、②異性愛／同性愛の非対称性を考慮していないという点、これらが問題であると考えている。もう少し詳しくみていくこととしよう。

まず、①男性間性行為のみに限定しているという点について。「同性愛寛容論」が容認する「衆道」や「男色」という文化として表象される男同士の性行為は、女の身体を「穢れ」た存在としてとらえ、それを排除することによって成立してきた。多少乱暴に言い換えれば、そこで利用される男の身体は、女の身体の代替物として使用（消費）されてきた側面もあったのだ。これまでにもフェミニズムの知見があきらかにしてきたように、このような文化——女の身体を「穢れ」たものとして排除して、その代替物として男の身体を使用することによって成立し維持されてきた文化——の根幹には、女性嫌悪（misogyny）が横たわっていることにも注意を向けておく必要がある。

また同時に、「同性愛寛容論」は、女同士の性行為についてはまったく言及していない。そもそも「男色」に対応する「女色」は、男による女との性行為を意味する言葉で、あくまでも主体は男にある。その意味では「同性愛寛容論」は、性的な〈主体〉を男に、性的な〈客体〉を女に振り分けるジェンダー秩序を〝あたり前〟とする性差別的な論理である。このようなジェンダーの格差への配慮の不在は、ⓐレズビアンを不可視化する結果をもたらす方便であると同時に、ⓑ現在社会における同性愛者の「人権」とは断絶した問題のすりかえではないだろうか。

つぎに、②異性愛/同性愛の非対称性を考慮していないという点について。性的指向という概念は、少なくとも、性的欲望・性的意識の向く方向性を客観的に説明することを可能にした。そのため、この概念によれば、性対象選択の行き先がどこに向こうとその方向性については価値基準を設けないことが可能となる。

風間孝は、「同性愛寛容論」の背景を、「同性愛を性的趣味・嗜好とすることは、異性愛それ自体を趣味・嗜好とみなす言説が存在していない点で、同性愛と異性愛の非対称性を前提にした議論である」と指摘する〔風間、二〇〇二a、一〇七頁〕。その上で風間は、「通常、セクシュアリティはプライベートな空間にとどまっている（とどまるべきだ）、と仮定されている」というナンシー・ダンカンの議論を援用しながら、以下のように述べる。

性的な事柄はプライベートにとどまるべきであり、反対にパブリックは無性な領域であることが含意されていると考えられる。このようなパブリックは無性でなければならないという規範が存在している中で、同性愛者を性的趣味・嗜好とみなし、セックスと同一視していくことは、同性愛を公的な問題ではなく私秘的な問題としてみなしていくこととなる。
〔風間、二〇〇二a、一〇七–一〇八頁〕

同性愛を「性的趣味・嗜好」と認識することは、同性愛のみに問題を焦点化し、その対極に置かれる異性愛については言及しない。風間によると、このような公的／私的領域の区分けは「同性愛者に対する人権侵害という公的な枠組で理解する可能性を奪うこととなる」〔同、一〇八頁〕。もちろん、「性的趣味・嗜好」であったとしても、差別すべきではない、人権を擁護すべきである、という論の立て方もあるだろう。しかし、一方では同性愛のみが「性的趣味・嗜好」として把握され、他方では異性愛というカテゴリー自体が無徴〔➡50・128頁〕である――〝あたり前〟とされて、異性愛という表現すら用いられない――社会のなかでは、まずは、その非対称性をあきらかにすることが先行されるべきではないだろうか。

また、日本文学の研究者であるキース・ヴィンセントは、合州国との比較において、日本のゲイが置かれた状況をつぎのように述べる。

日本では同性愛に対して正面切って嫌悪を表明する人はそういないし、警察だってゲイ・バーを急襲したりハッテン場（同性愛者たちの性的接触の場所）を摘発したりはしない。同性愛を目の仇にする宗教組織の活動も見あたらない。こうした事情が日本の同性愛者たちに、アメリカに比べれば自分たちのほうがまだ恵まれているとすら思い込ませているのだ。

［ヴィンセントほか、一九九七、一一〇頁］

ヴィンセントは、このような状況を取り上げ、日本の権力構造は、「寛容」だったのではなく、むしろ、同性愛（者）嫌悪を隠蔽してきたのではないかと指摘する。[27] ここから、日本は「歴史的に同性愛に寛容であった」というよりは、むしろ、同性愛者に対する差別的状況を認識することを困難にしてきたという状況が浮かび上がってくる。

一九九〇年代以降、日本においては、人権施策がグローバル化の波のなかで、性的指向にも

27――ヴィンセントは、ゲイ・スタディーズの文脈で「同性愛者」という表記を使っている。そのため、ここではゲイ男性を意味していることを付け加えておきたい。
また、二〇〇〇年代に入って以降、日本でもゲイ男性に対する暴力が顕在化する状況になった。二〇〇〇年二月には、一〇～二〇代の青少年グループが、男性同士が出会いを求めて集う「ハッテン場」で、殺人事件を起こした（新木場事件）。詳細は［風間、二〇〇二a］を参照のこと。さらに「同性愛を目の仇にする宗教組織の活動」も、その後、あきらかになってきている。とくにキリスト教の事例については［堀江、二〇〇六b］を参照いただきたい。

とづく差別に言及する制度設計が試みられてきた。しかし、「セクシュアル・マイノリティ」という包括的な言葉が書き込まれるなかでも、地方自治体のレベルにおいては「同性愛者」という文言を削除するような出来事もあった。また、「GID特例法」にみられるように、婚姻は異性間で成立するものであると規定することによって、異性愛主義を前提とすることを再確認する制度も取り入れられてきた。

このような動向を振り返ると、一見、相矛盾するような施策が行なわれてきたようにも思える。しかし、考えてみれば、前者には具体的な取り組みの提言が存在しない。いわば、性的指向をめぐる人権問題は、この時期にはスローガンとして書き込まれてきたにすぎず、実効性があるわけではなかった。とすれば、これらの動向は、相矛盾する施策であるというよりは、むしろ、日本における同性愛（者）嫌悪を問題化するのが難しい状況の延長線上にあった、と考えることができるのではないだろうか。

分断線を超えるために

この章で考察してきた、格差が再生産されるプロセスのなかで、もっとも大きな問題点は、日本において連帯可能性を模索してきたセクシュアル・マイノリティのあいだに、さまざまな分断線が引かれた点である。言い換えれば、性別二元論と異性愛主義というふたつの社会規範から外れるマイノリティの位置にある存在が分断され――承認される者と承認されざる者とに区別され――ジレンマを抱え込まされてきた点にある。その分断線とは、たとえば、これまでにもみてきたように、①「性同一性障害」当事者のあいだに引かれる境界と、②法によって承認される一部の「性同一性障害」とレズビアン／ゲイとのあいだに引かれる境界、というふたつの軸が存在した。つまりは、セクシュアル・マイノリティのあいだに複合的に分断線が引かれてきたといえる。

ただ、振り返ってみると、「セクシュアル・マイノリティ」とは、性別二元論と異性愛主義というふたつの規範から外れた存在を表わす記号でしかない。パトリック・カリフィアの言葉を借りると、性的な「アウトロー」であるという、とても雑多な存在を包括するカテゴリーでしかない。たとえば、カリフィアは、セクシュアル・マイノリティが社会に置かれている状況をつぎのように表現する。

性的マイノリティとより大きな社会の間にあるどんな境界線も、レンガとセメントで出来ているわけではない。もっと浸透性のあるものであり、逸脱と正統の間を出たり入ったり漂っていたり、両方に属していたり、どちらにも属していない者が常にたくさんいる。

［Califia, 2003＝二〇〇五、一一三頁］

カリフィアが示すように、性的なマジョリティとマイノリティという境界線は、その人びとが属している社会の文脈のなかで、たえず変化しつづける。セクシュアル・マイノリティを規定する性別二元論や異性愛主義という社会規範は、さまざまな現象として、社会に立ち現われる。わたしたちの社会は、「逸脱」を括りだすことによって、そこから逆照射するかたちで「正統」なるものを確定するが、そのプロセスは、つねに時代の産物にすぎない。そのために、何を「逸脱」とし、そこから何を「正統」として導き出すか、そして、それらの峻別にどのような理由づけがなされるのかは、つねに流動的である。そして、権力的であり、暴力的でもある。

このように、「逸脱」と「正統」のあいだに引かれる境界線は、当然のことながら、雑多なものをまとめたカテゴリーでしかないセクシュアル・マイノリティのなかにある、さまざまな利害関係をも露わにする。まさに「GID特例法」の成立が、セクシュアル・マイノリティのあいだにジレンマを生み出したように。一方に「利益」(＝包摂)を与え、他方に「害悪」(＝排除)を与えるものであったように。

しかし、一概に、性別変更の申請が可能となった人びとの置かれた状況を、「利益」とのみ表現することには問題が残る。たとえ、戸籍の性別変更ができたとしても、「性同一性障害」当事者たちに対する差別や偏見は、ある。たとえば、性別変更の理由は戸籍に明記される。また、年金番号に性別変更を終えた人びとのみ識別番号が振り分けられたという出来事もあった[28][「日本経済新聞」二〇一三年五月七日]。問題を指摘され、対応策が公表されることはあるものの、性別変更をした人びとと性別変更をせずにすむ(望まない)人びととのあいだには対応のちがいがあり、根本的な改善には至っていない。このような状況では、今後、社会問題となる出来事が起こらないという保証はどこにも、ない。不必要な不安を煽るつもりはないが、しかし、このような現実をどのようにとらえるべきなのか、わたしは、わたし自身が問われつづけているのだという自覚を失いたくはない。

マイノリティが集合行動によって社会的に承認を求めていくことは、マジョリティによって許容できる定義を確定し、マジョリティに受容される像──許容範囲──をマイノリティ自身が生み出し、そこに載った上で、規範を再生産していくことと表裏一体である。これもまた、マイノリティに課せられるジレンマのひとつである。

このようなジレンマから目をそむけ、表層部分でごまかされてしまう現状をやりすごすだけではなく、セクシュアル・マイノリティのあいだに抱え込まされた、ジレンマをえがきだし、分断線を生み出す構造、そこにある権力装置を解読することは、簡単なことではない。しかし、マイノリティにジレンマを抱え込ませる権力装置を可視化していくプロセスこそが、そのジレンマを克服し、分断を架橋していくために有効な方法であることは確かであろう。

28──日本年金機構が性別変更した人びとを判別するために、基礎年金番号の前半四桁に共通の固定番号を振り分けていたことが発覚したという出来事。同機構は「情報公開請求があっても、共通番号は非開示にする」という対応の変更を発表したが、共通の固定番号の撤回まではされていない。

第6章

〈反婚〉の思想と実践

同性間の婚姻への批判的考察

国家による承認の問題を考えるとき、近年の日本おいてもひとつのテーマとなっているものに、同性間パートナーシップの法的保護をめぐる動きがある。その背景には、実際に同性間でパートナーシップを育む――もしくはその可能性をもつ――人びとの具体的なニーズが顕在化してきた現実が、横たわっているだろう。さらには、ヨーロッパや北米を中心に展開されてきた同性同士の「結婚」する権利を求める動きからの影響も、背景に横たわっているだろう。その動きは「家族を形成する権利」とも言い換えることができる。「家族」として国家から法的に承認される権利のことである。

同性間パートナーシップを保護するための法制度が整備されていくことは、同性愛者の人権にとって一歩前進だとの見方もある。というのは、異性愛で結合する形態のみを「正しい家族」であると主張し、その可能性をもたない（と、かれらが考える）同性愛者に「逸脱」というラベルを貼りつけ、攻撃を繰り返す人びとも、少なくはないからだ。

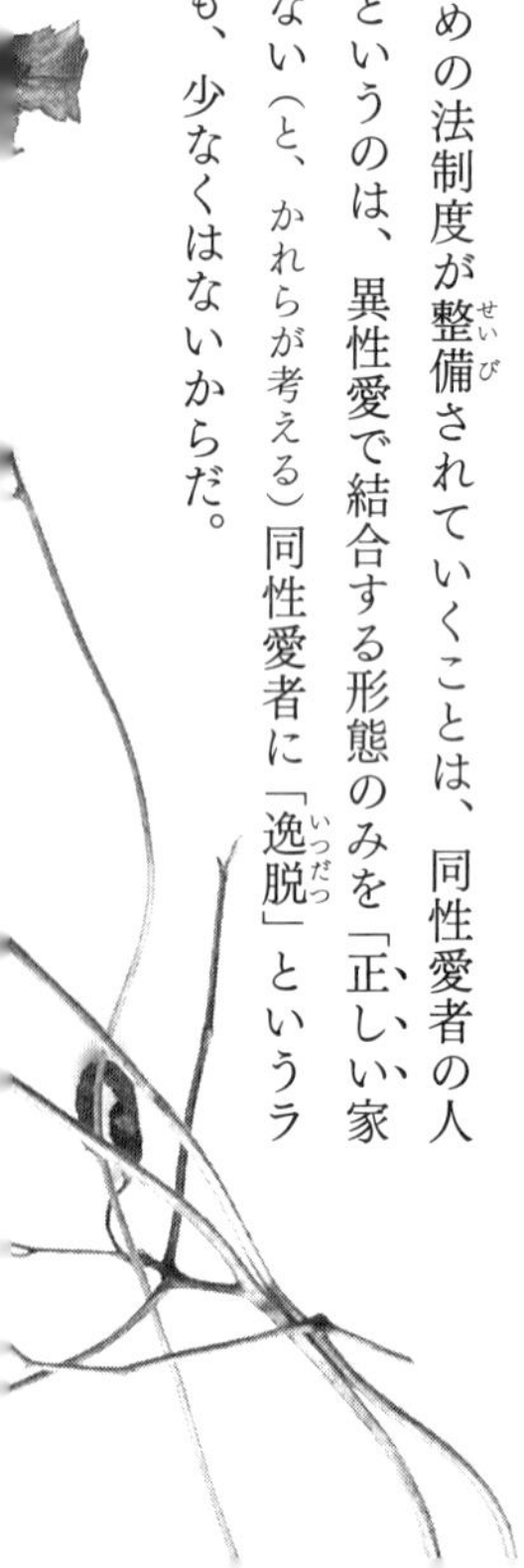

「結婚」する権利？

同性愛者の権利擁護が進められている国や地域においても、同性愛（者）嫌悪にもとづいた、同性間パートナーシップの法的保護に反対する勢力が存在し、婚姻制度の同性間への適用に対する反対運動も活発に繰り広げられてきた。かれらは「家族の価値 family value」尊重というスローガンを掲げ、いわゆる「伝統的家族」を擁護する立場である。かれらの主張する「伝統的家族」とは、男女のカップルを中心とする終身モノガミー制［➡139頁］を意味する。すなわち、ひとりの男性とひとりの女性が、一対一の〝つがい〟をつくり、夫婦となり、いったんその関係性を築いたら、生涯継続することが「正しい」かたちとして理想化される制度である。竹村和子［➡67・

127・139・142・159頁〕がえがきだしたように、「正しいセクシュアリティ」は、異性間でつくられる〝つがい〟によって、生殖活動を目的として自己正当化をする。

いうまでもないが、ここで主張される「伝統的家族」とは、歴史のなかで普遍的に存在してきた形態ではない。にもかかわらず、同性間への婚姻制度の適用に対する反対運動は「伝統的家族」を守ることを根拠として繰り広げられており、かれらにとって同性間パートナーシップを保護することは、「家族の崩壊」を意味する脅威であるとみなされる。

清水雄大は法学の観点から、同性婚に反対する人びとの主張として、つぎの七点を挙げている。

①婚姻とはそもそも「男女」による「生殖」をともなうものである
②同性愛者が増加し、種の存続に危機が生じる
③子の福祉への悪影響がある
④法的保障など必要ない
⑤同性婚などの法的保障の前にやるべきことがあるのでは？
⑥同性婚以外の保障方法で十分である（または、その方が望ましい）
⑦婚姻制度を放棄すべき

清水はこれらの主張に対して、日本においてこそ、アンチ・ホモフォビア（反−同性愛嫌悪）の

立場からの「戦略的同性婚要求」の必要性を提唱している［清水、二〇〇八、九五頁］。清水の採用する「戦略」と、日本特有の戸籍制度のもつ問題点について考察したい本章とは立場が異なる。しかしここで、とくに「家族の価値」尊重派の根拠としてしばしば引用される①〜③の主張について、清水の反論を簡単に紹介しておきたい。▼1

まず、①婚姻が「男女」による「生殖」をともなうものだという主張については、「近代国家成立以後に法的に保護されるべき正統な婚姻が定義された」という事実に着目する必要がある。つまり、間近の時代にあたらしく策定された定義を、まるで自然史的な真理であるかのように、こじつけているにすぎない。また「生殖」についても、「GID特例法」では、生殖機能を欠くことを要件として戸籍上の性別変更を認めており［↓180頁］、性別変更後にその性別からみた異性との婚姻を許容している。つまり、実際には「日本の婚姻法は、生殖の可能性になんら関心を払っていない」［前掲論文、九六－九七頁］のである。

つぎに、②「同性愛者が増加して種の存続に危機が生じる」や、③「子の福祉への悪影響がある」は、その根拠が明確に示されていない主張である。しばしば耳にするこの③の主張においてなにが問題とみなされてきたかを、清水は、つぎの三点に整理している［前掲、九九頁］。

1―― 同性愛（者）嫌悪を基盤とした反対論への批判については［堀江、二〇一五］において、より深く考察した。

ⓐ同性カップルによって育てられた子は同性愛者になる可能性が高くなる
ⓑ同性カップルに養育されているということで社会的にいじめや差別を受ける
ⓒ「父性」や「母性」が欠如し、標準的な男／女の役割モデルや性自認を身につけるのに困難が生じる

「悪影響」を懸念するこれらの主張に対して、清水はつぎのように反駁する。まずⓐは、同性愛（者）嫌悪の現われにすぎず、ⓑは「被害者を罰せよといった誤謬」であり、むしろ「加害者こそ罰せられるべきである」、と。そしてⓒの主張については以下の問題点を指摘する。

それならば、シングル・ペアレントの家庭など、いわゆる標準家庭以外の家庭に育った子どもたちに、そのような「悪影響」が出ているというのであろうか。そして、ジェンダー／セクシュアリティ研究が指摘してきている通り、そもそもジェンダー役割の固定化そのものが問題なのである。［前掲論文、九九頁］

現状の社会にある問題を、たとえば、子どもの福祉に悪影響があるとして反対論を述べ、マイノリティの側に帰責させるレトリックは、前章で「ＧＩＤ特例法」を検討するなかでもみてきた［⬇183頁〜］。このようなレトリックは、あたまから、子どもを「犠牲者」もしくは「被害者」

としてまなざす偏見である。その際、同性間のパートナーシップのみならず、シングル・ペアレントに養育される子どもたちの置かれた状況も「家族の価値」尊重派からは排除されることにも注意しておく必要があるだろう。異性愛主義のなかで生み出される排除の論理は、その対象を同性愛者だけに限定しているわけではないのである。[▼2]

「伝統的家族」の擁護を主張する人びとによる攻撃は、ときに憎悪犯罪（hate crime）という直接的暴力をとる。たとえば、同性愛者という属性に対して向けられる憎悪が引き金となって攻撃が仕掛けられ、結果的に殺人へと至ることもある。また、直接的に手を下されなくとも、同性愛者であることに負のレッテルが貼られる社会のなかでは、同性愛者たちが自死へと追い込まれることもある。さらには友人関係や家族関係など、日常的な生活のなかにある人間関係が破壊され、「社会的な死」という状況に置かれることもある。

2―― また、同じく法学の分野において、「婚姻」は異性間で生殖を伴うものとして規定されているという点や、同性婚は子どもに「悪影響」を及ぼすという点を強調し、同性婚に問題点をみいだす主張に、池谷和子のものがある［池谷、二〇一三］。詳細な検討なく、同性婚が害悪しかもたらさないことを主張しようとする典型的な事例である。ここで論じられていることは、先に述べた清水雄大の説明ですでに反駁されてもおり、法学の分野においてこのような暴論は主流ではないと思われるが、まがりなりにも学術雑誌に根拠のない憂慮のみを煽る論考が掲載される状況は、深刻な問題でもあることを付け加えておく。

直接的・間接的攻撃が存在する社会のなかで、同性愛者が自分の身のまわりの現実に直面するとき、このような暴力に抗していく、もしくは暴力を抑制していくために、ひとつの手段として、同性間パートナーシップの法的保護を求めていく行動も有効であるのかもしれない。まさに清水雄大が「戦略的同性婚要求」を提唱するように。

しかし、同性愛者の人権と同性パートナーと「結婚」する権利とを、簡単に等号で結んでしまっても良いものであろうか。そもそも、同性間でパートナーシップを育む人びとは「同性愛者」だけではないはずなのに。また、「同性愛者」のなかでもパートナーシップを育まない人びともいるはずなのに。

日本においても世論を形成するほどまでには至ってはいないものの、社会におけるマイノリティである同性愛者たちが中心となり、同性間パートナーシップの保護を求める運動がかたちづくられてきた。そこでは、とくに合州国での実践や法、理論などが多く参照されてきた。しかし、そのなかでとくに著しく欠如しているのは、日本における既存の社会制度や法に対する批判的考察である。すなわち、日本独自の法制度や習慣などが考慮されるケースがきわめて少ないという状況にある。

この章では、法的保護が求められてきた概要を追った上で、日本における社会制度の問題に着目し、同性間での婚姻を求める動向を批判的に考察していくこととしたい。

法的保護をめぐる論点整理

「権利の平等」——推進側の立場

同性間パートナーシップの法的保護が求められてきた背景には、先に触れた「家族の価値」尊重派のような言動がもたらす暴力の問題や、国家の法制度が生み出す抑圧や差別、そしてそれに対する対抗手段としての実践を踏まえておく必要があるだろう。

たとえば、歴史学者のジョージ・チョーンシーは、合州国の同性婚にかかわる議論を追うなかで、その論争が「レズビアンやゲイ男性をアメリカ社会の中にどう位置づけるかをめぐる半世紀にわたる闘いと、さらに長きにわたる結婚そのものの意味や法的規定の歴史的展開の結果として生じたものである」と述べる［Chauncey, 2004＝二〇〇六、二九頁］。合州国には同性愛者に対する差別・抑圧の歴史が存在し、市民権が制度的に剝奪されてきた状況がある。たとえば、結社の自由、公的な施設を利用する自由、表現の自由、報道の自由、また自分自身が欲する親密さのかたちを選択する自由などである。市民権の剝奪だけでなく、現在の合州国の状況からみると、かつては想像を絶するような取締りや嫌がらせもあったが、チョーンシーは、これらの歴史的事実が実際に存在していたことが「ほとんど忘れられている」ことに注意を促している［同書、三九－四〇頁］。

チョーンシーは詳細に歴史を振り返り、同性間の「結婚する権利」が求められていく経緯を記すが、そこであきらかにされていることは、たんに個人間の法的な結合というプライベートな権利が求められてきたわけではない、という実態である。同性同士の「結婚する権利」は、差別や抑圧への抵抗や人権獲得の歴史のただなかにおいて、公民権獲得という目標として位置づけられてきたのである。

また、そのほかにも欧米における議論にはさまざまな論点が存在するが、ここでは、同性間パートナーシップの法的保護を求めるおもな主張として、①当事者たちが置かれている現状から生み出されるニーズ、②不平等の是正、③保護を制度化することから波及する影響、という三点を取り上げておきたい。それぞれの観点を整理しておこう。

まず、①同性間パートナーシップの現状のなかから生み出される当事者たちのニーズについて。婚姻関係では、届出によって当事者二人の関係に対して諸義務と諸権利が与えられることとなる。婚姻制度の適用を異性間にのみ限定し、同性間には義務や権利が与えられない場合には、同性間パートナーシップを育む当事者たちに不利益が生じ、生活環境そのものが損害を被るケースも少なくはない。とりわけ合州国では、一九八〇年代に入り、ゲイ・コミュニティにおけるエイズの問題や、レズビアンが人工授精などの生殖補助技術を利用する「ベビー・ブーム」が起こり、同性間パートナーシップを育む人びとが法的家族となる権利を求めていく動向に展開していった。前者では、当時の時代背景のなかでは、〈死〉に直面していく人びとを前に、健康保険や遺産相続などの権利が、後者では〈生〉――生まれてくるいのちとその後の成長過程――のただなかで、パートナーが親になる権利が求められてきたといえる。

パートナー同士の関係のみならず、そのカップルに子どもがいる場合、法律上の実子ではないパートナーの子どもに対する親権や相続権が保障されないケースもあり、具体的に子どもの福祉が損なわれることもある。さらには法的家族として認定されない場合、同性カップルには養子縁組の権利が与えられないケースもある。これらの現状から、「家族」を形成する権利を異性間の婚姻関係と同様に同性間にも適用すべきである、と主張されてきた。

つぎに、②不平等の是正という観点について。異性間パートナーシップを育む人びとと同性間パートナーシップを育む人びととのあいだに待遇の格差があるのは、法制度上不平等である。一方には特権が与えられ、他方は権利が剝奪されているからだ。このような権利の不平等をとらえ、差別是正の観点から同性間パートナーシップを保護する施策が提案されている。具体的にはこの手法を採用する例としてEU（ヨーロッパ連合）を挙げることができる。

一九八九年に世界で初めて同性間パートナーシップを保護する政策（ドメスティック・パートナーシップ制度）を策定したのはデンマークだが、一九九四年には欧州議会が「欧州共同体内における同性愛者の平等な権利に関する決議」を採択するに至った。そこには「㈠全ての市民は、性的指向にかかわりなく平等な処遇を受けるべきであることを確認する」こと、「㈡欧州共同体の各制度に対して、一九九六年に予定されている制度改革を前提に、国籍、宗教、信条、人種、性別、性的指向その他の差異に関わりなく平等な処遇を保障することが可能な欧州統一制度を設立する準備をするよう要求する」ことが明記された［強調、引用者］。この決議をもとに、二〇〇二年には同性間パートナーシップを育む人びとの共同生活の登録に関する法規を整備することがEU各加盟国に勧告され、権利の不平等に対する是正が進められることとなった。

そして、③同性間パートナーシップの保護を制度化することによって、そこから波及する影響があるという観点について。賛成派の議論のなかでは主流のものではないが、つぎのような興味深い指摘がある。それは、異性間と同性間で同等に「結婚」する権利が与えられることによって、人権問題に資する影響が派生する可能性があるとの主張である。たとえば、カナダでは二〇〇三年に婚姻制度が同性間にも適用されることとなった。この法律は、「結婚」する当事者に利益をもたらすのみならず、直接的ではないものの、「性的難民 sexual refugees」を移民として受け入れる可能性を国家が表明することとなりうるのだという指摘がある。

カナダ合同教会のあるレズビアンの牧師は、この点についてつぎのように語った。[3]

> 現在、地球上では、同性間パートナーシップの法的保護を求める以前に、同性愛者の生存が脅かされる国々や地域が多数存在する。たとえば、（おもに男性）同性間性行為を禁止したり、同性愛者の存在自体を認めなかったり、同性愛者が公的な場で主張することに対し、刑法で処罰する規定をもつケースも少なくはない。それらの刑法には死刑が含まれる場合もある。そのような国々や地域に住む人びとが、嫌疑や冤罪も含めて生存権が脅かされる危険に直面するとき、国外への逃亡に一縷の望みを託す場合もあるだろう。そのときかれらは、婚姻制度を同性間にも適用するカナダのことを、同性愛者が生存できる国だと、見込むことあるだろう。生存の可能性が潰えたわけではないというメッセージを「性的難民」に伝えることにもなりうるという間接的効果が、この主張の中心点である。

法制度上の問題で生存権が脅かされて自国から逃亡しようとするケースは、従来、「政治的

3―― 二〇〇六年七月にキングストン（カナダ・オンタリオ州）を訪れたときの対話から、以下、概要を記しておく。

難民」として認識されてきた。しかし、あえて「性的難民」と表現することで、いまだ人権問題のひとつとして十分には認識されていないセクシュアル・マイノリティの人権を主張するという意図が、そこにはある。

では、同性間のパートナーシップ保護を具体的に推進する立場の主張に応答して、法的保護が解決とはなりえないと主張する立場からは、どのような反論が提示されてきたのだろうか。それをつぎにみていくこととしよう。

制度の規範がもつ問題――批判的な立場

同性間パートナーシップを法的に保護すべきであると素朴に主張することの問題へのいくつかの批判をみていこう。以下に検討するのは、大枠で把握すれば、同性愛者の人権擁護――少なくともレズビアン／ゲイに関する社会運動の内部もしくは支持――の立場からの反論である。すなわち、同性愛者の人権は必要だが、同性間パートナーシップの法的保護がかならずしもその解決にはならないと反論する立場である。

賛成の立場に対する反論を、単純に「反対派」として断定することはできない。というのは、「反論」の立場が、同性間パートナーシップを育む人びとに対して攻撃を加えることを目的とするのではなく、その関係性の法制度上の保護を求めることへの批判が主眼であるためだ。問題は複雑であり、多角的にとらえていく必要がある。それゆえ、焦点化される問いは、法的保護を求めることによってとりこぼされていく存在があると自覚する必要性や、法制度自体がはらんでいる問題、そこから生み出されていく弊害をめぐって、である。

批判的な立場のおもな論点として、①モノガミーな関係性［➡139・211頁］のみに特権を与えることによって生み出される排他性、②カップル主義を称揚することでセクシュアリティをめぐって階層秩序が生み出されること、③婚姻制度が生産し、維持してきた規範の問題、がある。以下、順番にみていくこととしよう。

まず、①モノガミーな関係性のみに特権を与えることによって生み出される排他性について。婚姻制度にせよ、ドメスティック・パートナーシップ制度やシビル・ユニオン制度などのいわゆる「準婚姻」制度にせよ、同性間パートナーシップを保護する制度は、モノガミーな関係――「一対一」の関係――と、場合によっては（各地域・国々の法制度によるのだが）子どもを含めた関係とを保護することを目的とする。そのため、モノガミー以外の関係およびその可能性を否定することによって、カップル主義という規範が再生産されていく。さらには、その関係が生涯にわたって継続することが奨励される。すなわち、長く継続するモノガミーな関係を、あるべきかたちとして規範づけていく。

このような規範は異性間の婚姻制度に内包(ないほう)されるものである。その規範を異性間のみならず同性間にもちこみ、規範化することによって、それ以外の関係に対する排他性が生み出されるという指摘がある。このような批判は、パートナーシップという概念自体が「一対一」という形態を前提とすることを問題化するだけでなく、かつ、その「一対一」の継続性を追求する排他的なありようを問題化するのである。

また、モノガミー規範による排他性が生み出すのは、②「セクシュアリティをめぐる階層秩序」である。文化人類学者のゲイル・ルービンは、セクシュアリティをめぐる事柄が人間の行動に関わるほかの事柄と同様、つねに「人間行動の所産」であり、かつ「利害の対立や政治的な策略(さくりゃく)というようなもので溢(あふ)れかえっている」と指摘する。そのために、セクシュアリティをめぐる事柄は「常に政治的」にならざるをえない、と[Rubin, 1984＝一九九七、九四-九五頁]。

どのような行動をとるか、どのような属性をもつかをめぐって、その人自身の〈アイデンティティ〉が選択されていく。ひとりの人間には、人種や民族、経済的階層(かいそう)や出自(しゅつじ)、障がいの有無など、さまざまな要素が存在する。その人自身がもつほかの要素に影響を受けながら、セクシュアリティという「常に政治的」な場は形成されていく。そして、それらの諸要素が複合的に絡(から)まりあうなかで、その人自身が他者からどのようなまなざしを向けられるのか、どのような社会的・経済的資源(しげん)が利用可能なのか、その上でどのような生を享受(きょうじゅ)することができるのかが規定されることとなる。このように、いくつもの要素が絡まりあった複合性によって、その人自身のセクシュアリティをめぐるヒエラルキー（階層秩序）が形成される。ルービンは、そのヒエラルキーという装置のなかで、つぎのような状況がもたらされるという。

このヒエラルキーの中でその行動が高い位置にあるような人たちには、メンタルヘルスの保証や尊厳、合法性、社会的および物理的移動、制度的支援、物質的な恩恵などが与えられている。序列のなかで性的行動あるいは仕事のランクが下がっていくにしたがって、それらの行動や仕事を行う人は精神病、不敬、犯罪、社会的および物理的移動の制限、制度的支援の喪失、経済的制裁に服従することになる。［*ibid.*, 106］

さらにルービンは、ヒエラルキーの上方に位置しているものとして、「安定し、長期間続いているレズビアンやゲイのカップル」を挙げる。また、反対に、不安定で短期間で終わってしまう関係や、特定のパートナーシップを継続せずにシングルで生活をいとなむ人びとは劣位に置かれると述べる［*ibid.*, 105］。

異性愛をめぐる状況においてすら、シングルで生活をいとなむ人びとへの偏見や社会的プレッシャーは、依然として存在しつづけている。それと同様、同性間であっても、パートナーシップを育むことがシングル生活よりも優位に位置づけられるのである。また、このようなシ

ングル生活を劣位に置くヒエラルキーにはジェンダーの格差が存在していることにも注意しておきたい。▼4

さらに、③「婚姻制度が生産し、維持してきた規範の問題」について。そもそも婚姻制度は異性間のパートナーシップを保護するために位置づけられてきたものであり、制度自体が、同性間パートナーシップの可能性を排除してきたという事実がある。言い換えれば、その背景には、異性愛主義という規範が横たわっているということだ。このような規範を内包した制度を同性間にも適用することは、機会の平等を生み出すというよりはむしろ、ひとつの同化政策として機能してしまうと批判する解釈がある。そのような解釈に対しては、同性間に適用される時点ですでに当初の異性愛主義という規範は瓦解しているのだとする反論もある。しかし、理念として考える場合、わざわざ既存の婚姻制度に則る方向ではなく、制度自体を解体し、個人単位での住民登録を思考することも可能なはずである。婚姻制度の同性間への適用の推進が「正しい家族」を標榜する「家族の価値」尊重派のような差別的言説を併発するのであれば、なおさら、既存の婚姻制度への批判を検討する必要もあるのではないだろうか。

おもな批判を三点みてきたが、これらをみると、同性間パートナーシップの法的保護を求めるという行為がどのような背景をもち、また実際にどのような波及をもたらすのかを根源的に問おうとするための批判であることがわかる。というのも、性倫理を含めた規範を再生産する機能にも着目して批判を展開しているからである。パートナーシップというモノガミーな関係性のみを法的に保護することによって、対象者は人権保障の対象として、社会に包摂される。しかし他方では、あらたな階層秩序が生み出され、排除や差別は横たわったまま、人権保障から外される人びとが残存しつづける。この点をこそ問題化した点に、批判の意義をみいだすことができるのではないだろうか。それは同時に、異性愛の結合による形態のみを「正しい家族」とする思想に対して、根源的な問いを提示しているといえる。

これらの批判にはいくつもの異なる軸をめぐる論点が含まれている。そのため、それぞれの立場を単純に賛成・反対という二項対立に拮抗している状態として矮小化することは、あらたな弊害を生むだけだろう。

4——女性の場合、レズビアンであろうとなかろうと、労働市場における賃金や待遇などに、男性と比較して大きな格差があることが、これまでにも指摘されてきた。また、そもそも労働市場に参入する機会についても、格差は存在する。このような状況のなか、女性にとって、「結婚＝男性との生活」を選択することが生存のための手段のひとつとなりうることもある。すなわち、女性の労働をめぐる差別問題と婚姻制度とは、切り離して考えることはできないのである。

また付け加えるならば、これらの議論を二項対立的に拮抗している議論として誤読し、同性愛者の人権を擁護しようとする人びとの内部分裂として把握することで生じるジレンマがある。ここで大きな問題のひとつとして数えることができるのは、風間孝［➡58・79・121・151・196・201頁］が指摘するように、「異性愛規範に基づく近代家族制度のなかで、疎外されるだけではなく、家族形成の機会を奪われてきたレズビアン／ゲイは、家族制度の解体を主張するベクトルと家族形成の権利を要求するベクトルの間を揺れ動くこととなる」という点である［風間、二〇〇三、三五頁］。すなわち、賛成・反対のいずれの立場を採用しても、マイノリティがジレンマを抱え込まされることになるという現実が、ここにもあるということだ。

マジョリティのもつ規範は、社会構造のなかに埋め込まれているからこそ、それに抵抗しようとしても、抵抗する側、問題化しようとする側にとっての、さらなる課題が浮上してくることとなる。マイノリティに対する差別や抑圧をめぐる多くの事柄と同様、ここでもマジョリティの価値観は問われないままに、マイノリティにのみジレンマが課せられる様子をみてとることができる。

日本における議論

保護を求めるニーズ

日本でも一九九〇年代から、同性間のパートナーシップについての議論が広がってきた。さらに二〇〇〇年代に入ってからは、それまで点在していた動きが互いに結び合いつつ、セクシュアル・マイノリティのコミュニティにおいて議論が広がり、社会に向けて発信されることとなった。[5]

二〇一〇年代に入ってからは、ツイッターやフェイスブックなどのSNSをとおして、情報や話題の共有もさらに広がりつつある。たとえば、東京ディズニーランドで結婚式を行なったレズビアン・カップル[6]や、合州国のオバマ大統領による同性婚への支持表明（二〇一二年五月）、合州国最高裁での同性婚の禁止に対する違憲判決（二〇一三年）、さらには東京都渋谷区の同性パートナー証明の条例（二〇一五年三月）などが話題となった。[7] いまでは、さらなる「家族を形成する権利」を求める動きが、同性愛者の権利要求の動きのなかで、もっとも重要視される指針のひとつとなったともいえる。

なぜ、パートナーシップの法的保護、とりわけ同性婚を奨励することが、指針のひとつとして重要視される傾向が生まれたのであろうか。その背景を、社会学者の志田哲之はつぎのように説明する。一九九〇年代以降のゲイ男性を中心とした動きは、「同性愛とはたんに誰とセックスをするのかという問題にとどまらず、日々の生活や人生に関係するライフスタイルをどうするかという問題へと進展していくプロセス」を示すものであった、と。そして、その「ライフスタイルの模索の解答のひとつが同性婚などの制度化なのだと考えられる」、と［志田、二〇〇九、一五〇頁］。つまり、同性愛者のライフスタイルのあり方のひとつとして、同性パートナーと生活していくことが選択肢として考えられるようになった、という背景がある。また、生活であるからこそ、マジョリティの価値観に訴えていく方法として、あるいは可視化しやすいやり方として、選択される側面もあったのではないだろうか。先に述べたように、同性間でパートナーシップを育む人びとがすべからく「同性愛者」であるわけではなく、同性愛者のなかでもシングルの生活をいとなむ人びともいるという実態を横に置いたままであっても、同性愛者の人権を求める際に、指針として〝わかりやすさ〟を提示できるメリットが確実にあっただろうし、いまもあると考える人びとが多いのだろうから。

〝わかりやすさ〟に潜在するメリットとして、以下の可能性をえがくこともできるだろう。

5―― 日本における二〇〇九年までの、ゲイ男性を中心とした流れについては［志田、二〇〇九］に詳しい。また、一九九〇年代初頭に、国籍の異なるレズビアン・カップルの事例を紹介したものとして［出雲、一九九三］がある。とくに永住権をもたない在日外国人が日本国籍保持者と日本で居住しようとする場合、婚姻制度に則った関係は「法的家族」として保護される。しかし、保護されなければ、在留資格との関連から生活権・生存権が著しく脅かされることとなる。同性間パートナーシップのように、そもそも保護制度自体が存在しない場合もあるが、制度が存在する異性間でも、離婚により保護されなくなるケースも多くある。移住労働者の外国人女性たちが置かれた状況についてはこれまでにも多く指摘されてきた。これらについては本書で考察することができなかったが、生存にかかわる問題でもあるので、喫緊の課題として明記しておきたい。

6―― 東京ディズニーランド（TDL）は、二〇一二年三月に、シンデレラ城での結婚式挙式プランを発表した。それを受けてレズビアン・カップルがTDLと交渉を行ない、当初はTDLから難色が示されたが、同性間での挙式も認められることとなった［「同性の結婚式TDL認める」、「毎日新聞」二〇一二年五月一四日／夕刊］。二人は翌年三月に東京ディズニーシーで結婚式を行ない、国内のみならず、海外メディア（ギリシアやフランスなど）でも式の様子が取り上げられた。「女性同士、ドレス姿で結婚式　ディズニーシーで夢かなう」［「朝日新聞」二〇一三年四月七日］。また、女性誌『クレア』［二〇一三年五月号］にも記事が掲載された。Toyko アワーズの「コミュニティ賞」に「東小雪・ひろこ」（表記そのママ）という、プライベートな領域でのユニットであるレズビアン・カップルが選出されたことも、課題が個人化する状況を生み出している動向として興味深い。

7―― 渋谷区の条例については本書の第5章の註11［↓173頁］で簡単に触れた。

同性愛者が置かれた状況をひとつの可能性としてえがきだす方法に「家族論」的アプローチがある。たとえば、社会学者の釜野さおりは「レズビアン／ゲイの親密関係」から形成される「レズビアン家族・ゲイ家族」を、「従来の家族」への問いかけをなすあり方として位置づける。ここで述べられる「従来の家族」とは、「男女一対一の性関係を基盤とした関係と血縁に絶対的な価値をおき、そこに精神的な絆があるとの前提があり、ジェンダーに基づく役割分担の再生産が行われる場」のことである［釜野、二〇〇九、一四九頁］。「レズビアン家族・ゲイ家族」に、「従来の家族」――異性愛を前提とした家族のあり方――を相対化する契機が潜在しているとの解釈にも、注目する必要はあるだろう。

同性間パートナーシップの法的保護を求める動きは、そのような〝わかりやすさ〟だけが背景をなしているわけではない。現に同性間でパートナーシップを育む人びとにとって、日常生活における具体的な不利益や不便に直面する場面が数多くあり、その解決のために何らかの保護が必要であるとの声が高まってきたことをも示しているのだ。

二〇〇四年、日本ではじめての「同性間パートナーシップの法的保障に関する当事者ニーズ調査」が行われた[8]。この調査の回答には、レズビアンを自認する人びととの回答数がもっとも多く（四三・三％）、その関心の高さがわかる。この調査にたずさわり、結果を分析した藤井ひろみは、「同性間パートナーシップの法的保障に関するニーズには、医療・看護・介護・福祉や相続などいざという時のための「医療・福祉資源」と、同性間パートナーシップに「経済的優遇」を求める潜在的因子があった」と分析している［有田ほか、二〇〇六］。

具体的にみていこう。まず、「医療・福祉資源」としてのニーズには、つぎのようなものがある。「一方が病気になったときの医療上の同意権」、「一方が入院したときの看護面接権」、「遺産や共有財産の相続権」、「生命保険の受け取り」、「職場での介護休暇」、「家族向け公営住宅への入居権」がとくに高いニーズが示された回答である。また、「経済的優遇」については、「税金の扶養者控除」、「給料付属の家族手当」、「健康保険扶養者扱い」のニーズが高かった。これらのうち、法的家族ではなくとも適用される事項もあるが、法的家族であれば〝セット〟で付いてくる権利としてみなされているものでもある。

藤井が調査結果を分析したなかで、特徴のある二点を取り上げておきたい。まず、「婚姻制度を同性間にも認めるべき」と回答している人びとは、「仕事のないこと」、「収入の少ないこ

8――この調査は「血縁と婚姻を越えた関係に関する政策提言研究会」有志のプロジェクト・グループによって、二〇〇四年二月二八日から五月一〇日に実施されたものである。調査方法は、インターネット上での告知や調査用紙二、〇〇〇枚の配布による。回答総数は六九七件（うちインターネット回答・四五三件、調査用紙回答・二四四件）である［有田ほか、二〇〇六、七頁］。

と」、「パートナーが現在いること」、「養子縁組みや精子バンクを利用して子どもをもちたいと考えること」という回答との相関がみられたという点である。そして、経済的項目から導き出された結果として、「女性同性間でパートナーシップをもつレズビアンは、経済的により不利な地位を抱えている」という点である。

この調査自体は、一方では、当事者には多様な背景をもつ生活があり、「相矛盾するニーズが存在する」という結論を、分析結果が示している。しかし、上記のような点をみると、他方で示唆されているのは、レズビアン（たち）は、労働環境において女性であるという理由のために経済的に不利な状況を強いられるという、横断的な問題もあるという実態である。そして、そのために、パートナーシップの法的保護を求める声になってきたのではないだろうか。

さらには、女同士のパートナーシップにおいて、子どもをもつケースも存在する。釜野さおりは、つぎのふたつのケースに分類する。すなわち、ⓐ「以前の結婚や異性関係で授かった子どもを同性パートナーとともに育てる場合」と、ⓑ「何らかの手段を使って、最初から同性カップルの子どもとして（産み）育てている場合」とである。後者の場合、養子縁組という方法や、人工授精などの生殖補助技術を利用する方法も考えられる［釜野、二〇〇四、一二八－一二九頁］。しかし、日本国内においては、いずれの方法も婚姻関係にある夫婦にしか認められていない。とくに前者のうち、異性との結婚の経験をもつ人びとは、日本の場合、離婚時に母親が子どもとともに生活するケースが多いため、必然的に、男同士のカップルよりも、女同士のカップルのほうが、子どもを含めた生活を育むケースは多くなる。[9]

ニーズ構成の背景

ただ、この調査結果のなかで興味深いことは、一方でこのような具体的なニーズが示されながらも、他方で「婚姻制度を同性間にも認めるかどうかで二分される」傾向があきらかにされている点である。そこで指摘されていることは、①同性間に婚姻制度を適用すべきとする立場と、②現行の婚姻制度に存在する問題点を感じつつも、しかし何らかの保障制度が必要であろうとする立場とに分かれるという点である。とくに後者には、「事実婚と同じように権利を認めるべき」という立場や、「それぞれの保障内容を明記した新しい法制度をつくるべき」という立場などが含まれている［有田ほか、二〇〇六］。

たとえば、項目として挙げられていた、同じ氏を名乗る義務や同居義務、貞操の義務などについては、ニーズは低い。このような点から、同性間パートナーシップが現行の婚姻制度へと組み込まれることを、かならずしも、最良の方法であるわけではないと感じている人びとも、けっして少なくはないということがわかる。

9―― 日本においても、その不可視化に抗い、レズビアン・マザーのネットワークを構築するために、「レ・マザーの会」が活動していた［Arita, 2006］。また、レズビアン・マザーたちの合州国での親権をめぐる訴訟や、そこから導き出される「親」の定義を再考するプロセスについては［有田、二〇〇六］に詳しい。

このような点をふまえて、ここでひとつの疑問を提示しておきたい。先のような同性間パートナーシップの法的保護を求める人びとのニーズは、いったい何を参照枠組として回答されているのだろうか。このニーズ調査に立てられた質問項目についても同様の疑問が浮かぶ。調査においては、「法的家族」という言葉が使われているため、その枠内に限定された保護や優遇を回答者は想定するだろう。日本の場合、その枠組は、異性間モデルのみが基盤とされている。そのため、同性間パートナーシップを育む人びと――もしくはその可能性がある人びと――は、この異性間モデルの枠組を参照しながら、それと比較して、自分たちの生活が法的に保護されていないことを認識することとなる。法的に保護されることへのニーズは、参照枠組に既存する項目が自分たちには欠如していると知ることによってはじめて、現状に対する不平等、そこから生じる損害の程度、将来への不安として把握されるということになる。

つまり、同性間パートナーシップの法的保護を求める視点は、異性間の婚姻制度から逆照射されるかたちで構成されている点に注意しておきたい。あまりにも当然のこととして看過されがちではあるが、よく考えてみれば、先のような具体的なニーズは、婚姻制度に参与する機会すら奪われているという認識から回答されているということだ。

ここで少し視点をかえてみよう。参照枠組としての、異性間の婚姻制度がなかったとしたら、これらのニーズは立ち上がってくるだろうか。また、そもそも、その背景としての不安や損害も成り立つだろうか。婚姻関係に特権を与えなければ、異性愛の結合の形態のみを「正しい家族」とする規範も生まれてはこない。もちろん、現実に異性間の婚姻を守る法制度がある以上、このような〝夢想〟はあまり意味がないように思えるかもしれない。しかし、現行の制度やそれを支える規範を問いなおす方法としては興味深い思考実験ととらえることもできる。というのは、日常のなかでは、このような〝夢想〟すら立ち上がってくる余地がないほど、わたしたちをとりまく状況は、硬直してしまっているからだ。

法的承認を求めることとそのリスク

〝夢想〟のような、ある種の突飛な例ではなく、日本においても同性間パートナーシップの保護を求める動きへの批判や躊躇の声が、これまでにもあげられてきた。

たとえば、先に引用した志田哲之［↓230頁］は、日本における家族／家制度のあり方を検証するなかで、現行婚姻制度そのものが抱える問題について指摘する。そこであきらかにされる弊害は、異性間でこれまで行なわれてきた婚姻制度自体がその内部にはらんでいる不平等さである［志田、二〇〇九、一三四頁］。

パートナーシップの保護を求める具体的なニーズは、先に当事者ニーズ調査の結果を踏まえて述べたように、異性間に限定される婚姻制度を参照枠組として立ち上がってくる。異性間にはその制度に乗るか乗らないかという選択肢があるにもかかわらず、同性間にはその選択肢すら与えられていない。この点はたしかに不平等である。しかし、そのような議論に対して、志田は、選択肢の有無による不平等以前に、その制度自体が内在的にはらむ不平等を指摘する。そして、「同性婚の制度化は、一見、性的指向による差別的な処遇を制度的な側面から改善するようにみえるものの、実際には別のかたちの不平等を生じさせるにほかならない」と結論づける。

このような指摘は、制度自体の外側に置かれることからくる不平等の問題を扱う視点に対し、制度自体の内側に本来的にはらまれている不平等への注視を喚起する意味でも、重要な視点である。

また志田は、とくにゲイ男性にとって、実際には多様な関係性があることを具体的に示しながら、かならずしもモノガミーな関係性［⬇139・211・223頁］のみが奨励されているわけではないことを指摘する。たとえば、ゲイ男性の生活のなかには、一対一の〝閉じた〟関係だけではなく、複数の人びとによって育まれる〝開かれた〟関係が存在してきた、と［志田、二〇〇五］。同性間パートナーシップの保護のみを求める主張は、このようなゲイ男性たちのなかにある現実を捨象する回路をも生み出すのかもしれない。

このように、制度に内在する問題や、制度と現状とのギャップの問題を指摘する批判に加えて、法的保護を求めるという営為自体に対する批判も存在する。法的保護を行なう主体は国家である。この場合、国家によって法的保護に値すると承認されることはどのような意味をもちうるのかという点が、問いとして提示される。

弁護士である李瑛鈴は、法的保護を求めることへの限界と法制定運動のもつ陥穽について指摘する。李は、法律からみる「家族」像について、端的につぎのように述べる。

> 〔日本の〕民法を読むと、「家族」として法律で保護されるには様々な要件が必要であることがわかる。しかも、それは個人の主体的選択を尊重するものではなく、国家が要求する「家族」のあり方を示すものだ。〔李、二〇〇四、一一六頁〕

異性間であっても誰もが婚姻関係を結べるわけではなく、そこには限定された要件が設定されている。法的保護を求めるためには、ある特定の「関係」に対して満たすべき要件を設けて、それに従わなければならないことになる。つまり、法律が定める「家族」像のなかに参入するために、自己の主体性を放棄して、国家におうかがいをたてるということでもある。また同時に李は、法的家族を規定する戸籍制度の問題性を検討する必要性にも触れている。

李はつづけて、「人の生き様が様々である以上、その人がもつ人間関係は無限に多様であり、あらゆる「関係」を保護するような法的要件を定めることはできない」と述べる〔前掲論文、一一六頁〕。現実に生きる人びととの関係性のあり方は多様である。しかしながら、「家族」という法的権利が与えられているユニットの定義が定められ、境界線が画定されるとすれば、そこにはかならず「「保護」から落ちこぼれる人々が存在」することとなる。そこで李が立ち戻ろうとするのは、「尊重されるべきは「関係」そのものではなく、そういう「関係」を選択した個々の人間」であるはずではないかという地点だ〔前掲論文、一一六−一一七頁〕。

また、国家から保護されるということは、保護に値するものとして国家によって承認（値踏み）されることをも意味する。そこには、〝誰が〟〝何を〟査定するのか、そもそも他者の権利を法や国家が承認することは可能なのか、という根源的な問いも残る。この点については、前章でみてきた「GID特例法」〔➡174頁〕でも同様であろう。

国家によって承認を受ける者は、当人が無意識のうちにではあれ、その社会制度の維持を強制されることとなる。そこでは、承認される者と承認されざる者との峻別装置が働く。この峻別装置の発動は、同時に、国家によって承認されない生を育む人びとに対する焼印〔➡31〜・38〜・144・187頁〕が再生産されることと表裏一体の格づけでもあるのだ。

さらに、李は、より根源的な問題として、法制定運動のもつ陥穽についても指摘する。たとえば、同性間パートナーシップの法的保護を求める人びとのなかには、「法律の抜本的改正は、すぐにでもなされるわけではないから、とりあえず少しでもとっかかりになるなら、法律を通すべきだ」という主張もある。しかし、「人権保障に関する法律が拙劣であるということは、その拙劣さゆえに救済されない人が明らかに存在するということ」を許容することにすぎない〔前掲論文、一一八頁〕。先の峻別装置の発動以前に、後の法改正を想定して制定運動を求める時点で、「救済されない人々」を切り捨てるという行為がすでに遂行されているのだ。

また、そのほかにも、同性間パートナーシップの法的保護を求めるにあたり、デメリットや問題点が考慮されてきたのかという疑問もある。とくに日本においてパートナーシップにはどのような意味づけがなされてきたのだろうか。日本の場合、〝つがい〟を法的に認める制度には婚姻制度しか存在しない。異性間の事実婚を婚姻関係に「準ずる」ものとみなす判例はあったとしても、である。

日本社会における「結婚」

もし、同性間に婚姻制度が適用されたとしても、あらたな困難が生じる。そんなことを先取りして懸念するのは時期尚早にすぎるのだろうか。たとえば、婚姻届を提出するには、同性間でパートナーシップを育んでいることを表明する必要があるという点だ。とりわけ、李瑛鈴も指摘しているように、日本には婚姻制度とパッケージになっている戸籍制度が存在する。この戸籍制度には、親族関係を辿ることができるという追跡機能がある。すなわち、届出書を窓口に提出することや、近しい家族関係のなかで表明することのみならず、普段は接触のない遠縁の親戚にまで影響が及ぶことが予測される。まさに被差別部落出身者に対する結婚差別が現在も厳然と存在しているように、「親戚に顔向けができない」というレトリックによって、同性間パートナーシップを育むことに反対されるケースも起こりうるだろう。もちろん、このような差別は、起こった出来事に徹底して抵抗することで、減らしていくことは可能かもしれない。もっとも、それ以前に、遠縁の親戚にまで影響が及ぶというような問題を、差別の被害者に帰責させる言動を許すべきではないだろう。そのためには、同性婚の推進を強調する人びとのなかで、現時点で存在しつづけている、異性間の結婚差別の問題にもっと関心を向けられても良いはずなのだが。

戸籍制度に関連して生じる問題を回避するために、婚姻制度ではなく、諸外国・地域で採用されているドメスティック・パートナーシップ制度のような方法を採用することも考えられる。つまり、当事者間の契約によって、「家」制度を超えた〝あたらしいスタイル〟として提示する方法である。たとえば、赤杉康伸らは、婚姻が「家」制度のうえに成り立っていることと比較して、「同性パートナーシップを、新しい関係性の創造である」と位置づける。そしてこのスタイルのなかに、「既存の異性愛中心の、また「家」単位の家族観に立脚した婚姻制度に代わる、双方の性別にとらわれない、個人の尊厳の理念に立脚した、新たなパートナーシップの形の模索」が行なわれる可能性をみいだそうとする［赤杉ほか、二〇〇四、一一頁］。

しかしながら、日本の文脈においては、あたらしいパートナーシップのあり方を模索しようとしても、簡単に「結婚」という枠組のなかに一元的に解釈されてしまうことも考えられる。すなわち、〝あたらしいスタイル〟としては認識されず、「結婚」のレプリカとして包摂されてしまう恐れもある。というのも、これまでにも諸外国のドメスティック・パートナーシップ制度のような法制度を、日本のメディアは「結婚」と表現してきたし、いわゆる先進国のなかでは、日本の異性間パートナーシップのなかでの「婚姻率の高さ」が指摘されてきてもいる。「婚姻率の高さ」と表現してしまうと誤解を生むことになるかもしれないが、要は、婚外子（こんがいし）の出生率が低いという点から算出される傾向性（いびつさ）である。戦後日本では、二％程度である。その背景にあるのは、婚外子——法的な婚姻関係にある夫婦のあいだに生まれたのではない子ども——に対する戸籍上の差別や、それにともなう権利保障の欠如（けつじょ）の問題も、これまでにも再三、指摘されてきている。そのため、少なくともしばらくは法的な婚姻関係を結ぶ予定がなかった人びとが妊娠がわかった時点で、婚外子を産むことがあきらかに不利益を被（こうむ）ることや、周囲からの結婚への圧力もあって、婚姻届を提出する——いわゆる「できちゃった婚」をする——ケースが多いことは、現代の日本においては周知（しゅうち）の事実だ。

このような日本の状況からみると、婚姻制度をめぐる問いがなかなか共有されえない社会のなかで〝あたらしいスタイル〟としての制度を構想することは困難であるとも考えられる。また、ドメスティック・パートナーシップ制度で与えられる権利が当事者たちにとって限定されるのであれば、より権利付与の多い婚姻という形態を求めるようになることは予測できる——たとえ、権利と同時に義務が明確化しても。これらを踏まえると、現状では、この〝あたらしいスタイル〟は、婚姻関係に特権的な位置が与えられているためにあらたなパートナーシップのかたちを模索することが困難な日本社会においては、「結婚」という形式を求める動きに一元化される可能性が非常に高いと推測できる。

そして、先に触れたように、現行の婚姻制度は、戸籍制度を前提とする制度である。しかし、同性間パートナーシップの法的保護を求める議論のなかでは、この点について掘り下げた主張は現在ほとんどない。これまでみてきた批判に加えて、次節では「法的家族」を規定する基盤となる戸籍制度の問題点についてみていくこととしたい。

婚姻制度を支える制度
——戸籍・差別・天皇制

戸籍制度の成立と問題点

前々の節「**法的保護をめぐる論点整理**」［↓217頁］でみたように、同性間パートナーシップの法的保護を求める動きのなかでは、現状ではさまざまな不利益を被る（こうむ）状況から、異性間に限定的に与えられている「家族を形成する権利」を同性間にも適用すべきだと主張されてきた。つまりは、権利を与えられていない現状に対する異議申し立てとして把握することができる。では、「法的家族」とは、いったいどのようなものであるのだろうか。

前節「**日本における議論**」でみてきたとおり、李瑛鈴（いよんにょん）は、国家が要求する「家族」像の問題点に

ついて、戸籍制度との関連に触れている。この節では、婚姻制度の基底となるにもかかわらず、同性婚の議論においてこれまでほとんど踏み込まれることのなかった戸籍制度の問題点について検討していくこととしたい。

法学者の二宮周平〔➡183頁〕は、「明治」期以降の、近代国家成立後の戸籍制度の成立と展開を考察するなかで、太平洋戦争前と比較して、戦後は法制度が大きく変わったにもかかわらず、旧来の「家」意識が根強く残存してきたことを指摘する。戦後、家制度は法的には廃止されるに至った。その上、現行民法には「家族」を定義する規定は存在しない。しかし、それにもかかわらず、性別役割分担などの「家」意識が根強く残っているのが現状である。

二宮は、たとえば、「選択的夫婦別氏制度や個人単位の登録制度を主張」する人びとが声を上げれば、それに対して「必ず「家族の絆」を弱めるものだ、「家族がばらばらになる」」という反論」が出てくることを指摘する〔二宮、二〇〇六、四九頁〕。そして、このような状況が生み出される原因のひとつとして、「家」意識を「温存する装置」として戸籍制度があることを指摘する〔前掲書、五二頁〕。

ここで指摘されているような「反論」だけではなく、つぎのような事例も挙げられるだろう。たとえば、異性間での婚姻の場面でも、「入籍」という表現が用いられることはいまだ多くある。現行の婚姻制度では、婚姻届を提出した場合、当事者二人の新戸籍が編製されるため、法律上は一方が他方の「籍に入る」ことはない。それにもかかわらず、「入籍」という言葉は残りつづけている。また、日本の場合、複合姓やその他の姓の選択が認められていないため、当事者のうちのいずれかの氏を名乗ることになる。法律婚を選択する異性間カップルのうち、九〇％以上が男性の氏を選択するという現実がある。法律で定められているわけでもない、にもかかわらず、である。ここからも、男性の氏を継承するという社会的慣習が残存していることがわかる。この社会的慣習と同時に、先の「入籍」という表現が用いられ、女性が男性の「家」に「嫁入り」するという感覚がいまだに残っている。

実際問題として、日本国籍をもつ人びとのうち大多数は、日常生活のなかで戸籍制度を意識せずに生活している。しかし、二宮が指摘するように、「明治」期に民法によって規定された「家」意識が残っており、それを温存する装置としての戸籍制度が、わたしたちの生活のなかには意識的ではなくとも浸透していることがわかる。そしてまさに、その「家」意識自体が、一対の夫婦（男女）を中心に権力関係を介在した異性愛の結合を基盤としてつくられ、維持されてきたことに、注意しておく必要があるだろう。同性間パートナーシップという結びつきは、その発想自体、そもそもがその制度からは排除されてきたのである。

また、日本には、住民基本台帳と戸籍簿という二重の国民管理システムが存在する（さらには二〇一五年秋よりマイナンバー制度も加わる）。これらを一本化できない――あえて一本化しない――ことの背景も含めて、戸籍制度については、これまでにも多くの問題点が指摘されてきた。

たとえば、家父長制を温存する装置であること、差別——性差別、婚外子差別、部落差別、外国人差別など——の温床となっていること、天皇制と不可分の制度であること、などである。[10]

戸籍制度とは、身分関係登録のシステムであるということが、これまでにも日本政府によって説明されてきた。しかし、戸籍研究者の佐藤文明は、日本の戸籍制度が身分関係登録以外の機能をもち、それゆえに「差別の温床」となってきたことを、そのシステムの内部から読み解いてきた。

たとえば、外国人や皇族の例が挙げられる。外国籍の場合、戸籍に入れられることはない。そのため、日本国籍保持者と外国籍の人が婚姻関係や親子の関係にある場合、身分証明は戸籍のみでは不可能である。

また、皇族の場合、戸籍簿とは別に、「大統譜」（天皇・皇后）や「皇統譜」（それ以外の皇族）が存在する。ここで浮かび上がってくる疑問は、なぜ、これらの人びとを分けなければならないのかという点である。佐藤はこの点から、戸籍が身分関係登録のみならず、ほかに目的をもつ装置であることをあきらかにする。天皇制と戸籍制度はパラレルなものである。しかし両者はただ同列に並ぶものであるのではなく、「序列」のなかに配置され、相補関係にある。たとえば、皇室典範は、皇族が「皇統譜」から脱し、戸籍に編入されることを「臣籍降下」と明記している。現行の皇室典範は、皇族からの離脱を女性のみにしか認めていないが、〝一般民間人〟との婚姻関係を結ぼうとするとき、まずは戸籍を作成しなければならない。この作業を「臣民」に「降下」するものとして把握しているということだ。

この「臣籍降下」という表現が示すように「戸籍と皇統譜との関係」は明瞭である［佐藤、一九九六、二二三頁］。すなわち、「大統譜」や「皇統譜」は、「臣民」の登録簿である戸籍の上位に位置づけられるものであるということだ。

この関係性から、佐藤は、戸籍簿が「天皇にまつろう者」が登録されるシステムであることをあきらかにする。佐藤によると、天皇制における「臣民」存在をあきらかにし、その「臣民」を「家」として組織することが目的であるのだ［同書、二六頁］。そこでは「天皇制社会を支配する者は除外され」、外国籍住民のように「天皇制の支配に服さない者（まつろわぬ者）も除かれる」。このような戸籍制度は、「天皇制の支配に服す者（まつろう者）だけの登録簿」としての機能をもつものである[11]［佐藤、一九八八、三七頁］。

先述したように、多くの人びとにとって、戸籍制度は日常的に意識されていない権力装置でもある。そのため、天皇制を中心とした「差別の温床」であるとの佐藤の指摘は、多くの「ま

10―― 以下、佐藤文明の著作を中心に参照しながら戸籍制度の問題点を検討していく。ほか、戸籍の歴史とその社会的な影響については［遠藤、二〇一三］に詳しい。

つろう者」にとってリアリティをもちえないものなのかもしれない。まさにそのような日常が、「まつろう者」にとって、戸籍制度が巧妙に国民管理システムとして維持されている土壌にもなっているといえるだろう。

　そのような「まつろう者」の日常のなかで、同性婚を求めるという行為も遂行されている。そこで遂行される行為は、婚姻制度に則るという点で、これまで述べてきた問題をもつ現行の戸籍制度を、意識的であれ、無意識的であれ、肯定するものである。もちろん、すでに「日本人」として生まれた時点で出生届が提出され、日本国籍を与えられていること自体が、戸籍制度を肯定する行為ではある。しかし、ここでの問題は、出生時に登記されることと、婚姻制度に則ることとを比較した場合、後者はその人自身の意志によって選択する行為であるところに大きなちがいがある。その意味において、婚姻制度にもとづく結婚は、たとえ社会的慣習に支えられた上での無意識の行為であったとしても、実質的にはその人自身の選択行為であり、種々の問題点が指摘されてきた戸籍制度に則った婚姻制度を補強して再生産することになるという点は否定できない。

　だが、「差別の温床」として指摘されてきた戸籍制度に則った上で、同性婚を認めるべきだとする主張もありうるだろう。他者の不利益を横に置いて、みずからの利益を追求するという行為は、ある人びとによって倫理的に問題化されたとしても、第三者が強制的に止めることはできないし、口出しすることもはばかられることがあるからだ。ただ、ここで検討したかったたことは、このような問題点さえも追求されないままに「法的家族」としての承認を国家に求めつつ、しかしその「家族」を規定する制度についてはほとんど関心をもたない動きがはらんでいる問題性（暴力）である。自分たちのコミュニティに、戸籍制度によって不利益を被っている人びと――被差別部落出身者や婚外子、外国人など――を内包しているにもかかわらず、その制度の問題にさらされることの少ない人びとのみが遂行していく行為、そして遂行しようとしない行為については、これらの制度の問題も含めて、詳細に検討していく必要があるだろう。

戸籍制度への〈抵抗〉の事例

これまでみてきたように、戸籍制度は多くの問題をはらんでいる。これらを問題として感得した場合、生活実践にどのように結びつけていくことが可能なのだろうか。

たとえば、これまでにも、戸籍制度にもとづく婚姻制度の問題に気づいた人びとが、「非婚」

11―― 以上の佐藤文明の考察から、戸籍制度をめぐる三重構造が浮かび上がってくる。その図式のみを素描すると以下のとおりである。①戸籍から除外されるもの（非登録者＝「排除」対象）：在日外国人（帝国時代の創氏改名や現行の「帰化」システムの問題）、皇族、②歴史の途中から戸籍に同化を強いられたもの（＝「同化」対象）：近代国家成立以前に植民地化された人びと＝アイヌ、琉球民族（沖縄、奄美）、③戸籍内にありながら有徴化されるもの（＝「差別」対象）：被差別部落出身者、婚外子。

という選択を実践してきた例もある。性差別や婚外子差別の観点から実践されるものもあれば［善積、一九九七］、外国人差別や天皇制への反対運動などにかかわるなかで実践されるものもある［八幡、一九九六］。具体的には、日本国籍をもつ人びとが異性間でのパートナーシップを育むときに、現行の婚姻制度に問題を感じ、あえて婚姻届を提出せずに「非婚」を選択するのである。また、そのなかには、子どもの戸籍を作成せず、行政交渉の結果、住民票のみを獲得してきた人びともいる。[12] かれらは婚姻関係に特権的に与えられている利益を放棄することにもなる。すなわち、リスクを負っての抵抗の行為でもある。

ただ、法律婚をせずに婚姻制度に則らない関係性を模索したとしても、「男－女（夫婦）－子」というユニットを維持するなかで、その形式が周囲から「家族」として認識されることにより、「結婚」関係に包摂されて解釈されることもある［本多、二〇〇四、一九頁］。というのも、婚姻届を役所に提出しているか否かは、プライベートなことであり、生活上ではみえにくいことでもあるからだ。また、「非婚」という立場を採用したとしても、すでに異性間の事実婚には、さまざまに婚姻に準ずるような権利を獲得してきた歴史があり、役所などにおいても婚姻に準ずるかたちとして包摂されていくこともある。この点では、異性間であろうと同性間であろうと、関係性を問いなおすことをめぐって、共通の課題が横たわっているといえる。

このような「非婚」の取り組みの多くは、異性愛主義という規範をも問う作業として、長期にわたって明示的に行なわれてきたわけではない。むしろ、パートナーシップの構成が異性同士であることが前提とされてきたのではないだろうか。しかし、二〇〇〇年代に入ってから、婚姻制度のもつ異性愛主義をも含めて問題化する動きがつながりはじめた［本多、二〇〇四］。同性間パートナーシップの法的保護を求める動きは、あちこちに点在していた取り組みが互いに結びつきはじめている。しかし、異性愛者たちの「非婚」の動きと異性愛主義を問う動きとは、いまだ集合行動には至らず、点在している現況（げんきょう）ではある。この点在する動きをつなぎ、取り組みを拡げていくことが、複数の差別問題のあいだにある溝（みぞ）を架橋（かきょう）していく機会にもなるのではないだろうか。

12――日本の住民登録は戸籍に記載される者を対象とするため、原則として、戸籍がないと住民票は作成されない。しかし、実際には住民基本台帳は自治事務とされているため、自治体の職権によって特例的に住民票を作成するという救済措置（そち）が行なわれている。また、パスポートも戸籍がなければ発行されないが、二〇〇七年より外務省が日本人との親子関係の確認などの要件を満たすことによって特例措置を行ない、発行されるようになった［遠藤、二〇一三、八－九頁］。

「反婚」の思想と実践

「反婚」の射程と位置

婚姻制度の問題点を理由として婚姻届を提出しない「非婚」の動きと、同性間パートナーシップの法的保護を求める立場への批判的主張とを架橋する試みとして、「反婚」という概念から考えてみたい[13]。

「反婚」とは、字義通りには、「婚」への「反対」を意味する。では、「反婚」の射程はどこにあるのだろうか。まずはその輪郭を示しておくこととしよう。

「婚」とは、いわゆる「結婚」が想定されているわけだが、ここでは制度としての「婚姻」とそれ以外に分類してとらえてみたい。国家による承認（法制度）と社会的・文化的承認に分類し、

ひとまず下記に、**表1**として整理しておく。

まず、〝つがい〟を法的家族として保護すること。制定・執行の主体は、国家とは限らないケースもあるが、ここでは法制度という枠組でとらえられるものを想定しておきたい。これらのなかには、①婚姻制度や、②パートナーシップ制度（ドメスティック・パートナーシップ制度、シビル・ユニオン制度、など）がある。

また、このような法的家族としての承認以外にも「結婚」として把握されるものはある。「社会的・文化的承認」としての出来事である。たとえば、③「結婚しました／しています」と周囲に伝達すること、披露宴などのイベントを行なうことなどが想定される。また、④結婚式という儀式が行なわれることも「結婚」のひとつの重要な事項であろう。結婚式という儀式には宗教が介在することが多い。[14]

あらたな「家族」の形成を周囲に伝達する機会として結婚式が執行されることは多いが、それが儀式として行なわれる点は興味深い現象である。というのは、時間と空間を日常——「俗」なる

表1 「婚」の4類型

(1) 婚姻	① 国家による承認(a)：	婚姻制度
(2) 結婚	② 国家による承認(b)：	パートナーシップ制度
	③ 社会的・文化的承認(a)：	他者への公表／伝達
	④ 社会的・文化的承認(b)：	儀式・宗教的要素

場——とは隔絶し、異なる空間を設定することによって、儀式は遂行されるからだ。儀式には、日常と異なるという意味での「聖性」の付与が意図されている。④が③と異なるのは、この「俗」なる場から隔絶した空間の演出がある点だ。このように、結婚式は、具体的な宗教の形式で実施されるケースが圧倒的に多いだけではなく、儀式を執り行なうという点において宗教的な要素が介在している。たとえ宗教を介在させない人前式においても、「俗」なる空間とは隔絶した空間の演出がほどこされるのである。

以上のような「婚」には、基本的に〝つがい〟であり、かつ長期的な関係が継続することが奨励されるべきこととされる。それに対して「反」という立場をとることは、そのような終身モノガミー制度〔➡139・211・223・238頁〕や、その規範の再生産もしくは強化に対して疑義をもつ、反対する、批判的立場をとる、ということが想定されうる。

「反婚」の位置と可能性

同性間パートナーシップの法的保護をめぐって、「反婚」の輪郭をもう少し明確にするため、ふたつの軸を立てて考えてみたい。ひとつには、国家の介入／承認を積極的に求めていくか、もしくはそれを求めないかという方向性がある。もうひとつには、既存の制度に同調するか、もしくはそこからは距離を置こうとするかという方向性がある。これらの方向性を軸にすると、次々頁の**図1**のような四つの象限を得ることができる。また、それぞれの象限には以下のような類型が当てはまる。

Ⓐ家族関係承認（介　入）志向＋既存制度〈親和〉志向　＝**同性婚の制度化**
Ⓑ家族関係承認（介　入）志向＋既存制度〈解体〉志向　＝**パートナーシップ制度**
Ⓒ家族関係非承認（非介入）志向＋既存制度〈親和〉志向　＝**養子縁組制度の利用**
Ⓓ家族関係非承認（非介入）志向＋既存制度〈解体〉志向　＝**「反婚」の位置**

13――　たとえば、「反婚」をテーマのひとつとして活動してきたグループに「陽のあたる毛の会」がある。二〇〇八年には京都で「ハッピーアンチ・ブライダル・パレード〝反婚おめでとう！〟」（一〇月十三日）を開催している。同会はこの時期、婚姻制度の問題点についてイラスト入りでわかりやすくえがきだしたパンフレットも発行した。もちろん、ほかにも、婚姻制度や文化的承認としての「結婚」などに反対する動きのなかで「反婚」という言葉が使われてきた可能性もあるので現時点で最初の動きとして断定することはできないかもしれないが、同会は「反婚」という言葉を顕在化させたひとつの重要な取り組みでもある。また、「反婚」という言葉は使われていないものの、ウーマン・リブのなかでも婚姻制度についての問題性は指摘されてきた。たとえば、『女・エロス』第一号〔一九七三年〕には「婚姻制度をゆるがす」が特集されている。

14――　ここでは、宗教における「結婚」の歴史や現状については踏み込まない。しかし現在、商業ベースの結婚式の圧倒的多数がキリスト教形式であるように、宗教に無関心であるといわれる日本において、儀式としての「結婚」に宗教が大きく関与していることにも注目する必要がある。

まず、Ⓐには、異性間に限定される現行婚姻制度を同性間にも拡大していく手法ととらえれば、「同性婚の制度化」が当てはまる。法的家族を婚姻によって承認させ、法制度に組み込んでいくという方法である。つぎにⒷには、婚姻制度という既存の制度ではなく、別立ての制度を策定していく立場として、「パートナーシップ制度」を例として挙げることができる。パートナーシップ制度を推進する人びとのなかには「既存の異性愛中心の、また「家」単位の家族観に立脚した婚姻制度」に代わる「あらたなパートナーシップの形」としてとらえる視点が存在する［赤杉ほか、二〇〇四、一一頁］。これらⒶとⒷの共通点は、法制度によって法的家族としての保護を求めると同時に〝つがい〟を基盤とした関係性を求める立場であり、そこではモノガミー規範が前提とされているといえる。

また、国家による介入への〈抵抗〉志向として

図1　同性間パートナーシップの保護をめぐる「反婚」の位置

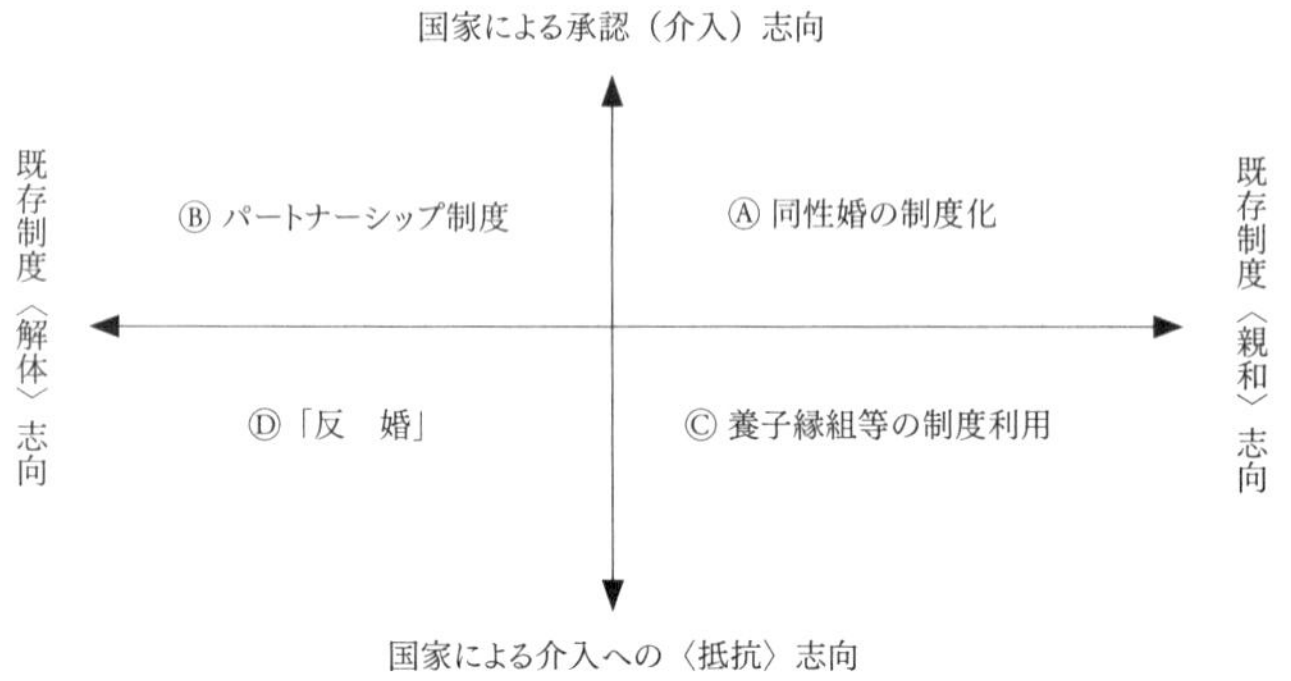

位置づけたⒸには、「養子縁組制度の利用」を例として挙げた。もちろん、ここでは明示的に抵抗を選んだわけではない人びとも含まれる。しかし、婚姻制度やパートナーシップ制度とは異なり、成人同士の養子縁組については、戸籍上は「親子」関係として把握される。そこでは法的家族としての権利と義務は付与されるが、性愛を含みうる親密な関係性〔パートナーシップ〕をもつとは、制度上みなされない。そのため、法制度を利用する以上、国家の介入は否めないものの、パートナーシップ関係であることは明示されないので、ひとまずは〈抵抗〉志向として位置づけてみた。

これらⒶ〜Ⓒとは峻別される立場として、Ⓓに「反婚」を位置づけることができる。

これらの立場のいずれを採用するかの分岐点として、たとえば、法的家族としての承認を求めることと、そもそもモノガミー規範という社会規範を根源的に問いなおすことが想定されうる[Fraser, 1998]。前章でみた清水雄大の「戦略的同性婚要求」[⬇212頁〜]は前者に、そして筆者のような立場は後者に分類されるだろう。国家にどのように対峙していくのか、もしくは国家をどのように利用していくのか――場面によって、さまざまな構想がありうる。

制度の狭間を活用すること

しかし、実際に「反婚」の主張をしたとして、具体的に挙げられている不利益に資することもなければ、ニーズに応答することもできていないという批判もある。婚姻制度が諸権利を獲得するパッケージとして把握されるとき、その便利さゆえに、同性間への適用が求められてきた経緯もある。しかし実際には、婚姻関係にはなくとも、現行制度で活用できるものはあるし、その点が詳細に考慮されてこなかった点にも注意しておく必要がある。「**法的保護をめぐる論点整理**」の節［⬇217頁］では、「同性間パートナーシップの法的保障に関する当事者ニーズ調査」の結果から、現在の日本における具体的なニーズの存在をみてきた。そこでニーズとして挙げられていたなかで、現行制度でも、「法的家族」でなくとも使える社会的資源はある。◀15

また、法的に「家族」が対象とは限定されていない制度もある。たとえば、片山知哉は、日本の場合、「現行法上も医療判断について血縁家族が代理同意できるという根拠は法制度上存在しない」と指摘する。「にもかかわらず、現在医療機関では、今でも本人以外に家族に同意を求める「慣習」が根強い」［片山、二〇〇七］。片山の議論は、医療現場での困難が克服されえていないことを示してもいる。というのは、医療側にもさまざまなリスクを回避する必要があり、そのときに利用されるのが法的家族という枠組でもあるからだ。しかし実際には、同性パートナーや友人が、面会謝絶の状態に立ち会ったり、手術等の同意書にサインしたりしているケースはいくつも存在する。法的に規定されていない以上、法的家族以外でも介入できる場合もあるし、また現に介入してきた事例もあるということだ。◀16

ほかにも、法的家族ではなくとも権利要求を行なうことができる場面は少なくはない。この点については、永易至文が、これまでの社会運動や行政交渉、また個別の調査の結果、かなり詳細に論じている［永易、二〇〇九］。医療の場面のみならず、企業などの家族手当、忌引休暇などは法的に定められてはおらず、個別交渉も可能であるし、そもそも法的家族が権利・義務をもっと明記していても、実際には何を意味するのか定義されていない制度もある。永易が指摘するように、実際に動いてみることで得られる権利も存在するのだ。

　永易は実際に調査しながら著書を書き上げた後、以下の三点を強調している。①だれもが法や制度についての重要性を認識し、具体的な知識をもつこと、②法や制度について、だれかに

15―― たとえば、病院への救急搬送時に救急車に同乗できないという不安が語られることがあるが、これは誤解である。また、介護休暇や看護・入院時の面会権なども交渉の余地なく法的家族に限定されていると思い込まれているケースが多い。

16―― たとえば、わたし自身がかかわってきた活動に、第Ⅲ部で考察する「信仰とセクシュアリティを考えるキリスト者の会（ECQA）」の相談業務がある。もちろん、場所や関係性によって大きく異なるが、メンタル面での問題から薬物大量投与などのために救急搬送された人びとの付き添いや面会などに呼ばれたことは、これまで何度もあった。医療従事者からは法的家族を呼ぶことが求められることもあるが、それが不可能な状態を説明するなどの介入をしてきた経験もある。というのは、セクシュアル・マイノリティであるということで親とは絶縁している人もいるし、法的家族が来ることによって、搬送された人が余計に混乱をきたしたり、体調を悪化させたりする深刻なケースもあるからだ。これらの緊急対応についての経験はいずれまとめたいと考えている。

任せっきりにするのではなく、みんなが取り組み、その模索と実践結果をみんなで交流させあい、共有すること、③想像力のスパンを広げ、つねに自己を相対化しながら、より普遍的な発想やタフな構想力を鍛えること、この三点である。さらに永易はつぎのように警告する。「いたずらに不安を口にするまえに、あるいは海外の同性婚やパートナーシップ法に憧れたり、日本にそれがないことを嘆いたりするまえに、現在の法や制度はどうなっているのか、そこでどこまでできるのか、できないのならなにが変わればできるのか、そもそも自分はなにを求めているのか、これらのことをハッキリさせ、そこから確実な歩みを具体的に進めることが大事」である、と[永易、二〇〇九、一八三―一八四頁]。

ただし注意しなければならないことは、永易は、現状で使えるものを提示しつつ、なおかつ、なにがしかの法による保護を求めていくことの必要性をも述べているという点である。そのため、「反婚」を提唱する本書とは、異なる立場ではあるだろう。しかし、ここでわたしが強調しておきたいことは、実践例をもとに、それぞれの知見と経験を共有する可能性もあるのではないか、ということである。それは、同性間パートナーシップの法的保護を求める人びとの経験であると同時に、たとえば異性間パートナーシップを育みつつ「非婚」の立場を遂行するなど、ほかの社会運動が蓄積してきた経験でもあるだろう。このような経験――不利益を被っていると認識した人びとが具体的に動いてきた経験――は、なぜ、結びついてこなかったのだろうか。そこに横たわっている分断をこそ、みつめていくこと、そして可能であれば境界を越境して架橋（かきょう）することにより、使える現行制度を利用していく可能性を模索することも必要なのではないだろうか。

断絶の時代につながりを求めて

この第6章では、同性間パートナーシップの保護を求める動きをめぐって、その議論と日本の社会制度がはらむ問題についてみてきた。日本の文脈における問題として、婚姻制度の基底（きてい）に戸籍制度の問題がある。また抵抗行為のひとつとしての「非婚」の動きを踏まえた上で、あらたな試みとしての「反婚」を考えてきた。

これらの流れをみることで、同性間パートナーシップを育む人びとが既存（きそん）の社会運動に連動して社会制度に抵抗すべきだ、ということを主張したいのでは、ない。繰り返しになるが、わたしの問題関心は、婚姻制度の基盤として戸籍制度が存在しているにもかかわらず、日本の同性愛者をはじめとするセクシュアル・マイノリティの社会運動——それはたんに「活動」と言い換えておいたほうが良いのかもしれない——においては、あまりにもこの戸籍制度という日本独自の社会制度に対して無頓着・無関心であったという点にある。その背景のひとつとしては、法的保護を求める、おもに同性愛者にかかわる「活動」のなかでは、国家という枠組の問題を射程に入れて批判的に議論する機会が極端に少なかったという点も指摘できるだろう。

たんに同性間パートナーシップの法的保護を推進するというベクトルのみに進む状況の手前でいったん立ち止まり、議論する必要のあるいくつかの問題を本章では提起してきた。「法的家族」としての権利を求めることは、わたしたちの生活をすべて良い方向へと導いていくとはかぎらない。法的保護は、義務を課せられ、管理されることでもある。また人びとのあいだに、あらたな境界線を生み出すことでもある。そのような法制度のもつ限界性を踏まえること、そしてそこで生じる他者排除の問題に立ち止まり、境界を越境する社会運動の可能性を構想すること——同性間パートナーシップの法的保護を求める動きも、もし社会運動のひとつであるととらえることができるのであれば、これまでに存在してきたほかの社会運動と課題を共有することによって、現代社会を生き抜く資源をみいだしていくことができるのではないだろうか（もちろん、すでにある知見や経験を、異なった文脈で共有することは、時間や労力のかかることではあるのだが）。

また、越境的な社会運動の可能性を模索することは、複合的な要素で構成される〝わたし(たち)〟の内部をみつめていく作業でもある。とりわけ、同性間パートナーシップの法的保護を求める動きのなかで、誰が他者として不可視化されてきたのか、そしていまも不可視化されているのかを振り返りつつ、そこに交錯しつづけるさまざまな人びとのあいだの相互批判の場を生み出していく取り組みにもなりうるだろう。

さまざまな側面を複数の視点から考察して実践していくことは、困難で時間と労力のかかることではある。しかし、社会制度のなかに生きる人間の営為は複雑であるからこそ、こうもいえるのではないだろうか。多様な複数の〈アイデンティティ〉や問題意識が交錯する地点——〈アイデンティティーズ〉——に、より多くの人びとの〝より豊かな生〟を構想する契機を生み出していく試みも可能になるのだ、と。その可能性を追求していくことは、困難を補ってあまりあるのではないだろうか。

第III部 コミュニティ
人びとのあいだで

第7章

〈コミュニティ〉形成とその〈アイデンティティ〉

〈コミュニティ〉とは何か

〈アイデンティティ〉が育まれていく――たとえ暫定的な足がかりとして、であっても。自分自身を問う作業の足がかりをかたちづくっていくためには、いったい、どのような資源が必要になるのだろうか、もしくは、有効なのだろうか。

すでに第**1**章「**いま、〈レズビアン・アイデンティティ〉を語ること**」では、岡野八代の言葉を参照しつつ、「他者との関係」によって、「自己の輪郭」がかたちづくられていくことをみた[➡38頁]。他者（たち）との関係性のなかでさまざまに繰り返される相互行為を経て、〝わたし〟は、かたちづくられていく。そして、さまざまな人びととの関わりのなかで、「自己の輪郭」は、つねに変化して

いくのだ。他者（たち）との関わりは、その一人ひとり、そのつどそのつど、異なるのだから。他者（たち）からみたときに視覚的な指標が存在しない〈レズビアン〉にとって、誰かとつながるためにみずからを可視化する方法として、〈カミングアウト〉という社会的行為がある。第4章「**社会的行為としての〈カミングアウト〉**」においては、レズビアンにとっての〈カミングアウト〉は、存在しないものとして不可視化された状況からの脱却――抹消への抵抗――として、また、異性愛男性による異性愛男性のためのポルノグラフィ表象における歪められたイメージからの脱却――性的存在としての過剰な意味づけへの抵抗――として機能することを、すでにみてきた[⬇119頁]。

かつて、レズビアンであることを表明したミュージシャン笹野みちるは、「カミングアウトとはゼロになること」だと表現した[笹野、一九九七、文庫版あとがき]。マイナスの状態からゼロの地点に戻すこと――負のラベルが貼りつけられた状態から、とりあえずの出発点に立つこと。そして、そこから歩みはじめること。そのためには、まず、不可視であるがゆえに互いに出会うことのできない〈レズビアン〉たちは、他者（たち）とつながっていくことが必要になる。つながりは、どのようにして可能になるのだろうか。この章では、つながりを生み出すためのひとつのプロセスとして、人びとが集まる場――コミュニティ――に注目してみたい。

そもそも、コミュニティとは何か。

「コミュニティ」は多義的な言葉である。たとえば、社会学においては従来、「コミュニティ」を、「伝統的な家族共同体、氏族共同体、村落共同体」など、個々人が自由な意思で選択する以前の「宿命的」な存在として、全人格的に結ばれあいながら存立する社会として定義していた［見田、二〇〇六、一七―一八頁］。または、「近隣社会、小規模な町、あるいは空間的に拘束される地域社会など、小規模集団を基盤にした特定の社会組織を指すのが常であった」という［Delanty, 2003＝二〇〇六、五頁］。つまり「コミュニティ」は、地縁・血縁のような〝生得的〟という意味にとどまらず、顔のみえる関係にもとづく共同性が想定された言葉であった。その構成員にとって、いわば、いくばくか所与のものとみなされてきた関係性のことである、ともいえるだろう。

しかし、社会学においても、このような狭隘な意味内容に限定してコミュニティを論じることなど、もはやできないのが現状だ。というのは、こんにち、所与の関係性から離れて、人びとによって「選び取られたコミュニティ」も、たくさん存在しているからである。

社会学者のジェラード・デランティは、「コミュニティ」概念の変遷を辿るなかで、つぎのように述べている。

> 古典的な社会学者たちはコミュニティの消滅を確信していたのであるが、事態はそれとは著しくかけ離れている。コミュニティは今日の社会・政治状況の中で復活を遂げつ

つあり、世界的規模でルーツ探しやアイデンティティの探索、帰属に対する欲求を生み出している。

［Delanty, 2003＝二〇〇六、三頁］

「古典的な社会学者たち」の予測に反して、コミュニティは、「消滅」への道筋を辿ることはなかった。それどころか、かたちをかえて「復活」を遂げつつある、というのが、デランティの見立てだ。

ここでデランティは、地縁・血縁などのつながりだけでなく、「コミュニティ」の意味をさらに拡げて解釈している。たとえば、「ルーツ探しやアイデンティティの探索、帰属に対する欲求」というように。つまりは、〈アイデンティティ〉も、コミュニティをかたちづくるひとつの重要な要素としてかぞえられているのだ。

たとえば、セクシュアル・マイノリティが集まる場にも、コミュニティという言葉が使われてきた。このような場も、「選び取られたコミュニティ」のひとつである。レズビアンであること。それぞれが、日々の寝食の場や職場や学校から出かけていき、レズビアンであるという〈アイデンティティ〉をとおして集まること。あるいは、「レズビアン」を名として集まること。では、なぜ、かのじょ（たち）は、その場を「選び取る」のだろうか。

従来のコミュニティ——家族や地域など——は、異性愛を前提とした規範のうえに成り立っている。それゆえ、レズビアンが〝異質な〟存在としてみずからを語りはじめるとき、従来のコミュニティという場では、レズビアンは、幾重にも不可視化され、抹消されてしまう恐れがある（このことはすでに述べた［⬇28～・56～・64～・119～・138～・149～・200頁～］）。集まれる場がなければ、日々を生き延びる戦略をみいだすことができない場合もある。居住地域や職場や学校から直接的もしくは間接的に排除されたり、適応できずに自己が引き裂かれたりする場合もある。とすれば、レズビアンにとっての「選び取られたコミュニティ」は、自己を損ねる場からの〝逃げ場〟ともなりうる。また、直面している「不承認や歪められた承認」への抵抗の足場となって、「押しつけられた［…］破壊的アイデンティティ」［⬇55・56頁］をみずからのうちから取り去るための模索の場ともなりうるだろう。

ひきつづき、「選び取られたコミュニティ」について考察していくために、ここでいくつかの議論をみてみよう。

合州国でレズビアン・コミュニティの調査に取り組んだスーザン・クリーガーは、かつて、レズビアン・コミュニティを「レズビアンを第一義に編成されたゆるやかな社会的グループ」と定義した［Krieger, 1983: xi］。しかし、クリーガーは、「社会的」という規定について、踏み込んだ内容を示してはいない。そこで述べられているのは、むしろ、つぎのようなレズビアン・コミュニティの特徴である。すなわち、「人びとが、ときには、おたがいに鏡のようなイメージとして他者をとらえたり」するような場である、と［Krieger, 1983: xv］。

かのじょ（たち）は、従来のコミュニティ（家族や地域など）のなかで、異質な存在としての自己を発見し、レズビアンであることをとおして集まる場、あるいは「レズビアン」を名として集まる場――レズビアン・コミュニティ――へと出かけていく。かのじょ（たち）が選び取ったコミュニティへと。そこでは、エンパワメントされるような共通の〈アイデンティティ〉を確認することもあるだろう。逆に、その場に集う人びと――他者――や、醸成される雰囲気に、違和感をもつこともあるだろう。

クリーガーが、レズビアン・コミュニティにみいだすのは、「自己の像を映し出す鏡」としての機能である。映し出される姿は、そのときに置かれている状況によって、異なってみえるはずである。とすれば、そもそも、そこでかたちづくられる「レズビアン」としての〈アイデンティティ〉は、いつでも同一の像ではなく、揺れを含む像にちがいない。

レズビアン・コミュニティとは何か、という問いに応答するとすれば、つぎのように言い換えられるだろう。レズビアンが不可視であったり、抹消されたりする社会のなかで、「レズビアン」を名として集まった人びとが、他者と出会うことによって、自己との共通点やちがいを確認する場。従来のコミュニティ（家族や地域など）の場から出かけていくことによって、「レズビアン」という名をめぐる相互作用が生み出される場。そこに集まる人びとが、まさにその相互作用のただなかで、自己の輪郭を問い直すために逡巡する場。つまり、レズビアン・コミュニティという場は、それぞれの〈アイデンティティ〉が行き交い、複数の〈アイデンティティーズ〉がときに交錯し、ときに集積していく場なのであり、重層する動的なプロセスでもあるのだ。プロセスとしての〈コミュニティ〉でもある、ということだ。

しかし、「選び取られたコミュニティ」だとしても、そこでの人間関係が日常の場へと変遷していくことも、けっして少なくはない。友人関係や恋人関係、パートナーシップ関係（家族共同体）へと、かたちをなしていくこと、かたちをかえていくこともあるだろう。また、家族があろうとなかろうと、友人どうしで近隣に居住する場合もある。そして、地域共同体へと、かたちをなしていく場合もあるのだ。つまり、既存のコミュニティから出かけていって、「選び取られたコミュニティ」にアクセスし、その場からさらに、かたちをかえていって、既存のコミュニティとして定義されるような関係性をかたちづくっていく場合もある、ということだ。そのような意味でも、コミュニティ自体も、揺れを含みつつ機能しているといえる。

（ここでは詳細に踏み込まないが、日本ではこれまでにも、「レズビアン」を名とした場づくり――バーやサークル、学習会など――、ミニコミ誌の発行、また一九九〇年代半ば以降に拡大したインターネットを利用した交流など、さまざまなレズビアン・コミュニティが発展してきた[1]。しかし、「レズビアン・コミュニティ」という言葉を用いることは、もうひとつの問題をはらんでしまう。とくに一九九〇年代以降の日本には、レズビアンのみに限定された空間がつくられてきたことは、ほとんどなかったからだ。そこにはつねに、レズビアンとバイセクシュアル女性とが、ともにコミュニティを形成してきた経緯があった。▼2 この点についてはもっと語られていく必要があるだろう。）

1――一九九〇年代から二〇〇〇年代にかけては、本書でも何度か引用した［掛札、一九九二］のほか、［出雲、一九九三］、［笹野、一九九五（→一九九七）、一九九八］、［池田、一九九九］、［尾辻、二〇〇五］、［堀江、二〇〇六］など、レズビアンとして生きる人びとの著作が連続して出版された時期でもあった。これらはコミュニティからの影響を受けて生み出されたともいえるだろう。日本の〈レズビアン・コミュニティ〉については、関西および東京で活動してきたレズビアンたち（出雲まろう、原美奈子、つづらよしこ、落谷くみこ＝名前はいずれも当時のもの）による座談会［出雲ほか、一九九七］、一九七〇年代以降のコミュニティを紹介した［久田、一九九〇］、［広沢、一九九〇］などの著作がある。さらに、レズビアンをめぐるいくつかの重要な出来事を取り上げて分析した文献に［飯野、二〇〇七］がある。また、一九七〇年代以降から二〇〇〇年代までの「レズビアン」たちの歩みを三つの時代に区分し、その傾向性について［堀江、二〇〇七］で考察した。

2――ゲイ男性が「ゲイ」という属性に特化してコミュニティを形成してきたケースが多かったことと比較して、レズビアンとバイセクシュアル女性［➡89頁］たちとの協同が起こった背景として考えられるのは、ひとまず、つぎの二点ではないだろうか。①顕在化するレズビアンの数が圧倒的に少ないこと、②性や欲望にかかわるジェンダー差異――女性の性をめぐる規範の問題――があるため、そもそも性的指向を自覚しにくいこと、である。ただ、バイセクシュアリティを、レズビアンやゲイ男性のコミュニティが、不可視化したり排除してきた歴史は確実にある。バイセクシュアリティの不可視化や排除の問題は、これまでにも批判されてきたことは忘却してはならない。

ここでもうひとつ、〈アイデンティティ〉と〈コミュニティ〉をめぐる問いを立てておこう。〈レズビアン・アイデンティティ〉は、〈レズビアン・コミュニティ〉のなかだけで、かたちづくられていくものなのだろうか。

「レズビアン」を名として集まる場であっても、もちろん、レズビアンという名づけを引き受けた人びとだけが、その空間を共有しているわけではない。わたしたちはすでに、アイデンティティは揺らぎうるものだということを確認してきた[⬇88〜・149頁〜]。「レズビアン」という名のもとに集まる人びとも、それぞれ異なった背景をもって生きているはずだ。自分を「レズビアン」だと自認している人びともいれば、「レズビアン」なのかもしれないと感じている人びともいる。また、「レズビアン」という名づけをいったん引き受けながら、しかし、その名に必要性がなくなり、手放す人びともいるのだ。

また、異性愛を規範としたうえに成り立っている既存のコミュニティから出かけていく先の「選び取られたコミュニティ」には、「レズビアン」というたったひとつの看板が掲げられているわけではない場合もある。まさに、一人の人間が複合的なアイデンティティの集積なのであれば、複数の名によって重層的にかたちづくられる「選び取られたコミュニティ」が必要な場合もある。

そこで、つぎの節では、具体的なコミュニティの事例を取り上げていきたい。取り上げるのは、複数の名によって重層的にかたちづくられる「選び取られたコミュニティ」のひとつ——

日本のキリスト教系のコミュニティだ。わたし自身が設立にもかかわり、従事してきたコミュニティでもある。極めて個人的な経験かも知れないが、わたし自身の〈レズビアン・アイデンティティ〉をかたちづくってきた、場のひとつでもあるのだ。

〈コミュニティ〉形成のポリティクス

キリスト教系の〈コミュニティ〉形成

さて、キリスト教の事例を取り上げるわけだが、宗教と同性愛（者）は相性が良くはないと思われることが多い。とくにキリスト教の場合、同性愛者に対する排他主義を強力に先導してきた動向もみられる。▼3「キリスト教は同性愛（者）を受け入れることができるのか」という問いをめぐり、賛成派・反対派の議論は拮抗している状態にもある。

宗教研究者でもあるメリッサ・ウィルコックスは、この問い自体が「同性愛者たちの頭上を飛び越えた議論」であると批判する［Wilcox, 2003］。議論の射程にある当事者たちが、対話の主体と

して設定されないことへの批判である。たしかに、「受け入れるか否か」という議論自体が、すでにいるはずの人びとをなきものとして扱っている、とも読むことはできる。ウィルコックスは、実際のコミュニティへと分け入り、そこで起こっている事柄や、生きている人間存在を考察することにより、対話の主体を取り戻そうとするのである。

具体的にコミュニティの実践事例をみていくこととしよう。

日本にも、いま、セクシュアル・マイノリティをめぐるキリスト教系コミュニティは、いくつも存在する。ここで取り上げるのは、現存するなかで最も活動の歴史が長く、京都を拠点とする「信仰とセクシュアリティを考えるキリスト者の会（ECQA Ecumenical Community for Queer Activism／一九九四年八月設立）である。[4]

ECQAは、①セクシュアル・マイノリティが安心できる場づくり、②セクシュアル・マイ

3——物理的にヘイト・スピーチやヘイト・クライムの対象とするだけではなく、たとえば、誰かが死へと至るとき、葬儀の妨害などを行うことにより、人びとが死者との別れの儀式を執行する〈弔い〉を阻害するケースもある［堀江、二〇一四b、二〇一四c］。

4——日本のキリスト教系のセクシュアル・マイノリティに関するコミュニティや、ここで事例として取り上げるECQAの活動については［堀江、二〇〇六b］で記したので参照いただきたい。また、いくつかのコミュニティにおける方向性のちがいについては［堀江、二〇〇八b］で考察した。

ノリティへの差別を（再）生産するキリスト教のなかで差別に抗う力を育む場づくり、という二本柱を立てて活動するコミュニティである。これらの目的のもと、①情報収集と情報発信、ニュースレターやブックレットの発行、②ピア・サポート、③例会（聖書研究）や読書会の開催、④学習会などへの発題者派遣等の活動が行なわれてきた。[5]

ＥＣＱＡの出発点は、一九九四年八月、ＨＩＶ／ＡＩＤＳ関連の人権運動に従事する人びとの呼びかけによって、京都で「祈禱会」が開催されたことにある。この「祈禱会」には、レズビアン、ゲイ、バイセクシュアルの六名が、各地から集まることとなった。

この「祈禱会」をきっかけとして、関西在住者を中心に、同年一一月には「セクシュアル・マイノリティと共に祝うクリスマス礼拝」準備会が発足した。「共に」と表現されたのは、参加資格をセクシュアル・マイノリティに限定しておらず、異性愛者も加わっていたためである。クリスマス礼拝（同年一二月一六日／於：クラッパードイン）では、カナダ・トロントにあるＰＷＡ（People with AIDS＝エイズと共に生きる人々）のホスピス「Casey House」のダグラス・グレイドン司祭（カナダ聖公会）が礼拝メッセージを担当した。

その後、恒常的に集まりをもちたいと考えたメンバーたちにより、月一回の例会が開始された。集まった人びとのあいだでは、それぞれの教会や信仰生活、自分史、セクシュアリティ、家族のことなどをテーマとした、語り合いが積み重ねられていった。とくに、例会に集うメンバーたちからは、その場に辿り着くまでの孤立感が語られた。

その孤立感の背景には、つぎのような事情が横たわっていた。一九九〇年代半ば、都市部にはセクシュアル・マイノリティのコミュニティが存在し、〝仲間たちと出会う〟場所は増えはじめていた。しかし、そういった場所であっても、教会や信仰生活について語り合うことは困難であった。このような困難は、キリスト教人口が一％未満というように、少数者である日本において特徴的な境遇であろう。

集まった人たちの抱える、それぞれの孤立感の経験から、さらなるネットワークの必要性が確認され、情報発信も重要な柱のひとつとして取り上げられることとなった。まだインターネットが普及していなかった時代のことである。翌年（一九九五年）、「信仰とセクシュアリティを考えるキリスト者の会」を仮称としてニュースレターの発行が開始されることとなった。

ＥＣＱＡから派生したグループとして、「ビアン伝道所」という教会が活動していた時期があった。「ビアン」は、「レズビアン」の略称として、日本のレズビアン・コミュニティでしばしば使われてきた言葉である。この「ビアン」という名称が選ばれた理由は、「同性愛者」として一括されることの多いレズビアン／ゲイのうち、レズビアンの不可視性が問題化されてきた

5―― 対外的な活動の中心である紙媒体のニュースレターは、おおむね年三～四回を目標とし、各号一二〇部が発行されている。また、例会や読書会は休止中である（二〇一五年五月現在）。活動の中心は「ピア・サポート」にある。詳細は次章にて考察する。

経緯から、可視性を求めるという意図があった。また、牧師がレズビアンであったこと、語呂の良さも、採用の理由となった。

「ビアン伝道所」は、現在記録に残る限りでは、日本ではじめてセクシュアル・マイノリティの人権を第一義のテーマとして掲げた教会でもあった。集会場所使用について日本基督教団京都教区の支援を受けていたこともあり、将来的には、同教団の教会として申請する目標が立てられていたが、一九九八年から二年間の活動の後、休止することとなった。▼6

経験の共有

さて、ＥＣＱＡに話を戻すと、このコミュニティが恒常的に活動するようになったのは、キリスト者のセクシュアル・マイノリティたちが〝安心して集まれる場所〟――居場所――を確保することが目的となったからであろう。その目的は、安心できるという経験の共有であるとも言い換えることができる。

社会学者のケン・プラマーは、コミュニティが形成されるためには、経験を語る場が重要な役割を果たすと述べている。プラマーによると、語りが交わされるためには、「聞いてもらうコミュニティがなければならず、聞いてもらうコミュニティにとっては、その歴史やアイデンティティや政治をいっしょにつくりあげるストーリーがなければならない」のである［Plummer, 1995＝一九九八］。

ＥＣＱＡやビアン伝道所のようなコミュニティは、それまで誰にも語れなかったことを「語る」場、であるとともに、他者の語りを自身の経験と照らし合わせて「聴く」場でもある。この語り－聴く場が、参加する人びとにとっての居場所として、活発に生み出されていったのである。居場所のなかでかれらは、「語る」ことと「聴く」ことの相互作用をとおして、個々人が置かれた状況の共通点やちがいに気づいていく。そして、自己の輪郭を問いなおし、それまで抱いていた孤立感を緩和し、みずから内面化してきた自己に対する蔑視を克服するプロセスを、それぞれの人がそれぞれの仕方で、ちがいや揺れをもちながら共有（あるいは分割）していく。

　このような、自己の輪郭を問いなおすプロセスが重ねられていくことによって、あらたなコミュニティの経験に輪郭が与えられていく。すなわち、個としての〝わたし〟からはじまる経験が、集団／共同としての〝わたしたち〟の経験へと、重ね書きされていくのである。居場所をつくる取り組みは、それぞれの場で生き、個々のセクシュアル・マイノリティ（たち）が孤立化しないために、機会と場を提供する集合行動でもあるといえる。

6――「ビアン伝道所」活動休止の理由は、①日本基督教団という組織の抱える諸課題を担うことについてメンバー間のコンセンサスがとれなかったこと、②ゲイ男性が多くなったことにより、名称と照らしあわせると皮肉なことではあるが、レズビアンやバイセクシュアル女性たちが参加しづらくなったという声が存在したことである。これらの点について話し合いが重ねられたが、意見の相違に決着がつかず、休止されることとなった。

このようなピア・サポートを中心としてきたＥＣＱＡが、その活動内容を大きく転換する時期が訪れた。一九九八年、日本基督教団[7]（以下、教団と略す）における「同性愛者差別事件」である。この「事件」を概観しておきたい。[8]

一九九八年一月、日本のプロテスタント教派のなかで最大の日本基督教団の常議員会（総会閉会時の政治議決機関）において、同性愛者であると表明したゲイ男性が教師（牧師）検定を受験することがあきらかになった。それに対して、「簡単に認めるべきではない」との発言が起こった（伊藤瑞男常議員〔当時〕によるため、「伊藤発言」と呼ばれることとなる）。この発言に対してはさらに、「差別である」との抗議が殺到し、発言の撤回を求める声が挙がった。しかし、事態は収拾せず、さらにその年の総会（一九九八年一一月）には、同趣旨の文書が議場配布される事態を迎えた（「東京教区　大住雄一」〔当時〕と署名されていたため、「大住文書」と呼ばれることとなる）。

「問題」とされたゲイ男性は、その後、検定試験に合格して牧師となったが、問題はそこで終わったわけではなかった。「伊藤発言」・「大住文書」という、すでに起こってしまった「差別事件」に対し、常議員会や総会において、発言や文書の撤回や、出来事の問題性、さらに責任の所在を検討する協議会の開催が要求されつづけたからである。これらの「差別事件」に対する異議申し立ては教団執行部にはほとんど聞き入れられることはなく、後に、性差別問題の担い手である女性たちによって、全国的な抵抗運動として展開されていくこととなった。学生時代から性差別問題の担い手のグループにいたわたしも、抵抗運動のなかで闘いを経験すること

7――　日本基督教団の歴史背景を簡単に述べておく。教団は二度の「合同」を経て現在に至る教派である。まず、出発点についてはふたつの見解がある。一九四一年、戦時下翼賛体制のなか、①戦前からプロテスタント・キリスト教諸派が「一致」を求めていたという機運がありつつ、②国家総動員体制のなかで大日本帝国政府が宗教諸派に「一致」を求めた結果、教団はひとつの教派として出発した。「宗教団体法」（一九三九年成立）によって、プロテスタント諸教会、三〇余の教派が合同し、（旧）日本基督教団が設立された。その後、同教団は戦争協力へと邁進していく。設立総会（一九四一年六月二四、二五日）は、「国歌」斉唱、「宮城」遥拝、出征・戦没将兵への黙禱によってはじまった行事であった。歴史神学者である土肥昭夫は、歴史史料から、時代背景のなかで当時の「文部省との折衝で求められた「信徒の生活綱領」を教団規則に加え、「皇国ノ道ニ従ヒ」、「皇運ヲ扶翼シ奉ル」ことを表明」する設立総会となったことをえがきだしている［土肥、二〇〇四、一一六頁］。そして、「綱領」どおりに、戦時中には、戦闘機奉献のための献金運動をはじめ、植民地への皇民化政策の尖兵としての役割を担うこととなった。

また、（旧）教団設立時に九州教区沖縄支教区として位置づけられた沖縄の諸教会からは、太平洋戦争の激化により、「本土」から赴任していた牧師たちが総撤退した。敗戦後、施政権が米軍へと委譲されたとき、（旧）教団は、一方的に沖縄諸教会の登記を抹消している。その後、沖縄で独自に教会形成を行なっていた諸教会は、「沖縄キリスト教連盟」（一九四六年）、「沖縄キリスト教会」（一九五〇年）、「沖縄キリスト教団」（一九五七年）へと変遷しつつ、地域共同体を育んできた［平良、一九九三、二一三頁］。そして、沖縄キリスト教団と（旧）教団とは、一九六九年二月二五日に「合同」することとなった。しかし、名称は「日本基督教団」であることからも示されるように、沖縄キリスト教団の諸教会は、沖縄教区として組み入れられたのみであった。そのため、この「合同」が対等なものではなく、その後、とらえ直しの必要性が議論されるようになった。教団執行部の対話拒否により、第三三回教団総会（二〇〇二年一〇月）以降、沖縄教区が教団との距離を置いたまま、現在に至っている［cf 竹内、二〇〇五、二〇〇七］。

8――　この「同性愛者差別事件」やその後の抵抗運動の詳細については、［堀江、二〇〇六b、第2部］に記した。

となった。すでにみずからの立場を表明していたレズビアン当事者の牧師として。

ＥＣＱＡは、これらの動静のなかで、直接的な抵抗運動に参与することを標榜していくこととなった。先に挙げた活動の柱が明文化されたのも、この時期である。つまり、「安心して集まることのできる場づくり」とともに、「(再)生産される差別に抗う力を育む場づくり」が活動のもうひとつの柱として明記されることとなった。それまでにも、家族や教会、職場や学校など、既存のコミュニティのなかで個々人が受けてきた攻撃や排除、差別や抑圧の出来事があった。それらの出来事の多くは、いわゆる泣き寝入りさせられる結果となってきた。そもそも、異議を申し立てるという行為自体が、攻撃や排除、差別や抑圧の被害者に、より大きな負担と犠牲をもたらすことになるからだ。ひとつの教派で「同性愛者差別事件」が問題化されることにより、抵抗の集合行動が起こったことで、後に、キリスト教のなかのセクシュアル・マイノリティたちも、その抵抗運動に参加していくきっかけがつくられたといえる。

このように、差別に直面させられたとき、それに対する抵抗のプロセスのただなかで生み出されていく、抵抗主体としての〈アイデンティティ〉も存在しうるだろう。風間孝［➡58・79・121・151・196・201・228頁］は、一九八〇年代の日本における、エイズ・パニックと「エイズ予防法案」への抵抗のなかで、ゲイ男性のなかに起こった変化をつぎのように述べている。

> エイズという実に多義的な現象に直面したことは、日本の同性愛者たちがアイデンティティを獲得していく上での端緒となった。それによって否応なく自分たちの同性愛という性的指向の一つの個人的な「趣味」や性行動としてだけではなく、一つの政治的な問題として考える方向に進んでいった。
> 〔風間、一九九七b、四〇五頁〕

「エイズ予防法」は、結局、成立した。では、反対運動は、失敗に終わったのだろうか。風間は、「エイズ予防法」が成立したという結果ではなく、反対運動というプロセスに注目する。日本基督教団の「同性愛者差別事件」も、その後、差別発言が撤回されたわけではないし、教派としての問題解決に至るような糸口さえもみいだすことができない状況に陥った。しかし、抵抗運動のただなかから、たとえ少数であっても、キリスト教のなかでセクシュアル・マイノリティが声をあげていくきっかけと、その経験が継承されていくための関係性とが、育まれていった。異性愛主義を問う、という課題を担う関係性、である。

さて、この時期のECQAのもうひとつの大きな変化として、セクシュアル・マイノリティではない会員が増加したという出来事があった。教団の「同性愛者差別事件」をめぐる全国の情報を収集し、ニュースレターで情報発信する作業に力を入れていたことが、支援の輪が広がっていくチャンネルになったのである。

立ち位置のちがい

しかし、先に述べた抵抗運動の形成も、セクシュアル・マイノリティの当事者のあいだでは、けっして簡単な取り組みとはならなかった。一九九八年当時、顔のみえる関係性のなかで集まった、同性愛者やトランスジェンダーの当事者である信徒や牧師のあいだでは、対応策をめぐって意見がふたつにわかれた。教団の「同性愛者差別事件」への異議申し立てから抵抗運動へと変遷していった流れに積極的にかかわるべきだという立場と、さまざまな背景の人びとが集まっているので「政治的な事柄」にはかかわるべきではないという立場とである。

結果的には、キリスト教のなかにいるセクシュアル・マイノリティ当事者たちの「声」を集めて公表するという、共同作業を行なうことはできた。しかし、「声」のリーフレット作成者たちのなかで合意がえられなかったために、「差別」という言葉は使われず、「日本基督教団を始めとするあちこちのキリスト教会において、同性愛をはじめとする様々なセクシュアルマイノリティのことが話題になっています」という表現が使われている▼9［堀江、二〇〇六b、一九六－一九八頁、強調、引用者］。

この立ち位置のちがいについて、①「個別信仰志向型」、②「社会運動志向型」として分類してみたい。「差別」という言葉は使うべきではない、「政治的な事柄」には積極的にかかわるべきではない、という立場を「個別信仰志向型」、自分たちの置かれた状況を問題化し、抵抗運動に積極的に参加すべきだ、という立場を「社会運動志向型」としておく。

まず、①「個別信仰志向型」についてみていこう。

ここで、英国でゲイ・クリスチャンをインタビュー調査した社会学者、アンドリュー・イップの議論を参照したい。イップは、調査対象のゲイ・クリスチャンたちのほとんどが、教会の同性愛者に対する態度にあきらめを感じ、既存(きそん)のキリスト教会とは距離を置いていると指摘する。[10] しかし、そのようなあきらめの態度は、キリスト教そのものに向けられる諦観(ていかん)ではない、とも述べている。

9――　ここで「あちこち」と記されているのは、個別の教会で起こっている問題のほか、在日大韓基督教会で起こった「レズビアン差別事件」も念頭に置かれていた。この「事件」は、青年会がレズビアンの牧師を講師として招請しようとしたところ、担当の牧師や長老から、①講師変更の要請、②会場使用の拒否、③「(同性愛者を)認めるくらいなら死ぬ」などの「差別発言」が起こったことで、問題化されたものである。後に、事実確認会が実施され、報告書が発行されている。詳細は［堀江、二〇一〇e、二〇一二］で考察した。

10――　イップは六〇名に対して、①質問票によるアンケート調査、②一人あたり七〇分の面談、これらの方法を採用している。対象者の平均年齢は四二・九歳で、一年以上のパートナーシップを形成している人びとに限定された。このうち一〇名は長年にわたって教会へのコミットメント(礼拝出席など)がない人びとである。

ゲイの多くにとって宗教的な信念は「個人化された霊性（spirituality）」のかたちをとっている。それは広義には、また名目上は、キリスト教に導かれている個人的な信仰である。しかしかれらは教会に受容を求めているのではない。教会が肯定も受容もしないために、ゲイ・クリスチャンは既存の教会からは物理的にも精神的にも距離を置く。にもかかわらず、かれらは霊的なかかわりとしてのキリスト教から距離を置いているわけではないのだ。［Yip, 1997: 122］

教会のもつ、異性愛主義という規範や、あからさまな同性愛（者）嫌悪に直面し、疲弊したゲイたちは、もはや「教会に受容を求めているのではない」とイップは指摘する。しかし、かれらは、既存の教会とは距離を置いてはいるものの、キリスト教への関心は失ったわけではない。つまり、かれらが、教会という集団と、信仰対象としてのキリスト教とをわけて認識していることがわかる。かれらにとっての信仰生活――「霊的なかかわり」――とは、教会という、人びとが集まる場において共同で育まれるものではなく、個人化された内省として経験されるものである。人びとの集まりでは損なわれる自分と神との関係を、個人的なかかわりとしてもちつづけようとしているのである。

また、ゲイであることを表明し、エイズ・アクティヴィズムにも携わってきた神学者のロバート・ゴスは、合州国の状況を論じるなかで、つぎのように述べる。

キリスト教の言説や制度的な実践は、おびただしい数のゲイやレズビアンたちによって拒絶されている。その根幹には家族の痛みや社会的・政治的抑圧があるからだ。にもかかわらず、ゲイ・レズビアンのコミュニティはスピリチュアルなものを求めている。

［Goss, 1993: xiv］

ゴスもまた、レズビアンやゲイが、既存の教会から排除されるがために教会を拒絶している様子を指摘している。しかし、組織としての教会は拒否したとしても、かれらは「スピリチュアルなもの」をなおも求めている。ここでもまた、教会という場が、かれらにとって信仰生活をいとなむ場ではないと認識しながらも、信仰の場としてのキリスト教を失ってはいないことが示されている。

イップやゴスが指摘するのは、教会から直接的・間接的に排除されてもなお、神との関係を確認する営為——「信仰」——を育もうとする人びとの存在である。かれらは、教会とは直接的に対決しようとはしない。言い換えれば、教会のもつ差別性を問うことや、教会がそれを克服するために行動することを、選ばない。それもまたひとつの選択であるのだ。

このような議論は、先の「同性愛者差別事件」に向き合う際の立場のちがいを考えるうえでも示唆的である。自分のセクシュアリティのあり方も含めて、個別的な経験を共有（分割）することのできる〈コミュニティ〉があれば、その場所で、自分と神との関係を育んだり、確認したりする可能性が開かれる。そのため、かれらは、教団の「同性愛者差別事件」に対して、あえて直接的行動を起こす必要はないと判断した、と考えることもできるのではないだろうか。

つぎに、②「社会運動志向型」についてみていこう。

ＥＣＱＡは、教団の「同性愛者差別事件」に対し、抵抗運動へと参与することとなったが、その多くは、それまで性差別問題を担ってきた（異性愛の）女性たちとの連帯のなかで生み出された動きであった。抵抗運動においては、人的な資源が重なったという要素もあったのだ。さらに加えて、あたらしく、性差別と同性愛者差別の共通点の「発見」が、大きな動因として露わになることとなった［谷口、二〇〇二］。

たとえば、つぎのような「発見」が主張された。キリスト教が、異性間の結びつきである「結婚」を神聖化し、儀式によって「結婚」を権威づけてきた歴史をもっている、との指摘［本多、二〇〇四］。「結婚」という制度が、性差別と同時に同性愛者差別の要素をもつものである、との指摘など。

とりわけ興味深いのは、このような連帯活動によって、多くの異性愛者の女性たちがＥＣＱＡを支援し、会員となった点である。その結果、かのじょたちの多くが、〝同性愛者「の」問題〟について考えるという当初の姿勢から、〝異性愛主義という問題〟を問うという姿勢へと変化していったのである。

また、同性愛者のメンバーも、自分のセクシュアリティのあり方から出発し、それを抑圧する教会や社会の構造へと、問題意識を変化させていった。変化のプロセスにおいては、個別の「信仰」を深めるということや、自分と神との関係を構築もしくは確認することよりも、キリスト教のもつ規範を問題化することに照明があてられることとなった。

「個別信仰志向型」では、既存の教会の態度にあきらめを感じてはいるものの、しかし、個人的な内省として信仰を重視する人びとの姿がみられた。かれらは、繰り返される差別的言動に対する抵抗を選択しない。衝突のリスクを回避して、神と自分との関係性を築こうとする。

他方で、「社会運動志向型」では、起こった出来事を「差別事件」として問題化することにより、差別の実態を浮かび上がらせる人びとの姿がみられた。かれらは、差別への抵抗を選択し、その背景にある規範——異性愛主義——をあぶりだすなかで、自己の属性を超えた連帯活動を生み出していった。

セクシュアル・マイノリティと、キリスト教という枠組——たとえこれらふたつの名を共有していたとしても、「個別信仰志向型」と「社会運動志向型」のあいだには、大きな溝があることに気づかされる。その立ち位置のちがいを明確にする境界、そのあいだに引かれた境界線は、しかし、何を重要視するのかという、たんなるベクトルのちがいでしかないのかもしれない。少なくとも、教団の「同性愛者差別事件」をめぐる動きのなかでは、ある時期まで両者は、たとえ一時にすぎないとしても、共有されたコミュニティのなかにあり、互いに対話を積み重ねようとしてきたのだから。

異なりを表出する〈コミュニティ〉

この第7章では、〈アイデンティティ〉をかたちづくる資源としての〈コミュニティ〉を考察した。人は、従来のコミュニティ（家族や地域など）において、他者（たち）との関係を育んでいくなかで、他者（たち）とは異質な自己に気づくとき、「選び取られたコミュニティ」へと出かけていくことがあるかもしれない。

そのひとつであるレズビアン・コミュニティは、ただ「レズビアン」を名として人びとが集まる場所にすぎない。とはいえ、〈レズビアン・アイデンティティ〉を醸成していくのに、〈レズビアン・コミュニティ〉が有効な手立てとなりうることもあるのだ。そして逆に、必要でなければ、そこから離れることもあるのだ。かのじょ（たち）は、他者（たち）とは異質な自己に気づいてみずからの輪郭を問いなおすとき、〈レズビアン・コミュニティ〉のなかで、他者との共通点とともに、ちがいをも、みいだしていくことになるだろう。

一人ひとりが、自己のなかにいくつもの〈アイデンティティ〉を抱えて生きている。異なった背景や経験ゆえ、モノの感じ方や行動の仕方も、そしてそれらを表出する方法も、一人ひとり、異なり、ときには衝突が生じることもある。その衝突もまた、〈コミュニティ〉をとおして、他者との共通点やちがいをみいだすような、境界を越境するきっかけになることもあるだろう。つまりは、衝突もまた、「自己の輪郭」をえがきだす手立てとなっていくのだ。そして、境界線に気づくとともに、それを越境する試みもまた、始動するのだ。

この章では、まずは〈レズビアン・コミュニティ〉をえがきだすために、キリスト教系のコミュニティでの衝突を、ざっと概観してみた。つぎの章では、もう少し踏み込んだ事例をもとに、〈コミュニティ〉をかたちづくるときの、さらには、コミュニティで活動していくときの困難さについて、詳しくみていくことにしたい。

第8章

〈アイデンティティ〉の共有の困難と可能性

〈コミュニティ〉実践の戦略 ── ECQAの事例から

寄せられる声

ニーズとしての〈通過点〉

〈コミュニティ〉の不可能性と可能性

個人化／私事化する〈アイデンティティ〉

「ピア・サポート」を支える会員組織

〈コミュニティ〉実践の戦略的可能性

アンビバレントのなかにある可能性

〈コミュニティ〉実践の戦略

——ECQAの事例から

前章「**〈コミュニティ〉形成とその〈アイデンティティ〉**」でみてきた、「同性愛者差別事件」への抵抗運動が下火（したび）になりはじめた二〇〇〇年代中盤に入り、ECQAの日常的な活動の中心は、ピア・サポートへとうつっていった。この章では、前章での考察をリレーしていくために、このピア・サポートの活動を中心に、コミュニティをかたちづくるときの、さらにはコミュニティで活動していくときの、困難と可能性について考えていくこととしたい。

寄せられる声

ピア・サポートとは、同じような立場（属性や年齢、経験など）にある人びとのあいだで相互援助の関係をつくっていくことである。ＥＣＱＡの場合、キリスト教とセクシュアル・マイノリティというふたつの軸をもとに「ピア」が形成され、一九九四年の設立とともに開始された。[1]

しかし、組織立てて開始されたわけではなく、当時、キリスト教にかかわるセクシュアル・マイノリティのネットワークがほとんどないなか、人づてなどで声が集まり、いわば自然発生的に活動が開始されたのである。初期（一九九四〜九八年）は、①月一回のペースで開催された例会での参加者たちによる相互サポートを行なう場面と、②郵便、電話、メールなどをとおして事務局（代表者）に問い合わせや相談が入ることによって、一対一のサポートが行なわれる場面という、ふたつの方法が活用された。しかし、例会活動の中止にともない、二〇〇〇年以降は、後者の方法でのみ実施されている。[2] 以下、②の活動を中心に、その内容からかいまみえるニーズをみていくこととしたい。[3]

1——例会の活動中断後に実施されている一対一の「ピア・サポート」は、相談担当者が牧師であり、相談者の多くが信徒である。この状況とそこでのニーズを踏まえると、「ピア」として位置づけられるのかどうかは検討の余地がある。いわゆる「牧会カウンセリング pastoral care」という位置づけもできるだろう。つまり、牧師という職責にある者が、おもに信徒であるクライアントの声に傾聴する場を設定することによって、クライアントが自力で自尊心や力を回復していくプロセスに宗教者として立ち会う、寄り添う、という手法である。この章では、このような点で留保を付けつつ、これまでの活動のなかで使用されてきた「ピア・サポート」という言葉を用いることとする。

これまでに寄せられてきた相談内容を整理すると、つぎの四つのパターンにわけることができる。

Ⓐ **孤　立**――
「周囲に相談する人／大人がいない」

Ⓑ **身体的・精神的暴力**――
「カミングアウトしたことにより、親からの暴力を受けることになった」
「家から出て行けと言われた」

Ⓒ **信仰的葛藤**（かっとう）――
「なぜ生きなければならないのか」
「神はわたしに生きろと命じているのか」

Ⓓ **宗教という場への期待**――
「真面目（まじめ）な話をする場所がほしい」

それぞれのパターンをもう少し詳しくみておこう。

ＥＣＱＡの設立へと至る歩みは、まず、日本社会において同性愛者の人権運動が高まりはじめた頃に、市民運動で出会ったキリスト者たちによる取り組みに端（たん）を発する。かれらは、自分たちの信仰や教会生活なども含めて、話し合う場（語り－聴く場）が必要であると感じていた。その動機には、点在する個々人の「孤立」、つまりⒶの要素をみてとることができる。

では、その後の二〇年余り（ECQAは一九九四年に設立）を経たいま、そのような「孤立」は解消されたのであろうか。とくに都市部であれば、さまざまなセクシュアル・マイノリティのコミュニティは存在する。しかし、宗教が特殊な営為とみなされることの多い日本社会のなかで、キリスト教にかかわる人びとが、〝一般社会〟――キリスト教会以外の社会――のなかで、信仰や教会生活についての体験を分かち合う機会は、それほど多くはない。いや、ほとんどない、かもしれない。つまり、現在も、「孤立」状態は依然として横たわりつづけているといえる。都市部であれば、と記したように、もちろん、地域によっても大きくちがいはある。

たとえ周囲に話のできる人たちがいる恵まれたケースであったとしても、たとえば、同年代の友人たちの均一なコミュニティに限定されていて、人生経験を自分よりも多く積んでいる（と相談者が判断する）多様な世代の人たちと出会う機会をもっていないこともある。このような状況も、先に述べた形態Ⓐとは異なるものの、「孤立」の感覚として語られることがある。

2――対応者は一名。基本的に、二四時間・三六五日体制ではある。しかし、曜日や時間を設定しているわけではないので、対応者が動けるときに動く、という方式でもある。

3――以下の事例については、ECQAの活動記録を用いる。

一九九〇年代以降、現在に至るまでのセクシュアル・マイノリティをめぐる状況は、大きく変化した。自分のセクシュアリティについて友人に語ることができる状況にある人びとが増えたことも、その変化のひとつであろう。とりわけ、現在の大学生世代の場合、首都圏や近畿圏では、在籍する大学を超えたネットワークが存在し、自身がセクシュアル・マイノリティであることをあきらかにして集まることのできる場がつくられている。このような状況をみるとき、一見、セクシュアル・マイノリティたちにとって、自分の生き方を表明しやすい環境が生み出されてきているとも考えられる。しかし、世代が異なる人びととのあいだで、とくに家族のなかで、衝突(コンフリクト)が起こるケースも、けっして少なくはない。「身体的・精神的暴力」が起こっているケースⒷも存在するのだ。キリスト教の人びとのあいだでは、この暴力が惹(ひ)き起こされる直接的原因を探求するための手がかりとして、聖書テクストが参照され、キリスト教を信仰することとセクシュアル・マイノリティであることとが、相容(あいい)れないあり方として、後者が否定されたり、拒絶されたりする場合もある。

また、他者(たち)から信仰的理由によって否定/拒絶されるのみならず、自身の信仰とアイデンティティが相容れないがゆえに、強い葛藤(かっとう)を起こしているケースも多い。ときにはこのような「信仰的葛藤」Ⓒによって、自己否定へと追いやられ、みずから命を絶つ、もしくは絶とうとする寸前にまで、追いつめられる場合もある。

以上のパターンは、その人自身が、もしくは家族などの身近な人びとが、キリスト教にかかわっているケースである。これに加えて、ＥＣＱＡに寄せられる声には、「宗教という場への期待」Ⓓが含まれていることもある。〝一般社会〟のセクシュアル・マイノリティのコミュニティに参加してみたものの、そこではポジティブなストーリーやコミュニケーションが求められ、なかなかネガティヴな内容を分かち合うことができなかったという経験をした、信仰とは関係のない人びとのケースである。

かれらは、こんなことを期待する――宗教者であれば、ネガティヴな、暗い話であっても、真剣に自分の話を聴いてくれるであろう、と。もちろん、キリスト教に興味をもち、実際に既存の教会を訪れてみると、その場で、同性愛者に対する嫌悪的な態度、排他的な雰囲気に直面した、というケースも少なくはない。

さらには、ＥＣＱＡに連絡をとる相談者の多くは、〝元気になったら去っていく〟という傾向もみとめることができる。

ニーズとしての〈通過点〉

〝元気になったら去って行く〟人びと――かれらの多くは自分自身が「問題」だと感じていた事柄に折り合いがつけば、ＥＣＱＡという〈コミュニティ〉に関係をもつことはなく、継続して活動に参加することもない。これは、多くの人びとにとって、「ピア・サポート」の場は通過点として機能しているということでもある。

相談者が、自分や周囲の人びと、環境との折り合いをつけるために、「ピア・サポート」の場に求めていることは、相談者自身の語りに傾聴すること、寄り添うことである。必要に応じて、ときにカウンセリングなどの相談機関、病院などの医療機関、教会などの宗教機関等の情報提供や紹介が行なわれることもある。しかし多くの人びとは、具体的なアドバイスを調達することを目的としているのではない。むしろ、相談者自身が日々の生活においてみずからを語ることができない状況のなかから、聴き手を求めているともいえる。そして、みずからの思いを語ることによって、自分自身との折り合いをみいだしていくことが、「ピア・サポート」における相談者の内省プロセスとなる。

このような関係性を踏まえると、いまのＥＣＱＡの「ピア・サポート」は、相方向的なベクトルをもつ「対話」型の関係性であるとはいえないことに気づかされる。むしろ、求められているのは、自己回復力をサポートする場の提供であり、いわゆるカウンセリングの臨床場面と類似した〈支援－被支援〉の関係性である。聴き手が牧師であることもひとつの要因として機能しているだろう。語り手が牧師に求めている役割は、宗教的なリーダー（もしくは導き手）という立場でもあるのだ。

語り手と聴き手のあいだで成立しているかのようにみえる「ピア・サポート」は、「対話」として対等な関係性を生み出しているのではない。あくまでも〈支援－被支援〉の関係性のなかにある。それゆえ、長期的にみれば、「支援」を求める相談対話者たち——被支援者たち——の多くは去っていく。内省プロセスをいったん終えた時点で。また、そのような相談者たちのあいだに相互関係が生まれることは、ほとんどない。

このような「ピア・サポート」の現場を考察すると、果たして、ECQAは〈コミュニティ〉として成立しているのか、という疑問が生まれてくる。

なぜ、ネットワークづくりを目的とするコミュニティの活動のなかで、人びととの出会いのきっかけとなるはずの「ピア・サポート」は、通過点としてしか機能しないのか。ここにはふたつの理由があるのではないだろうか。つまり、①ピア・サポートやカウンセリングという場それ自体がはらむ問題、そして、②キリスト教の集団が独自に抱える問題、である。後者については、本書では踏みこまず、前者の課題をつぎの節でみていくこととしよう。

〈コミュニティ〉の不可能性と可能性

これまでにみてきたECQAの「ピア・サポート」が、人びとの通過点として機能している側面について、その背景を少し掘り下げていくこととしたい。

個人化／私事化する〈アイデンティティ〉

ECQAの活動目的は、前節「**「コミュニティ」実践の戦略**」で述べたように、セクシュアル・マイノリティのネットワークづくりとともに、キリスト教会における差別問題に対する抵抗主体を立ち上げていくという点にある。つまり、キリスト教のなかに差別を生み出す「体質」があることを自省（じせい）的に振り返りつつ、キリスト教を内在（ないざい）的に批判することを活動のひとつとしている

のである。しかし、〝元気になったら去っていく〟人びとのなかには、このような「あらたな断絶」を生み出す取り組みは、不要であるとの意見もある。

たとえば、「ピア・サポート」を経て会員になったRの言葉をここで取り上げておきたい。Rは地方都市に住むキリスト者である。当時、自身は「レズビアン」であるとの自認をもっていたが、周囲に相談できる人がみあたらなかった。そのため、インターネットでみつけた情報から、ECQAが事務局を置く京都を訪れることによって「対話」がはじまった。その後、メールのやりとりで「ピア・サポート」が継続された。Rが会員になったのはその最中である。三年間、会員としてニュースレターの購読をつづけたRは、翌年の会員更新を行なわなかった。その後、「会員をやめる」との連絡が事務局に送られてきた。つぎのような言葉とともに。

> ECQAの皆さんはあまりに教団に捉われすぎていて、ちっとも自由じゃないな、と感じます。〔…〕そんなところは超えちゃいましょうよ。神様が（あるいは主イエスが）どう言われるか、にだけ耳を傾ければいいのに。[4]

4――『ECQAニュースレター』第五九号／二〇一〇年三月三一日、一〇―一一頁。

現代の日本におけるキリスト教のあり方に対して、批判や問題提起を行なう記事が多かったことの、Rの違和感が表されている。たとえば、いくつかの教団で行なわれている反差別の取り組みや、キリスト教が（異性間の）「結婚」を奨励してきた歴史に対する批判などに対し、Rは違和感をもちつづけてきたことを記してもいる。

Rが「神様が（あるいは主イエスが）どう言われるか」と表現している内容は、聖書というテクストからの解釈である。内容は明示されていないのだが、キリスト教を内在的に批判しようとする営為が「神様が（あるいは主イエスが）どう言われるか」をくみとっているものではないと、とらえられている様子は伝わってくる。かのじょは、現実にある差別の問題にこだわるよりも、それを「超えちゃいましょうよ」と呼びかける。しかし、聖書にえがかれているテクストを解釈しようとするとき、かのじょが置き去りにしていることは、同じく聖書がレズビアンを排除するレトリックとしても利用されてきた点である。一面しかみないことで、キリスト教を問いなおす、多様な解釈を開くという意味での抵抗主体の形成は、しかし、Rにとっては違和感として感得されたのである。

さらにRは、同じ文章のなかで「とても簡単なことを難しく考えてるみたいで、私、居心地悪いです。そんなこんなで、続ける気を失くしました」と、退会理由を述べている。

「難しく考えてる」ために「居心地が悪い」という表明は、おそらくは、レズビアンであることとキリスト者であることとの葛藤のなかから抜け出すことによって、日常のなかに折り合いをみいだしたがゆえに生まれた感覚であったのだろう。このような自己充足の感覚のなかで、Rは「事を荒立てる」ことへの違和感を表明するに至ったのである。

「ピア・サポート」が、コミュニティ活動の広がりにつながっていかない事例は、ほかの差別問題に対する取り組みにおいてもみられる現象である。

たとえば、顔にあざや傷のある人びとのネットワークづくりである「ユニークフェイス」の活動をつづける石井政之は、活動の当初から継続していた「ピア・サポート」の限界性を、ふたつの側面から語っている。ひとつには、「当事者たちが陥りがちなコミュニケーション上のトラブル」として起こりうる「不幸比べ」の問題であり、もうひとつには、代表者としてマスコミ等に登場する機会が多くなっても会員数が増えることには結びつかなかったという現実である〔石井、二〇〇九、一九〇―一九一頁〕。

前者については、「ユニークフェイス」という共通点をもって集まった人びとのなかに、それぞれの置かれた背景のちがいが横たわっているという個別性・単独性（in-dividual）の問題があるだろう。「ユニークフェイス」という点では共通していたとしても、それが、どの程度、その人自身にとって深刻な問題となりうるのか（主観的問題）と同時に、どの程度、目立つ外形なのか（客観的問題）という、ちがいが横たわっているということだ。また、後者については、マスコミという公的な場において、不特定多数を相手として発信することができる（と解釈される）石井の存在と、発信どころか表明することすらできない会員たちとのギャップの問題が横たわっているともいえる。

「目立つ異形のために、周囲からその心情を理解されない、という孤立感を深めている人たちは人間への不信がある」と石井は述べる。孤立感を抱えている場合、共通点をもった人びとが集まる場への期待値が高ければ高いほど、そこで受け入れられなければ失望感も大きくなり、より一層、孤立感を増幅していくこととなるだろう。

また同時に、石井が表現する「目立つ異形」は、他者に認識されないように隠してしまえば、日常生活を送ることができる場合もある。すなわち、〝隠す〟ことで日常を乗り切ることができれば、異形のない存在として「パス」することができる。「パス」することができれば、ピア・サポートの場にわざわざ行かなくとも良い。他者とは異なる要素を〝隠す〟というパッシング戦略は、負のレッテルを貼られた当事者たちにとって、日常を生き抜くための戦略でもあるだろう。そのため、むしろ、同じ状況に置かれた人びとに出会うことが、自分自身の置かれている状況に直面せざるをえない機会となり、より苦痛が増す結果になる場合もある。このように、石井がかかわっている「ユニークフェイス」の活動においても、ピア・サポートという場が、当事者から通過点としてみなされる側面があることがわかる。

このような、「パス」して日常をやり過ごすことは、「私事化 privatization」という社会における現象として把握することも可能であろう。社会病理学者である森田洋司は、社会構造の深層に横たわる変動軸としての「私事化」の問題について考察しているが、そこに「公」優先から「私」尊重へと移行する社会の傾向があると論じている。森田が、「私事化」が現象として社会に具体的に現われてくる側面としてあげているのは、①社会のガバナンスの局面と同時に、②人びとの意識や行動面に現われる私事化である［森田、二〇〇九、九頁］。

> 社会が近代化していく過程で、人びとは生きる意味や価値を国家や社会から与えられたり、大きな時代の流れに呑み込まれて形成するのではなく、みずからの選択によって掴み取ろうとする傾向が現れてくる。それは人びとが共同体の軛から解放され、自由や個人の幸福の追求という価値観や行動が正当性をもつようになる社会意識の傾向や価値観の変化でもある。その結果、人びとの関心や指向は、公的な局面から自らを取り巻く日常世界や私生活、あるいはその中心に位置する「私」へと向かって集中することとなる。
> ［同書、八－九頁］

森田がみているのは「近代化」という長いスパンでの出来事ではある。だが、その傾向が昨今——とりわけ一九九〇年代以降の日本において——急激に増殖していることを念頭におけば、さまざまな社会運動が直面している困難についてもあてはまるのではないだろうか。すなわち、

ＥＣＱＡの相談者たちは、「自由や個人の幸福の追求という価値観や行動」を基準とした視点を重視している。そのため、個々人の「関心や指向は、公的な局面から自らを取り巻く日常世界や私生活、あるいはその中心に位置する「私」へと向かって集中する」という傾向がある。あえて優勢な規範に抵抗するという、リスクの高い選択をするよりは、それぞれの相談者が置かれている日常のなかで、その人自身が可能な解釈を駆使し、そこで安住できる可能性をプラグマティックにみいだしていくこと、そのために折り合いをつけていくこと、周囲の人びととのあいだで、事を荒立てるリスクを回避していく技術をさがしていくほうが楽である、という思考／志向である。

では、このような個人化／私事化する思考／志向のなかで、ＥＣＱＡは、会員たちのあいだに、関係性を生み出していくことは可能なのだろうか。また、本書がえがきだそうとしてきた、自己の輪郭をみいだす足がかりとしての〈アイデンティティ〉をかたちづくっていくための〈コミュニティ〉を、ＥＣＱＡが再生していくことは可能なのだろうか。通過点としての機能しかもちえないとき、そこになんらかの意義はあるのだろうか。

「ピア・サポート」を支える会員組織

ここで再度、ＥＣＱＡの会員組織をみておこう。いまある「ピア・サポート」を支える会員組織は、左下の図２・３で示すことができる。

このような会員組織は、一見、「相談者」とは無関係のようにみえる。しかし、実際には「ピア・サポート」の経費は、会費収入から支出されているという状況にある。言い換えれば、相談者たちにとってのいくつもの通過点としての「ピア・サポート」の活動が、会費を支払う会員組織によって維持されているわけである。

ECQAの現在の会員は、その八割余(あま)りが、非－セクシュアル・マイノリティである。このような会員構成となったのは、先述したとおり、日本基督(キリスト)教団の「同性愛者差別事件」などが起こり、問題化されていった経緯(けいい)に起因(きいん)している。個別具体的な課題が生じたとき、それにどのように対抗手段を生み出していくか、ということで結集(けっしゅう)し、結果としてではあるが、そのような結集が、「ピア・サポート」という通過点を維持

図2　ECQAの活動をめぐる相関関係

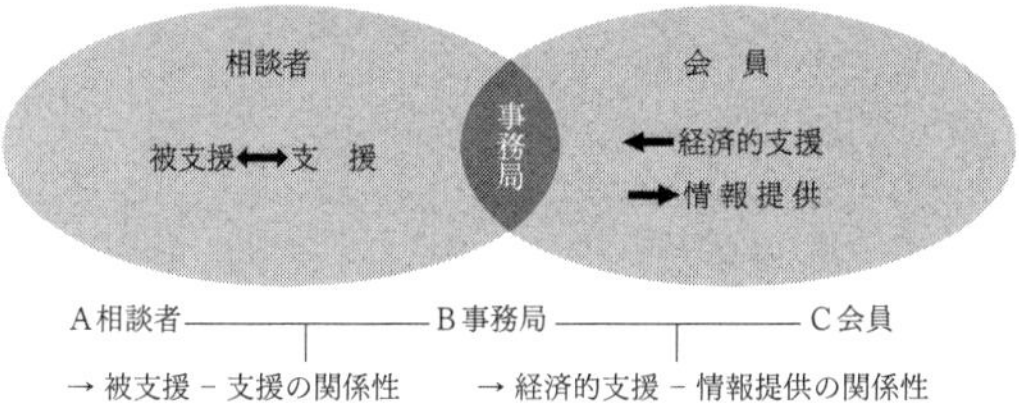

図3　ECQAの組織・活動の関係図

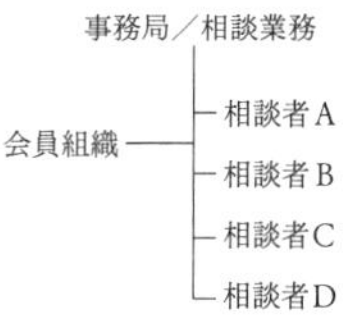

してきたとみることはできる。

会員組織をみるとき、ＥＣＱＡは、もはや属性としての〈アイデンティティ〉を共有している集団であるとはいいがたい。むしろ、〈レズビアン〉どころか、セクシュアル・マイノリティという共通点さえも共有できない現実が横たわっている。

たとえば、Ｒの事例を振り返ってみよう。そこには、〈レズビアン〉という名づけが語り手のＲと聴き手のあいだに共有される時間や空間があった。しかし、Ｒは、日常のなかでの折り合いがつくなかで、ＥＣＱＡを退会していった。そこには、キリスト教と向き合う立ち位置のちがいがあったからだ。先にみた類型のうち、「個別信仰志向型」に位置づけられるＲは、「社会運動志向型」のＥＣＱＡの方針に著しい違和感をもち、退会という決断をしたのである。

一九九八年以降の変化をみるとき、ＥＣＱＡは、属性ではなく、むしろ、課題を共有する〈アイデンティティ〉を軸としたコミュニティとして位置づけられるのではないだろうか。「差別」という出来事を問題化し、向き合っていく立ち位置に軸を置くとき、特定の被差別属性をポリティクスの結集軸として重視するのではなく、また、被差別属性をもつ存在の承認を求めて包摂の必要を主張するのではなく、まさに、排除が（再）生産される構造への問いや規範への抵抗へと焦点をシフトすることで、ＥＣＱＡの活動は維持されてきたのである。

ただ、その現実はあくまでも結果論であるということを踏まえておかなければならないだろう。ここにも限界はあるということだ。一人の人間には、その日常生活のただなかに多くの関心事が存在しうるし、何をどのように優先するかは、その時々に応じて変化しうるものである。実際、ＥＣＱＡの活動をみてみると、会員たちの多くが積極的にコミュニティ活動を行なっているとはいいがたい。ニュースレターが届けられ、それを会費納入の「対価」として受動的に受け取っているにすぎない。会費と情報の往復のみが日常活動との接点なのであり、優先順位が低くなれば簡単に切れてしまうような脆弱な糸にすぎない、ともいえる。

以上をまとめておこう。ＥＣＱＡは、セクシュアル・マイノリティとキリスト教を名として活動してきた団体である。しかし、現在、その中心的な活動である「ピア・サポート」にアクセスするセクシュアル・マイノリティ当事者たちの多くは、通過点として利用しており、〝元気になったら去っていく〟。そのような通過点は、経済的に会員の会費納入によって支えられており、その軸となるのは、課題の共有である。しかし、会員たちの役割は、多くの場合、会費を支払って情報を得るという受動的なものであり、積極的なコミュニティ形成の主体とはなりえていない。もちろん、会員のなかには情報が「対価」として位置づけられていない人びとも少なくはないだろう。むしろ、会費を支払い、活動を支援するという側面もあるからだ。

いずれにしても、相談者と会員という、ほぼ相互作用をもたないふたつのアクター群を例にとってみても、継続的なコミュニティという点では、脆弱であるようにみえる。では、このような〝出口なし〟のなかで、それでもなお、「選び取られたコミュニティ」を維持していくことの意味は、いったい、どこにあるのだろうか。

〈コミュニティ〉実践の戦略的可能性

ここで視点をかえてみよう。〈コミュニティ〉の今日的意義とは、いったい、どこにあるのだろうか。デランティは「コミュニティは今日の社会・政治状況の中で復活を遂げつつ」あると述べていた［➡273頁］。では、ここでいう〈コミュニティ〉とは、いったい何を意味するのであろうか。前章の節「**〈コミュニティ〉とは何か**」を振り返りながら、再度あらためて考察してみる。

デランティが、アイデンティティ・ポリティクスが隆盛した後の社会運動の文脈を踏まえた上で指摘するのは、つぎのような事柄である。

> コミュニティは内在する現実ではなく、実際の動員のプロセスの中で構築されるものである。これは、諸価値や規範構造の中に存在するというよりも、その中でコミュニティが定義され、社会的行為の中で構築されるところの、過程としてのコミュニティという概念である。
>
> 〔Delanty, 2003＝二〇〇六、一七一頁、強調、引用者〕

そこに横たわっているのは、あくまでもプロセス——「過程」——であるということだ。であるがゆえに、「コミュニティは静的な概念ではなく、それを達成する中で定義されるものである」という〔前掲書、一七一頁〕。〈アイデンティティ〉はつねに暫定的なものであることはすでに何度も確認してきたが、同時に、それを醸成する〈コミュニティ〉も、つねにプロセスとして存在するものであり、たえず流動的で、暫定的にならざるをえないということである。そして、そのプロセスのなかにこそ、意味がみいだされるのである。

また、デランティは、インターネットの発達やグローバリゼーションの進化のなかで、社会に生きる人びとは「次第に帰属に対する探求の度を強めると同時に、多くの新たな帰属のあり方を生み出してきた」とも指摘している。デランティが「新たな帰属」としてえがきだしているあり方は、「個人は、ただ一つのコミュニティと結びついているものではなく、複数の重なり合う絆を持っていることが多い」という、現実に裏打ちされた関係性なのである。そこでは、「集団への参加と脱退の可能性も広がっており、集団も次第に永続性を失いつつある」という〔前掲書、二六二頁〕。

流動的で、暫定的にならざるをえない〈コミュニティ〉の現状を考える場合、その要因として、個々人の状況の変化があり、その変化と連動して、集団への参加や脱退という行為自体が自由度を増す状況が横たわっているのである。

このようなデランティの議論を援用すれば、ＥＣＱＡの「ピア・サポート」は、つぎのように位置づけられるのではないだろうか。〝元気になったら去っていく〟という通過点を提供しつづけることは、継続した〈コミュニティ〉を維持するという点では、はなはだ不安定な要因をもっているといわざるをえない。しかし、そもそも、ＥＣＱＡの活動目的のひとつは、「セクシュアル・マイノリティが安心できる場づくり」であった。既存のコミュニティで孤立している人びとが、ネットワークにつながっていくことで、すでに抱えている孤立感を緩和していくために〈コミュニティ〉が立ち上がってきたのである。その活動のなかにある「ピア・サポート」は、負のレッテルを貼られた人びとのエンパワメントを目的とする。すなわち、不安定な自己の状況を振り返り、その自己と対話しつつ、内省プロセスを経て、日常のなかでの折り合いをつけていくことで、〝元気になる〟……このプロセスは、活動目的に掲げられている役割を果たしていることの証左でもあるのだ。ということは、その当初の目的を一定程度、果たしているものと解釈することもできるだろう。

一方では、「ピア・サポート」が、孤立している個人に、一時的であれ、誰かとつながることによる安心感を提供する。他方では、つながりが一時的であるからこそ、通過点として機能し、人びとが継続してかかわることがない。つまり、「ピア・サポート」という通過点を提供しつづけること自体がすでに〈コミュニティ〉の不可能性を示してもいるというアンビバレントな状況のただなかに、ＥＣＱＡの活動は、ある。

脆弱性を抱えながらも、しかし、ＥＣＱＡには、毎月、あらたな人びとがアクセスしてくる。そのこと自体が、いまも、通過点を提供しつづける役割がニーズとして存在していることを示しているのかもしれない。通過点は一時的かもしれないが、そこで時間や空間が共有（分割）された経験は、そこを通過していった人びとにとっても、通過されていくＥＣＱＡという〈コミュニティ〉にとっても、残されていく。その経験がプラスのものであれ、マイナスのものであれ、その人自身の「自己の輪郭」をたどるプロセスとして、なにがしかの痕跡をなしていく。そして、ＥＣＱＡもまた、人びとが通過していく経験をとおして、〈コミュニティ〉としての〈アイデンティティ〉を確認しつづけていく。課題を共有（分割）するという〈アイデンティティ〉を。そのような〈アイデンティティ〉に基点を置きながら、流動的な、暫定的な、プロセスとしての〈コミュニティ〉のただなかで、アイデンティティ・ポリティクスが遂行されていくのである。

アンビバレントのなかにある可能性

政治学者の李静和（リジョンファ）は、想定されうる「共同体」について、つぎのように述べる。

全体的に見ると、一緒に生きるという、いわゆる従来の共同体という、あらかじめ上から、あらかじめ意味として与えられたものとしての共同体ではなくて、アメーバのような、細胞のような、数多くの断絶（だんぜつ）の瞬間（しゅんかん）を踏まえつつ、全体的にはつながっている、連続性をもつ空間として成り立つ関係、それが私の言いたい共同体である。

［李、一九九七、一二六－一二七頁］

ここで李静和が示しているのは、「共同体」――コミュニティ――とは、それ自体が、安定した実体ではなく、「連続性をもつ空間」として成り立っているということである。そこには「数多くの断絶の瞬間」も含まれうる。ときに矛盾することがあり、ときに決裂が生じたとしても、ある者が遡及的に「全体的にはつながっている」と解釈するとき、それは「共同体」として把握される。ときに衝突を起こしつつ、ときに目的をたがえつつも、テーマの共通性をもち、「連続性」のなかで試行錯誤をつづけるプロセスとして、〈コミュニティ〉をとらえることができるのではないだろうか。いや、そうとらえることでしか、人びとが生きる現場をとらえることはできないのかもしれない。

脆弱性を抱えた〈コミュニティ〉の実践――そこで生じる人びとの相互作用は、ただ成功経験としてのみ語られるべきではないだろう。というのも、通過していった人びとにとって、たとえ日常のなかで折り合いをつけることができたとしても、通過点で出会った出来事は、失敗体験として、その人自身の心に深く刻み込まれるかもしれないし、また、抱え込んだ違和感の大きさゆえに、通過したという体験すら、記憶から抹消せざるをえない状況を生み出すかもしれないからだ。

共通点を求めて、「選び取られたコミュニティ」へとアクセスしていくとき、その先で、さらなる〝異質な〟自己へと直面していく。他者は他者でしかないことを感得していく。その経験もまた、逆説的ではあれ、「自己の輪郭」を確認していくプロセスでもあるのだ。

もし、アンビバレントな〈コミュニティ〉に可能性があるとすれば、一見すると矛盾するような状況を生み出しつづける営為のただなかに、いつしか、「全体的にはつながっている、連続性をもつ空間」だと、誰かが気づく瞬間がある、そのときなのかもしれない。未来への投企として、〈いま－ここ〉を紡いでいくことでしか、その可能性をみいだすことはできないのかもしれない。葛藤と逡巡を繰り返しながら、わたしは、その可能性を他者との出会いのなかで、希望として記しつづけていきたいと思う。

終章

〈レズビアン・アイデンティティーズ〉の可能性——異性愛主義への抵抗に向けて

終章

〈レズビアン・アイデンティティーズ〉の可能性

――異性愛主義への抵抗に向けて

「性の多様性」の時代に

〈同化〉か〈抵抗〉か――可視化戦略の陥穽

〈怒り〉の共同性へ――異性愛主義への抵抗可能性

「性の多様性」の時代に

いったい、レズビアンとは誰のことなのか——それは個人につけられた名なのか、それとも関係性につけられた名なのか。また、レズビアンという名づけを引き受けようとするとき、そこには、女である自己と、もうひとりの女である他者に、性欲望が向かうことが必要なのか、もしくは、両者のあいだに性行為の介在が必要なのか（そもそも、男の身体が不在のなかで性行為とされるものは成立するとみなされてきたのか）。レズビアンの定義は、つねに議論のただなかに置かれてきたし、いまも置かれている。暫定的に引き受けられる〈レズビアン〉という名づけ。それでも、その暫定的な場——〈アイデンティティ〉——を足がかりとする戦略が、おそらくは有

効であろうと、わたしはこだわりつづけてきた。つまり、〈レズビアン〉という、女であり、かつ同性愛者であるという、少なくとも、ふたつの〈アイデンティティ〉が重なり合うポジションが、ふたつの社会規範——異性愛主義と男性中心主義——への抵抗の足がかりとして、可能性をもちうるのではなかろうか、という思いを込めて。その可能性は、幻想にすぎないのだろうか。

レズビアンは、存在しないものとされてきた。異性愛主義と男性中心主義というふたつの規範は、それぞれ、異性愛／同性愛、男／女という二項対立をうみだし、いずれのカテゴリーにおいても後者——「同性愛」と「女」——にしるしづけをおこなってきた。異性愛ではないもの（＝逸脱）、男ではないもの、として。しかし、二重のしるしづけがされているはずのレズビアンは、ふたつの軸が交差した地点で、不可視化する。

同時に、不可視化された状況を克服しようと声をあげれば、無化［⬇54・125〜・127〜・147〜・158頁〜］される。あるいは、（異性愛者の）男たちによる（異性愛者の）男たちのためのポルノグラフィという枠組のなかで解釈されてきたように、「歪められた承認」［⬇39・125〜・134〜・143〜・149頁〜］を与えられ、その存在が抹消されていく。

このような、不可視性や無化、「歪められた承認」による存在の抹消は、いまも、日本社会のなかでは、あいかわらず、継続しているといえる。

しかし、このような側面だけをとらえることは、日本社会におけるレズビアンの状況を正確にはあらわしていない、という反論もあるだろう。というのは、二〇一〇年代以降、他方では、レズビアンをとりまく状況は著しく変化している側面もあるからだ。一九八〇年代後半以降に「同性愛者」という主体を掲げた集合行動がひろがっていった時代から、さらに格段と時代は変化してきている。

めだった動きとして、たとえば、同性カップルの「結婚」と、ビジネス領域での戦略とがある。すでに、同性パートナーシップの法的保護を求める動きや、そこで生じている、もしくは生じうる問題点についてはみてきた［⬇第5章・第6章］。法的保護の要求と同時に、進行中の動きとして、レズビアン・カップルによる「結婚」が報道されたケースも複数で存在する。[1]

1——第6章の註6［⬇231頁］を参照のこと。また、二〇一五年四月には、タレントの一ノ瀬文香とダンサーの杉森茜が「同性婚挙式」の後に婚姻届を提出したという報道もあった（『スポニチアネックス』二〇一五年四月二〇日）。このような報道によって、大学の講義でも、「日本でも同性婚が認められるようになった」と誤解している学生たちの反応をしばしばみかけるようになったことを付け加えておきたい。マスメディアの影響が大きいことの証左ともいえるのだろうか。

また、ビジネス領域においては、セクシュアル・マイノリティが置かれた労働状況の改善などを含めた、企業の「ダイバーシティ戦略」と、「LGBT市場」——ゲイ・マーケット——の発見とがある。[2] ダイバーシティ戦略とは、企業内での多様性に着目していく戦略である。河口和也［➡140・329頁］は、この戦略について「ダイバーシティ・マネージメント」として知られていることを指摘し、つぎのように説明する。すなわち、「ジェンダー、人種、性的指向などさまざまな人材を企業経営のなかで組織化し、それぞれがもつ文化や制度的違いを受容しながら、企業競争力として利用しつつ企業の発展につなげていこうという手法・プロセス」である、と［河口、二〇一三、一六七頁（註8）］。この企業力は、組織の内側のみならず、消費者獲得という目的で外側にも向けられていく。合州国ではすでに話題になっていたゲイ・マーケットへの注目により、日本では「国内五・七兆円」という試算が出されてもいる。[3] 同性カップルが可視化することにより、ウェディング産業においても、ゲイ・マーケットを対象としたパッケージ商品が生み出されてきた。つまりは、「ダイバーシティ戦略」は（言うまでもないことだが）、セクシュアル・マイノリティの可視化という側面をもちつつも、あくまでも、企業利益を最大化することを目的としているのであり、そのための手段として性の多様性を称揚し、セクシュアル・マイノリティの利用価値を、そのつど秤にかけて値踏みしている点を忘れてはならない。

これらのケースについては、より丁寧に考えていくことも必要だろう。ただ、強調しておきたいことは、マスメディアで取り上げられることによって、人びとへの影響力は格段とあがる、という点だ。セクシュアル・マイノリティがマスメディアで取り上げられることによって、性の多様性に対する寛容さが、この日本社会にも増しているようにさえ、錯覚する。しかし、本当にそうだろうか。そもそも、性の多様性の内実は、なにをさしているのだろうか。セクシュアル・マイノリティの存在が可視化されるための動き――可視化戦略――は、誰が、どのように、認識されるプロセスを生み出してきたのだろうか。

2―― ひとつの例として、二〇一三年に実施されたアンケート調査を扱う報道(「LGBTへの無策は企業にとって大きな損?――1000人アンケートから見えたもの」『東洋経済ONLINE』二〇一三年六月七日)。

3―― 『週刊ダイヤモンド』(二〇一二年七月一四日号)。ただし、この試算はLGBTというよりは、ゲイ・カップルやレズビアン・カップルの可処分所得をターゲットとした消費活動促進の側面があることはいうまでもない。

〈同化〉か〈抵抗〉か

——可視化戦略の陥穽

セクシュアル・マイノリティの可視化戦略は、なにを求めていくものだったのだろうか。また、可視化を求めることによって、誰のどのような生存が救済対象とされるのだろうか。たとえば、人権という観点においても、また、同性間パートナーシップを育む人びとが法的家族として認知されないことによる不利益にしても、生活実態の可視化も必要なことであろう。具体的な存在の認知を広めることも、施策を求めることも、より良い生存可能性をより多くの人びとに認識させる方法でもある。

しかし、たとえば、同性間パートナーシップの法的保護を求める動きは、異性間の婚姻に準

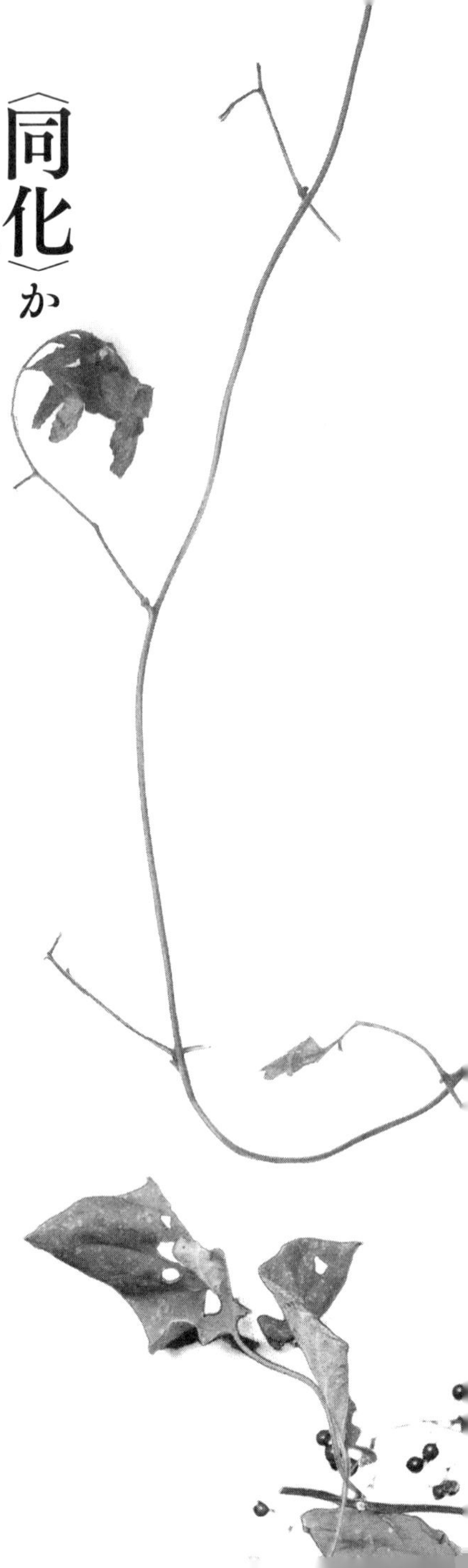

ずる形態の家族を形成することによって、性倫理をめぐる規範を再生産するという、あらたな問題を生じさせてきた。また同時に、重層的に存在する生の諸相を、セクシュアル・マイノリティの置かれた状況のみに還元してしまって、シングル・イシューとして思考することで生じる問題もある。あらたな問題として生じるセクシュアル・マイノリティのあいだの分断に加えて、シングル・イシューのみに思考と運動を集中することは、他の課題との架橋が困難になるという問題をさらに生むこととなる。これらの併発される困難は、どのように克服されうるのだろうか。

「結婚」やビジネス領域が突出してマスメディアで取り上げられるのも、象徴的な出来事ではないだろうか。「結婚」の強調によって、パートナーシップ関係という〝わかりやすさ〟が提示されるのと同時に、モノガミー［➡139・211・223・238・256頁］規範が再生産されること。そして、ゲイ・マーケットの強調によって消費活動が促進される際に、ターゲットとなるのは、経済的にある程度の余裕がある人びとであること。ここで、誰が、可視化戦略の主体となっているのかが、浮かび上がってくる。

そして、日本の二〇一〇年代になって多用されるようになった「LGBT」という言葉は、まるでそれがひとつの〈アイデンティティ〉であるかのように、使用される。「LGBT」のそれぞれのカテゴリーのあいだにある差異を認識する以前に、ひとつの塊としての平板なマイノリティの姿が流通していく。この塊を利用した可視化戦略は、マジョリティに対して存在の認知を求めるがゆえに、そもそも排除装置として働いてきた性別二元論や異性愛主義という規範、そして同性愛（者）嫌悪という差別意識を問題化することを、横に置いてきてしまったのではないだろうか。そこから、どのように、マジョリティに認識されるのか、というプロセスの問題も浮かび上がってくる。

クィア理論およびフェミニズム理論の研究者である清水晶子［➡71頁・註10］は、とくに二〇〇〇年代以降の英語圏においても、また昨今の日本においても、セクシュアル・マイノリティの運動のなかで前景化されたのは、「マジョリティの身体とははっきり区別されうるマイノリティとしての安定した輪郭とアイデンティティを与え、それらの身体の差異や尊厳、場合によっては権利に注目する議論」であると述べる。そして、このような流れのなかで、つぎのような弊害が生じたことを指摘する［清水、二〇一三a、二一七頁］。

> 差異をもつマイノリティとしての特定の奇妙な身体を同定した上でそこに尊厳や権利を付与していく手続きは、マジョリティ／マイノリティの線引きもマジョリティの中心性も問い直すことのない多様性の称揚という形でマイノリティを回収する多文化主義的な弊害をも、抱え込むことになった。［前掲論文、二一七－二一八頁］

文化的・社会的背景が異なる人びとの存在を認識し、ただそこに存在する差異を平板に羅列することによって、性の多様性を称揚するという意味での多文化主義は、そもそも、マイノリティが排除される装置としてあったマジョリティの規範をそのまま放置しつづける。排除を生み出してきたマジョリティの規範は問われない。あくまでも、マジョリティのもつ規範を支える秩序が維持されたまま、マイノリティがその社会に包摂されていくということだ。そのような社会において、マジョリティの規範にのらなければ、マイノリティの声は聴き入れられることはない。そのため、マイノリティにとっては、存在の可視化を求めるためには、自らを排除してきたマジョリティの規範を根源的に問うことはできないというジレンマのなかにおかれる。

同性間パートナーシップの法的保護を求める可視化戦略のプロセスにおいても、同様の現象がみられた。実際には、同性愛／異性愛のあいだは越境可能な曖昧な領域であるにもかかわらず、同性愛という「逸脱」カテゴリーに踏み込まないように、恣意的な境界線が引かれ、不安や恐怖という感情が発動する。境界が曖昧であればあるほど、不安や恐怖の感情は大きくなり、より一層、境界は強調されなおしていく。同性愛（者）嫌悪の言説によって。それに対抗するためには、セクシュアル・マイノリティの可視化戦略も、対抗するためのマイノリティという枠組を策定せざるをえず、その境界の恣意性を問いなおすよりも、境界はそのままに、マジョリティに包摂を求める傾向をおびていくこととなる。この傾向は同化作用と言い換えてもよいのかもしれない。

このようなマジョリティへの包摂を求める振舞について、もう少し考えておこう。河口和也も、マイノリティの声がマジョリティに聴き入れられるためには「自発的な規範への迎合」が必要とされることを指摘し、つぎのように述べる。

> 市民的な行動規範には、その場に適した行動様式が求められ、それに従って社会は常に自分自身を統制管理している主体を市民的な主体として認める。〔…〕脱性化され、経済的な消費活動に貢献する人は「良い市民」として社会に迎え入れられる反面、〔…〕市民的秩序を乱す人は「悪い市民」としてレッテルを貼られるか、あるいは市民カテゴリーの「外部」に放逐されることになるのだ。〔河口、二〇一三、一六五頁〕

可視化戦略は、まず、声が聴かれなければ、存在の認知を求める出発点にすら到達できない。そこで要請されるのは、「その場に適した行動様式」である。つまりは、同性愛（者）嫌悪を生み出す規範を問いなおすよりは、まずは規範に迎合し、「良い市民」として振る舞うことで、ようやく声が聴かれる出発点にたどり着くことが可能となる。

さらに、河口が指摘するのは、「良い市民」と「悪い市民」には、明確な境界が存在するという点である。「良い市民」と判断されうる人びとには、社会のなかで「自由」とそれに伴う「責任」が与えられる。しかし、規範に迎合するだけでは、それらが与えられることはない。もうひとつの要素が必要なのだ。必要とされるのは、経済的な要素である。

「自由」と「責任」に関してもすべての人に平等に与えられ、また課せられているわけではない。経済体制の維持にとって機能する個人には、権利としての「自由」が与えられるが、そうした経済体制に寄与しないとみなされてしまうものには、その権利は付与されないのである。そこでは、市民としての地位を得られるものと、その地位から除外されるものが選別されることになるのだ。［前掲論文、一六六頁］

「良い市民」として振る舞う人びとが、すべて、社会に包摂されていくわけではない。河口が示していることは、「良い市民」として振る舞おうとするとき、そこにはあらかじめの「選別」がなされているという現実である。

経済体制に寄与することで、権利としての「自由」を与えられていくプロセスは、人権保障や差別への抵抗という点を主眼に置いていた、かつてのレズビアン・ゲイによる社会運動の様相が大きく変化したことの象徴としてもとらえられている。

たとえば、一九六〇年代から現在に至る合州国におけるレズビアン・ゲイの運動の変化について、政治学者でありクィア理論の研究者であるリサ・ドゥガンは、つぎのような考察を行っている。一九六〇年代から七〇年代にかけて、旧来の急進的な左翼運動が崩壊しつつあるなか、あらたな社会運動として、アイデンティティ・ポリティクスが生まれてきた。そのうち、一部のレズビアン・ゲイ解放運動のなかでは、当初、反帝国主義なマニフェストやレイシズムのシステムも分析されてきた。しかし、一九八〇年代以降、運動の資金調達や選挙政治へと、かれらの関心が変容し、おもに国家政策のなかでの包摂と保障を求めることに主眼を置きはじめるという傾向を生み出していった［Duggan, 2003, pp.XIII-XVI］。

ドゥガンが注目するのは、このような動きが、結果的に、合州国の保守党の諸政策とネオリベラリズムとの連携のなかに、見事に位置づけられていくという点である。そこで行われているのは、プライベートの領域を重視し、かつ脱政治化された動きである。家族と消費活動とを重視し、排除や抑圧を生み出してきた異性愛規範（ヘテロノーマティヴィティ）への異議申し立てや抵抗というアジェンダは、そのなかで急速に縮減されて行く。このような状況に、ドゥガンは「新しいホモノーマティヴィティ」という名称を与えている。ヘテロノーマティヴィティとの関連で翻訳するとすれば「同性愛規範」とでも表現できる概念ではある。つまりは、異性愛規範への抵抗として生み出されてきた社会運動が衰退すると同時に、社会への包摂を求めて、あらたな可視化戦略として立ち現れたのが、ネオリベラルな政治経済体制のなか、マジョリティの価値観を再生産し、強化する振舞であるという皮肉な現象である。

存在の可視化を求めるには、マジョリティに聴かれる声を発しなければならない。しかし、それは同時に、排除装置として駆動している規範を不問にしてしまう危険性もある。可視化戦略が遂行されるとき、前者を強調するあまり、後者をとりこぼしてしまうところに陥穽がある。規範自体を問題化しない限り、また、あらたな排除はくり返されていくのだ。

ネオリベラルな政治経済体制をもつ社会――それ自体、多義的であり、詳細に検討していく必要はあるのだが――のなかで、性の多様性が称揚される時代。そこで遂行される可視化戦略に、わたしは、そこはかとない違和感とともに危惧を抱えつづける。セクシュアル・マイノリティが――そして、レズビアンも――可視化されようとするプロセスのただなかで、再生産されつづける規範。いくつもの境界が引きなおされつづけるなかで生じる分断。そして、固定されていく格差。この時代状況をふまえ、ふたたび、冒頭の問いに立ち戻ってみたい。一九九〇年代に、ひとりのレズビアンとして、掛札が記した言葉から提示された問いに。

〈怒り〉の共同性へ

——異性愛主義への抵抗可能性

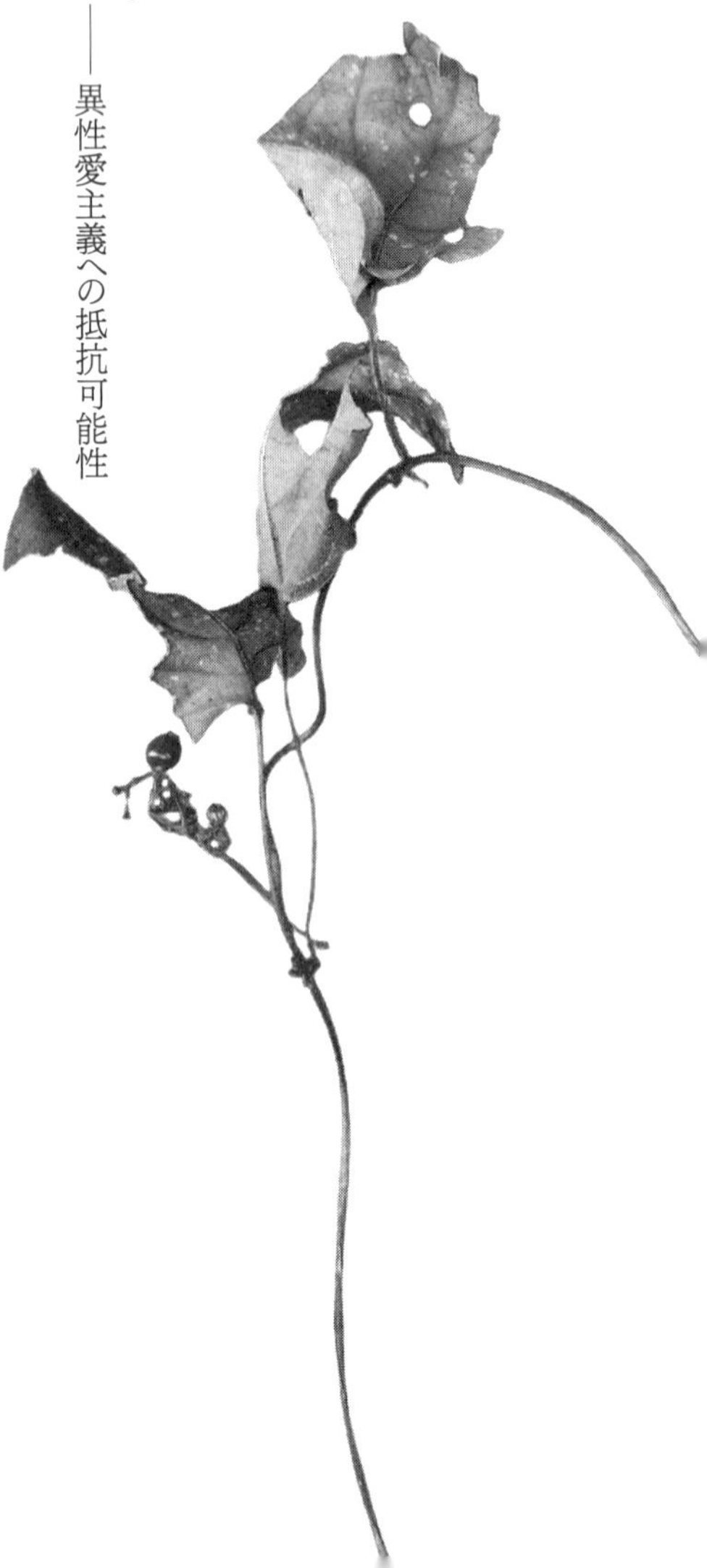

掛札悠子は、かつてこう述べた。ふたたび引用する［⬇28〜31頁］。

抹消（抹殺）されることへの怒りは（少なくともそれだけは）、永遠に私自身のものだと今、思う。それは私たちの怒りとしてつながっていく可能性を秘めているのかもしれない。でも、それは「レズビアン」の怒り、ではない。名前で人を分け、まとめ、定義にもたれかかるのは彼ら／彼女らにさせておけばいいことだ。

けれど、名付けを否定するだけでは彼ら／彼女らの物語から離れることはできない。

本当の意味でひとり、生きなければ。そして、「精液(せいえき)という男のインクに対する、血という女のインク」で書く。彼らがむやみやたらとまき散(ち)らしている間に、こっそりとしっかりと刻(きざ)みつける。

消されることを許(ゆる)す限り、歴史は何度でもくりかえされる。彼ら/彼女らは今まさに、私に、私たちに「レズビアン」という彼ら/彼女らにとって唯一理解できる焼印(やきいん)を押して、窓のない貨車(かしゃ)につめこもうとしている。

私は逃げる。

［掛札、一九九七、一七〇頁］

レズビアンとして「抹消(抹殺)されることへの怒り」には、「私たちの怒りとしてつながっていく可能性」があったのかもしれない。しかし、そこで立ち上がる可能性は、他者から押された焼印によってかき消されていく。「窓のない貨車」に詰(つ)め込まれ、つながる可能性は分断されたまま、宙吊(ちゅうづ)りにされつづけるのだ。

先にみたように、レズビアンたちが、マスメディアでとりあげられるようになり、他者から押される焼印は、多少、かたちをかえてきたともいえるだろう。しかし、いまを生きるレズビアンの〝わたしたち〟は、もはや、「窓のない貨車」――本来、人間を載(の)せる目的をもたない貨車――に乗せられる状況にはない、といえるのだろうか。「窓のない貨車」へと詰め込もうとする人びとは、この時代状況のなかで、少しずつでも減少しているのだろうか。

「窓のない貨車」は、多少居心地の良い「飾り立てられた客車」にとって代わったのかもしれない。そして、暴力的に〝わたしたち〟を詰め込もうとする人びとの姿は、優しい笑顔をたずさえてやってくる人びとの姿にとって代わったのかもしれない。しかし、排除装置を問えない場に置かれた可視化戦略をみていくとき、そこで浮かび上がってくるのは、つぎのような姿だと表現してしまうのは、過剰なことだろうか。

わたしたちは、用意された「飾り立てられた客車」に、みずから乗り込もうとしている。そこに笑顔で詰め込もうとする人びとと、笑顔をかわしながら。かれらに「利用」されることをある程度は認識しながら。そして、「利用」されまいとする人びと――本来、つながる可能性のあった人びと――との格差は、放置したまま。「客車」が走っていこうとしているのは、「窓のない貨車」のレールが敷かれた、その道筋であるのかもしれない、という疑いをもつこともなく。

こうして、レズビアンたちが、「私たちの怒りとしてつながっていく可能性」は、幻として、その可能性だけを残したまま、実現することなく、いまが重ねられていくのだ。

実現しえなかった可能性としての「私たちの怒りとしてつながっていく可能性」――それは、怒りの共同性といいかえることができるだろう。否定的な感情の発露である「怒り」は、マジョリティ規範のなかでは、受け入れられないかもしれない。たとえば、排除され、攻撃されることへの抵抗のシンボルだったはずの六色のレインボーが、多様性を祝福するシンボルとして読みかえられるように、肯定的な態度を積極的に打ち出す努力が、いまも重ねられている。そして、その努力のかげで、怒りの共同性が生み出される可能性は、分断されつづけているのかもしれない。

　レズビアンたちの経験——はさまざまである。であるがゆえに、それらをただひとつのものとしてあらわしていくことは不可能でもある。しかし、その経験を可能な限りつなげようとすることによって、異性愛主義という社会規範が発するメッセージを拒否していく手段を生み出していくことは可能であろう。それぞれのレズビアンたちの異なる経験——〈レズビアン・アイデンティティーズ〉——を紡ぎだしていくときに、かつて語られたそれぞれの問いかけへの応答可能性は生まれるものである。そして、同時に、異性愛主義への抵抗は、その規範がもつ、さまざまなほころびや裂け目を発見しつづけ、それらを詳細に記述していくことで、結果的に、編み出されていくものでもあるだろう。その作業を丹念につづけていくことこそが、まさに、異性愛主義への抵抗可能性へとつながっていくのではないだろうか。

　わたしが思考しつづけてきた〈レズビアン・アイデンティティ〉は数多くある〈レズビアン・アイデンティティーズ〉のうちの、たったひとつの経験にすぎないのかもしれない。しかも、

この二〇一〇年代の日本においては、主流からは外れてしまった、かなり周縁の経験にすぎないのかもしれない。

それでもなお、こだわりつづけることを止めてしまえば、道を拓こうとする出発点にすらたどり着けないような気がしてならないのだ。そこから出発しようとする、レズビアンとしての「怒り」としてえがきだそうとした共同性は、実現しないのかもしれない。しかし、ときに「怒り」を共有する点と点があり、そこで対話が育まれていく。出会いつづけることによって、複数のアイデンティティがぶつかりあい、化学反応を起こしていく。わたしは、その可能性に賭けたいのだ。

この先も、しばらく、この戸惑いと葛藤と逡巡の日々はつづくだろう。怒りの共同性を紡ごうとする誰かとつながりつづけるために。

文献一覧

日本語文献は五十音順、日本語以外の文献はアルファベット順にまとめた。

あ

赤枝香奈子、二〇一一、『近代日本における女同士の親密な関係』、角川学術出版。

――――、二〇一四、「戦後日本における「レズビアン」カテゴリーの定着」、小山静子・赤枝香奈子・今田絵里香編『セクシュアリティの戦後史』、京都大学学術出版会、一二九–一五一頁。

赤杉康伸・土屋ゆき・筒井真樹子編著、二〇〇四、『同性パートナー――同性婚・DP法を知るために』、社会批評社。

浅井杏子、一九九〇、「レズビアンとフェミニストの冒険――両者の連帯から前人未踏の世界が広がる!」、『わかりたいあなたのためのフェミニズム・入門』、JICC出版局、二一四–二二五頁。

綾部六郎、二〇〇七、「親密圏のノルム化――批判的社会理論は人々の親密な関係のあり方と法との関係について何が言えるのか?」、仲正昌樹編『批判的社会理論の現在』、御茶の水書房、二七七–三〇一頁。

有田啓子、二〇〇六、「迫られる「親」の再定義――法的認知を求めるアメリカのlesbian-motherが示唆するもの」、立命館大学先端科学研究科『コア・エシックス』第二巻、一七–二九頁。

有田啓子・藤井ひろみ・堀江有里、二〇〇六、「交渉・妥協・共存する「ニーズ」――同性間パートナーシップの法的保障に関する当事者ニーズから」、日本女性学研究会『女性学年報』第二七号、四–二八頁。

飯野由里子、二〇〇八、『レズビアンである〈わたしたち〉のストーリー』、生活書院。

池田久美子、一九九九、『先生のレズビアン宣言――つながるためのカムアウト』、かもがわ出版。

池谷和子、二〇一三、「アメリカにおける同性婚の合法化傾向」、東洋大学法学会『東洋法学』第五六巻・第三号、二〇一–二〇六頁。

石井政之、二〇〇九、「ユニークフェイス・レボリューション――見えない当事者を可視化する挑戦の軌跡」、好井裕明編著『排除と差別の社会学』、有斐閣、一八五–二〇一頁。

石川　准、一九九二、『アイデンティティ・ゲーム――存在証明の社会学』、新評論。

石田仁編著、二〇〇八、『性同一性障害——ジェンダー・医療・特例法』、御茶の水書房。

石原明・大島俊之、二〇〇一、『性同一性障害と法——論説・資料・Q&A』、晃洋書房。

出雲まろう、一九九三、『まな板のうえの恋』、宝島社。

出雲まろう・原美奈子・つづらよしこ・落谷くみこ、一九九七、「日本のレズビアン・ムーヴメント」（座談会）、『現代思想』第二五巻・第六号、青土社、五八－八三頁。

ヴィンセント、キース、一九九七、「誰が、誰のために？」、『現代思想』第二五巻・第六号、青土社、八－一七頁。

ヴィンセント、キース・風間孝・河口和也、一九九七、『ゲイ・スタディーズ』、青土社。

——、一九九八、『実践するセクシュアリティ——同性愛／異性愛の政治学』、動くゲイとレズビアンの会。

上野千鶴子、二〇〇五、「脱アイデンティティの理論」、上野千鶴子編『脱アイデンティティ』、勁草書房。

動くゲイとレズビアンの会（アカー）、一九九一、「府中青年の家・同性愛差別事件とは」、『インパクション』第七一号、インパクト出版会、五二－六一頁。

——、一九九六、『季刊アカー』第一巻・第二号、動くゲイとレズビアンの会発行。

——、一九九七、『別冊アイデンティティ研究会』（地方小出版流通センター取扱）。

——、一九九八、『同性愛者と人権教育のための国連一〇年』、動くゲイとレズビアンの会発行。

江原由美子、二〇〇一、『ジェンダー秩序』、勁草書房。

遠藤正敬、二〇一三、『戸籍と国籍の近現代史——民族・血統・日本人』、明石書店。

大島俊之、二〇〇二、『性同一性障害と法』、日本評論社。

岡野八代、二〇〇三、『シティズンシップの政治学——国民・国家主義批判』、白澤社。

小倉東・志木令子・関根信一・溝口彰子・伏見憲明、一九九九、「私たちの九〇年代——「ヘンタイ」は時代を創る」（座談会）、『クィア・ジャパン』第一号、勁草書房、七一－一〇〇頁。

尾辻かな子、二〇〇五、『カミングアウト——自分らしさを見つける旅』、講談社。

か

小倉東・志木令子・関根信一・溝口彰子・伏見憲明（司会）、一九九九、「私たちの九〇年代——「ヘンタイ」は時代を創る」（座談会）、『クィア・ジャパン』第一号、勁草書房、七一－一〇〇頁。

掛札悠子、一九九一、「ゲイ差別とレズビアン差別は同じものか——府中裁判への一レズビアンの視点」、『インパクション』第七一号、インパクト出版会、九八－一〇四頁。

――、一九九二a、『「レズビアン」である、ということ』、河出書房新社。

――、一九九二b、「レズビアンは性をどう意識しているのか」、『性のゆらぎを見つめる――フェミニズム一九九二』、ユック舎、四〇－四七頁。

――、一九九四a、「レズビアンはマイノリティか?」、日本女性学研究会『女性学年報』第一五号、二五－三二頁。

――、一九九四b、「私は「レズビアン」?」、『海燕』第一三巻・第三号、福武書店、一〇二－一〇五頁。

――、一九九四c、「レズビアン、私にとっての必然性――社会が想定するジェンダーに抵抗し続ける」、『ジェンダー・コレクション――性と性差のあいだ』、朝日新聞社、二五－二九頁。

――、一九九七、「抹消（抹殺）されること」、河合隼雄・大庭みな子編『現代日本文化論2　家族と性』、岩波書店、一四七－一七一頁。

風間　孝、一九九六、「運動と調査の間――同性愛者運動への参与観察から」、佐藤健二編『都市の読解力――21世紀の都市社会学三』、勁草書房、六五－一〇二頁。

――、一九九七a、「クィアはどこからきたか――クィア・セオリーにおける理論と実践」、動くゲイとレズビアンの会編『別冊アイデンティティ研究会』、一〇－三五頁。

――、一九九七b、「エイズのゲイ化と同性愛者たちの政治化」、『現代思想』第二五巻・第六号、青土社、四〇五－四二一頁。

――、一九九九、「公的領域と私的領域という陥穽――府中青年の家裁判の分析」、日本解放社会学会『解放社会学研究』第一三号、三－二六頁。

――、二〇〇〇a、「エイズにおけるリスクの構築――ゲイ男性のアイデンティティと性行為」、『現代思想』第二八巻・第一号、青土社、二一〇－二二一頁。

――、二〇〇〇b、「同性愛者の人権とグローバル化――東京都人権指針骨子からの削除をめぐって」、『現代思想』第二八巻・第一一号、青土社、九四－九九頁。

――、二〇〇二a、「（男性）同性愛者を抹消する暴力」、好井裕明・山田富秋編『実践のフィールドワーク』、せりか書房、九七－一二〇頁。

――、二〇〇二b、「カミングアウトのポリティクス」、日本社会学会『社会学評論』第五三巻・第三号、三四八－三六四頁。

――、二〇〇三、「同性婚のポリティクス」、日本家族社会学会『家族社会学研究』第一四巻・第二号、三二－四二頁。

風間孝・河口和也、二〇一〇、『同性愛と異性愛』岩波新書。

片山知哉、二〇〇七、「問題なのは「家族の定義」か？――厚生労働省の終末期医療ガイドラインへのゲイ・レズビアンの反応を読む」、立命館大学大学院先端総合学術研究科院生論集『Birth—Body and Society』、二七‐四五頁。

釜野さおり、二〇〇四、「レズビアンカップルとゲイカップル――社会環境による日常生活の相違」、善積京子編『スウェーデンの家族とパートナー関係』、青木書店、一一七‐一四三頁。

――、二〇〇九、「性愛の多様性と家族の多様性――レズビアン家族・ゲイ家族」、牟田和恵編『家族を超える社会学――新たな生の基盤を求めて』、新曜社、一四八‐一七七頁。

上川あや、二〇〇七、『変えられる勇気変えてゆく勇気――「性同一性障害」の私から』、岩波新書。

河口和也、一九九八、「同性愛者の「語り」の政治」、風間孝・河口和也・キース・ヴィンセント編『実践するセクシュアリティ――同性愛／異性愛の政治学』、動くゲイとレズビアンの会、一四六‐一六〇頁。

――、一九九九、「セクシュアリティの「応用問題」」、『現代思想』第二七巻・第一号、青土社、二一〇‐二一五頁。

――、二〇〇三、『クイア・スタディーズ』、岩波書店。

――、二〇一三、「ネオリベラリズム体制とクィア的主体――可視化に伴う矛盾」、『広島修大論集』第五四巻・第一号、一五一‐一六九頁。

河野貴代美、一九九〇、『性幻想――ベッドの中の戦場へ』、学陽書房。

川原狩戸、一九九〇、「性器主義を超えて女が女と愛し合う」、『イマーゴ』第一巻・第一二号、青土社、六一‐六七頁。

クィア・スタディーズ'96編集委員・編、一九九六、『クィア・スタディーズ'96』、七つ森書館。

クィア・スタディーズ'97編集委員・編、一九九七、『クィア・スタディーズ'97』、七つ森書館。

さ

笹野みちる、一九九五、『Coming OUT!』、幻冬舎。

――、一九九七、「文庫版あとがき」、『Coming OUT!』、幻冬舎文庫。

――、一九九八、『泥沼ウォーカー』、ＰＡＲＣＯ出版。

佐藤文明、一九八四、『戸籍がつくる差別――女性・民族・部落、そして「私生児」差別を知っていますか』、現代書館。

――、一九八八、『戸籍うらがえ史考――戸籍・外登制度の歴史と天皇制支配の差別構造』、明石書店。

――、一九九六、「象徴天皇制にとって戸籍とは何か」、戸籍と天皇制研究会編『戸籍解体講座』、社会評論社、一一三‐一四二頁。

志田哲之、二〇〇五、「親密な人間関係――人びとの関係性はどう変化しているのか?」、圓岡偉男編著『社会学的問いかけ――関係性を見つめ直す』、新泉社、一〇三－一二七頁。

――、二〇〇九、「同性婚批判」、志田哲之・関修編『挑発するセクシュアリティ』、新泉社、一三三－一六七頁。

清水晶子、二〇〇四、「期待を裏切る――フェムとその不可視の「アイデンティティ」について」、日本女性学会『女性学』第一一号、五二－六八頁。

――、二〇〇六、「キリンのサバイバルのために――ジュディス・バトラーとアイデンティティ・ポリティクス再考」、『現代思想』第三四巻・第一二号、青土社、一七一－一八七頁。

――、二〇一三a、「奇妙な身体／奇妙な読み――クィア・スタディーズの現在」、『現代思想』第四一巻・第一号、二一六－二二九頁。

――、二〇一三b、「ちゃんと正しい方向にむかってる――クィア・ポリティクスの現在」、三浦玲一・早坂静編著『ジェンダーと「自由」――理論、リベラリズム、クィア』、彩流社、三一三－三三一頁。

清水雄大、二〇〇八、「同性婚反対論への反駁の試み――「戦略的同性婚要求」の立場から」、国際基督教大学ジェンダー研究センター『Gender and Sexuality』第三号、九五－一二〇頁。

杉浦郁子、二〇〇五、「一般雑誌における「レズビアン」の表象――戦後から一九七一年まで」、現代風俗研究会『現代風俗研究』第一一号、一－一二頁。

――、二〇〇六、「一九七〇、八〇年代の一般雑誌における「レズビアン」表象――レズビアンフェミニスト言説の登場まで」、矢島正美編著『戦後日本女装・同性愛研究』、中央大学出版会、四九一－五一八頁。

杉浦郁子・野宮亜紀・大江千束、二〇〇七、『パートナーシップ・生活と制度――結婚、事実婚、同性婚』、社会批評社。

性意識調査グループ編、一九九八、『三一〇人の性意識――異性愛者ではない〈女〉たちのアンケート調査』、七つ森書館。

た

平良修、一九九三、『沖縄にこだわりつづけて』、新教出版社。

竹内富久恵、二〇〇五、「受け入れる者から応答する者へ――沖縄キリスト教団と日本基督教団との「合同」が問うこと」、『福音と世界』第六〇巻・第一二号（二〇〇五年一二月号）、新教出版社、三一－三七頁。

――、二〇〇七、「「イエスはひとりで十字架についた」――第三五回日本基督教団総会報告」、『福音と世界』

第六二巻・第一号（二〇〇七年一月号）、新教出版社、四五－五三頁。

竹村和子、一九九九、「〈悪魔のような女〉の政治学――女の「ホモソーシャルな欲望」のまなざし」、海老根静江・竹村和子編著『女というイデオロギー――アメリカ文学を検証する』、南雲社、二九五－三二二頁。

――、二〇〇二、『愛について――アイデンティティと欲望の政治学』、岩波書店。

――、二〇〇三、「危機的状況のなかで文学とフェミニズムを研究する意味」、小森陽一監修『研究する意味』、東京図書、一三八－一六三頁。

田中　玲、二〇〇六、『トランスジェンダー・フェミニズム』、インパクト出版会。

谷口ひとみ、二〇〇一、「教団のセクシュアル・マイノリティ差別事件について」、教会女性会議2000 in 東京・実行委員会『女のことば集』第一三巻、五－十五頁。

谷口洋幸、二〇〇七、「法、人権、セクシュアリティのはざまで――性的マイノリティの法的諸問題」、早稲田大学大学院法務研究科臨床法学研究会『Law and Practice』第一号、一五九－一八〇頁。

――、二〇〇八、「性同一性障害特例法の再評価――人権からの批判的考察」、石田仁編著『性同一性障害――ジェンダー・医療・特例法』、御茶の水書房、二四九－二七二頁。

田端章明・石田仁、二〇〇八、「性別に違和感を抱える人びとは特例法をどう受け止めたのか――第2次量的調査の結果をもとに」、石田仁編著『性同一性障害――ジェンダー・医療・特例法』、御茶の水書房、三七－七九頁。

蔦森　樹、二〇〇三、「日本のトランスジェンダー言説をめぐる今日の問題について」、国際基督教大学社会科学研究所・上智大学社会正義研究所編『日本における正義――国内外における諸問題』、御茶の水書房、九三－一〇九頁。

筒井真樹子、二〇〇三a、「消し去られたジェンダーの視点――「性同一性障害特例法」の問題点」、『インパクション』第一三七号、インパクト出版会、一七四－一八一頁。

――、二〇〇三b、「性同一性障害特例法について――名付けることの暴力」（http://homepage2.nifty.com/mtforum/kouteki3.htm 最終アクセス日・二〇〇六年一二月三一日）。

土肥昭夫、二〇〇四、『歴史の証言――日本プロテスタント・キリスト教史より』、教文館。

虎井まさ衛、二〇〇三、『男の戸籍をください』、毎日新聞社。

な

永易至文、二〇〇九、『同性パートナー生活読本――同居・税金・保険から介護・死別・相続まで』、緑風出版。

二宮周平、一九九六、「近代戸籍制度の確立と家族の統制」、利谷信義・鎌田浩・平松紘編『戸籍と身分登録』、早稲田大学出版部、一四六－一六四頁。

――、二〇〇三、「戸籍の性別記載の訂正は可能か(2)――特例法を読む」、『戸籍時報』第五五九号、日本加除出版、二一－一七頁。

――、二〇〇六、『新版・戸籍と人権』、解放出版社。

南野智恵子監修、二〇〇四、『解説　性同一性障害者性別取扱特例法』、日本加除出版。

野宮亜紀、二〇〇四、「「性同一性障害」を巡る動きとトランスジェンダーの当事者運動――Trans-Net Japan（TSとTGを支える人々の会）の活動史から」、日本ジェンダー学会『日本ジェンダー研究』第七号、七五－九一頁。

野宮亜紀・針間克己・大島俊之・原科孝雄・虎井まさ衛・内島豊、二〇〇三、『性同一性障害って何？――一人一人の性のありようを大切にするために』、緑風出版。

は

東　玲子、一九九一、「汚染後のレズビアニズムの地平に立って」、『イマーゴ』第二巻・第八号、青土社、九二－一〇二頁。

久田　恵、一九九〇、「元気印のレズビアン――「れ組のごめ」登場！」、『女を愛する女たちの物語』（別冊宝島64）、宝島社、一二〇－一二九頁。

広沢有美、一九九〇、「「若草の会」――その十五年の歴史と現在」、『女を愛する女たちの物語』（別冊宝島64）、宝島社、一一一－一一九頁。

福岡安則・辻山ゆき子、一九九一、『同化と異化のはざまで――「在日」若者世代のアイデンティティ葛藤』、新幹社。

堀江有里、二〇〇一、「戦略としての〈カミングアウト〉――レズビアン／ゲイのアイデンティティ・ポリティクス」、花園大学人権教育研究室『人権教育研究』第九号、七五－九三頁。

――、二〇〇二a、「同性愛者排除の論理――キリスト教における「罪」概念引用への一考察」、花園大学人権教育研究室紀要『人権教育研究』第一〇号、一一－三九頁。

――、二〇〇二b、「「レズビアン存在」と「シスターフッド」――日本基督教団における同性愛者差別事件・女たちの抵抗を事例に」、日本女性学研究会『女性学年報』第二三号、一三六－一五四頁。

――、二〇〇三、「人権施策の動向と包括的言語の陥穽――「性的指向」概念導入とジェンダー非対称性」、『花園大学社会福祉学部紀要』第一一号、六六－七六頁。

――、二〇〇四a、「レズビアンの不可視性――日本基督教団を事例として」、日本解放社会学会『解放社会学研究』第一八号、三九－六〇頁。

――、二〇〇四b、「反差別の困難――カテゴリーとしての「共働者」」、花園大学人権教育研究センター『人権教育研究』第一二号、一九－三七頁。

――、二〇〇四c、「排除／抵抗のレトリック――〈差別事件〉に向き合う〈主体〉の問題をめぐって」、仲正昌樹編『差異化する正義』、御茶の水書房、一五七－一八七頁。

――、二〇〇五、「〈レズビアン・アイデンティティ〉という契機――その公共空間への介入可能性」、仲正昌樹編『ポスト近代の公共空間』、御茶の水書房、一四三－七五頁。

――、二〇〇六a、「人権施策と〈性的少数者〉へのまなざし――日本におけるその非対称性を中心に」、仲正昌樹編『グローバル化する市民社会』、御茶の水書房、八五－一一三頁。

――、二〇〇六b、『「レズビアン」という生き方――キリスト教の異性愛主義を問う』、新教出版社。

――、二〇〇六c、「差別問題をめぐる〈包摂〉論の限界性――日本基督教団を事例に」、花園大学人権教育研究センター『人権教育研究』第一四号、一二九－一五〇頁。

――、二〇〇七、「日本社会におけるレズビアンの〈実践〉――社会運動論的位置づけをめぐって」、花園大学人権教育研究センター『人権教育研究』第一五号、六一－九一頁。

――、二〇〇八a、「「承認」を求める行為と場――〈レズビアン・アイデンティティ〉と存在証明をめぐって」、仲正昌樹編『社会理論における「理論」と「現実」』、御茶の水書房、一四五－一六五頁。

――、二〇〇八b、「ジェンダー／セクシュアリティとコミュニティ形成――歴史神学的視座からの一考察」、神戸女学院大学女性学インスティチュート『女性学評論』第二二号、六九－九一頁。

――、二〇〇八c、「引き裂かれる自己／切り裂かれる身体――レズビアンへのまなざしをめぐって」、金井淑子編『身体とアイデンティティ・トラブル――ジェンダー／セックスの二元論を超えて』、明石書店、二九九－三一二頁。

――、二〇〇九、「キリスト教における当事者運動の可能性――同性愛（者）嫌悪への対抗言説の構築に向けて」、「宗教と社会」学会『宗教と社会』第一五号、一一〇－一一七頁。

――、二〇一〇a、「レズビアン連続体」、井上俊・伊藤公雄編『社会学ベーシックス第五巻――近代家族とジェンダー』、世界思想社、一二五－一三四頁。

――、二〇一〇b、「性的少数者の身体と国家の承認――

「性同一性障害・特例法」をめぐって」、日本解放社会学会『解放社会学研究』第二一号、四二―六一頁。

――、二〇一〇c、「〈クローゼットから出る〉ことの不／可能性――レズビアンに措定される〈分岐点〉をめぐって」、日本解放社会学会『解放社会学研究』第二二号、一〇二―一一八頁。

――、二〇一〇d、「同性間の〈婚姻〉に関する批判的考察――日本の社会制度の文脈から」、立命館大学社会システム研究所紀要『社会システム研究』第二一号、三七―五七頁。

――、二〇一〇e、「異なる被差別カテゴリー間に生じる〈排除〉と〈連帯〉――在日韓国／朝鮮人共同体における「レズビアン差別事件」を事例に」、山本崇記・高橋慎一編『「異なり」の力学――マイノリティをめぐる研究と方法の実践的課題』（立命館大学生存学研究センター報告・第一四号）、一四一―一六五頁。

――、二〇一〇f、「性の自己決定と〈生〉の所在――性的指向の〈越境〉をめぐって」、仲正昌樹編『自由と自律』、御茶の水書房、二一九―二四四頁。

――、二〇一一a、「「差別事件」をめぐる「責任」回避の構造――日本基督教団東北教区を事例に」、花園大学人権教育研究センター『人権教育研究』第一九号、一四八―一七二頁。

――、二〇一一b、「「反婚」思想／実践の可能性――〈断絶〉の時代に〈つながり〉を求めて」、クィア学会『論叢クィア』第四号、五〇―六五頁。

――、二〇一二、「在日韓国人コミュニティにおけるレズビアン差別――交錯する差別／錯綜する反差別」、天田城介・村上潔・山本崇記編『差異の繋争点――現代の差別を読み解く』、ハーベスト社、一一九―一三九頁。

――、二〇一三a、「ジェンダー／セクシュアリティ領域科目の課題と可能性――大学における「人権教育」の観点から」、立命館大学生存学研究センター『生存学』第五号、一一三―一二七頁。

――、二〇一三b、「女がロックを生きるとき――ハードロックバンドSHOW-YAのフェミニスト的読解」、花園大学人権教育研究センター『人権教育研究』第二一号、一五九―一八六頁。

――、二〇一四a、「宗教とフェミニズム――キリスト教の中の性差別」、大越愛子・倉橋耕平編『ジェンダーとセクシュアリティ――現代社会に育つまなざし』、昭和堂、一二三―一四三頁。

――、二〇一四b、「他者の死に向き合うこと――クィアすることをめぐって」、上村静編『国家の論理といのちの論理――共同幻想と聖書』、新教出版社、九〇―一〇〇頁。

―――、二〇一四c、「〈弔い〉をめぐる覚書――クィア神学からの一考察」、「女性・戦争・人権」学会『女性・戦争・人権』第一三号、八六―一〇三頁。

―――、二〇一五、「〈結婚〉をめぐる抗争――同性間パートナーシップの法的保護と可視化戦略の陥穽」、『世界人権問題研究センター研究紀要』第二〇号、収録。

本多香織、二〇〇四、「結婚も、結婚式も、ほんとうに必要なのか」、『福音と世界』第五九巻・第一号（二〇〇四年二月号）、新教出版社、一六―二三頁。

―――、二〇〇七、「第三五回日本基督教団総会についての雑感」、『福音と世界』第六二巻・第二号（二〇〇七年二月号）、新教出版社、四七―五一頁。

ま

町野美和、一九九六、「性解放の名のもとに」、女たちの現在を問う会編『銃後史ノート戦後篇8――全共闘からリブへ』、インパクト出版会、一二四―一二五頁。

町野美和・敦賀美奈子、一九九四、「あらゆる女はレズビアンになれる、もしあなたが望むなら」、井上輝子・上野千鶴子・江原由美子編『日本のフェミニズム1 リブとフェミニズム』、岩波書店、二一六―二二八頁。

マリィ、クレア、一九九七、「集団カミング・アウト」、クィア・スタディーズ'97編集委員編『クィア・スタディーズ'97』、七つ森書館、二二四―二三二頁。

見田宗介、二〇〇六、『社会学入門――人間と社会の未来』、岩波新書。

村山敏勝、二〇〇五、『（見えない）欲望に向けて――クィア批評との対話』、人文書院。

森田洋司、二〇〇九、「ソーシャル・インクルージョン概念の可能性」、森田洋司・矢島正見・進藤雄三・神原文子編『新たなる排除にどう立ち向かうか――ソーシャル・インクルージョンの可能性と課題』、学文社、三―二〇頁。

や

山口智美・斉藤正美・荻上チキ、二〇一二、『社会運動の戸惑い――フェミニズムの「失われた時代」と草の根保守運動』、勁草書房。

八幡明彦、一九九六、「戸籍制度と在日朝鮮人」、戸籍と天皇制研究会編『戸籍解体講座』、社会評論社、四三―七〇頁。

善積京子、一九九七、『「近代家族」を超える――非法律婚カップルの声』、青木書店。

ら

李静和、一九九七、「つぶやきの政治思想――求められるまなざし、かなしみへの、そして秘められたものへの」、

『思想』第八七六号（一九九七年六月号）、岩波書店、一一四－一二七頁。

李瑛鈴、二〇〇四、「「法律で守られる」、関係の限界について——「法律」ではなく「人々」、の自由な有り様が必要だ」、赤杉康伸・土屋ゆき・筒井真樹子編著、二〇〇四、『同性パートナー——同性婚・DP法を知るために』、社会批評社、一一二－一二四頁。

五十音以外

『ANISE』創刊号（一九九六年六月）～二〇〇三年冬号（二〇〇三年一月）。

『ＥＣＱＡニュースレター』第一号（一九九五年一月）～第七四号（二〇一五年三月）。

日本語以外の文献

Adam, Barry D., [1987] 1995, *The Rise of a Gay and Lesbian Movement*, New York : Twayne Publishers.
———, 1998, "Theorizing Homophobia", *Sexualities*, Vol.1, No.4, pp.387-404
Altman, Dennis, 1982, *The Homosexualization of America*, Boston : Beacon Press.
Arita, Keiko, 2006, "Lesbian Mothers in Japan : An Insider's Report", *Journal of Lesbian Studies*, Vol. 10, No.3/4., pp.105-111.
Brash, Alan. A., 1995, *Facing Our Differences : The Church and Their Gay and Lesbian Members*, Geneva : WCC Publications.（＝二〇〇一、岸本和世訳『教会と同性愛——互いの違いと向き合いながら』、新教出版社）
Butler, Judith, 1990, *Gender Trouble : Feminism and the Subversion of Identity*, New York : Routledge.（＝一九九九、竹村和子訳『ジェンダートラブル——フェミニズムとアイデンティティの攪乱』、青土社）
———, 1991, "Imitation and Gender Insubordination", Diana Fuss (ed.), *Inside/Out : Lesbian Theories, Gay Theories*, New York and London : Routledge, pp.13-31.
———, 1997, "Against Proper Object", Naomi Schor and Elizabeth Weed (eds.), *Feminism Meets Queer Theory*, Bloomington and Indianapolis : Indiana University Press, pp.1-30.
———, 2004, *Undoing Gender*, New York : Routledge.
Califia, Patric,［1997］2003, *Sex Changes: the Politics of Transgenderism*, 2nd Edition, San Francisco : Cleis Press.（＝二〇〇五、石倉由・吉池祥子ほか訳『セックス・チェンジズ——トランスジェンダーの政治学』、作品社）

Chauncey, George, 2004, *Why Marriage? : The History Shaping Today's Debate Over Gay Equality*, New York : Basic Books.（＝二〇〇六、上杉富之・村上隆則訳『同性婚――ゲイの権利をめぐるアメリカ現代史』、明石書店）

Connolly, William E., 1991, *Identity / Difference : Democratic Negotiation of Political Paradox*, Ithaca : Cornell University Press.（＝一九九八、杉田敦・齋藤純一・権佐武志訳『アイデンティティ／差異――他者性の政治』、岩波書店）

de Lauretis, Teresa, [1988] 1993, "Sexual Indifference and Lesbian Representation", Henry Abelove, Michele Aina Barale and David M. Halperin (eds.), 1993, *The Lesbian and Gay Studies Reader*, New York and London : Routledge, pp.141-158.

――――, 1991, "Queer Theory : Lesbian and Gay Sexualities; An Introduction", *differences : A Journal of Feminist Cultural Studies*, Vol.3, No.2, pp.iii-xviii.（＝一九九六、大脇美智子抄訳「クィア・セオリー――レズビアン／ゲイ・セクシュアリティ」、『ユリイカ』第二八巻・第一三号［一九九六年一一月号］、青土社、六六－七七頁）

D'Emilio, John, 1983, "Capitalism and Gay Identity," Ann Snitow, Sharon Thompson and Christine Stansell eds., *Power of Desire: The Politics of Sexuality*, Monthly Review Press.（＝一九九七、風間孝訳「資本主義とゲイ・アイデンティティ」、『現代思想』第二五巻・第六号、一四五－一五八頁）

Delanty, Gerald, 2003, *Community*, New York and London : Routledge.（＝二〇〇六、山之内靖・伊藤茂訳『コミュニティ――グローバル化と社会理論の変容』ＮＴＴ出版）

Elbaz, Gilbert, 1995, "Beyond Anger : The Activist Contraction of the AIDS Crisis", *Social Justice*, Vol.22, No.4.（＝一九九七、笹田直人訳「怒りを超えて――アクティヴィストによるエイズ危機の構成」、『現代思想』第二五巻・第六号、青土社、三七〇－四〇四頁）

Epstien, Steven, [1987] 1992, "Gay Politics, Ethnic Identity : The Limits of Social Constructionism", Edward Stein (ed.), *Forms of Desire : Sexual Orientation and the Social Constructionist Controversy*, New York and London : Routledge, pp.239-293.

Faderman, Lilian, 1991, *Odd Girls and Twilight Lovers : A History of Lesbian Life in Twentieth Century America*, New York : Columbia University Press.（＝一九九六、富岡明美・原美奈子訳『レズビアンの歴史』、筑摩書房）

Fraser, Nancy, 1998, "Social Justice in the age of identity politics : Redistribution, recognition and participation", Nancy Fraser and Axel Honneth (eds.), *Redistribution or Recognition? : A Political-Philosophical Exchange*, London and New York : Verso, 7-109.

Goss, Robert E., 1993, *Jesus Acted Up: A Gay and Lesbian Manifesto*, New York : Harper.

———, 2003, *Queering Christ : Beyond Jesus Acted Up*, Cleveland, OH : Pilgrim Press.

Halperin, David M., 1995, *Saint Foucault : Toward a Gay Hagiography*, New York : Oxford University Press.（＝一九九七、村山敏勝訳『聖フーコー――ゲイの聖人伝に向けて』、太田出版）

Horie, Yuri, 2004, "Power in Relation to the Structure of 'Heterosexism': Through the Perspective of Lesbian / Gay Christians in Japan", Christian Conference of Asia, *CTC Bulletin*, Vol.XX, No.3, pp.88-92.

———, 2006, "Possibilities and Limitations of 'Lesbian Continuum': The Case of a Protestant Church in Japan," *Journal of Lesbian Studies*, Vol. 10, No. 3/4., pp.145-159.

———, 2009, " 'Erasure' of Lesbian Existences: Considering the Pitfall of the Connotation of 'Sexual Diversity' ", *In God's Image: Journal of Asian Women's Resource Centre for Culture and Theology*, Vol. 28, No. 4, pp. 70-75.

———, 2010, "Reconsidering the Family: Perspective of a Lesbian Living in Japanese Society", *In God's Image: Journal of Asian Women's Resource Centre for Culture and Theology*, Vol. 29, No. 2, pp. 58-66.

Krieger, Susan, 1983, *The Mirror Dance : Identity in a Women's Community*, Philadelphia : Temple University Press.

———, 2005, *Things No Longer There : A Memoir of Losing Sight and Finding Vision*, Madison, Wisconsin : The University of Wisconsin Press.

Laing, R. D., 1960, *The Divided Self: An Existential Study in Sanity and Madness*, London: Tanistoc Publications.（＝一九七一、阪本健二・志貴春彦・笠原嘉訳『ひき裂かれた自己』、みすず書房）。

Moraga, Cherrie and Gloria Anzaldua (eds.), 1981, *This Bridge Called My Back: Writings by Radical Women of Color*, Watertown, Mass.; Persephone Press.

Moya, Paula and Michael Hames-Garcia (eds.), 2000, *Reclaiming Identity: Realist Theory and the Predicament of Postmodernism*, Berkley and Los Angels: University of Califolnia Press.

Phelan, Shane, 1993, "(Be)coming Out : Lesbian Identity and Politics", *Signs*, Vol.18, No.4（＝一九九五、上野直子訳「(ビ)カミング・アウト――レズビアンであることとその戦略」、富山太佳夫編『現代批評のプラクティス３ フェミニズム』、研究社、二〇九－二六一頁）

Radicalesbians, [1971] 2000, "The Woman-Identified-Woman", Barbara A. Crow, (ed.), *Radical Feminism*, New York and London : New York University Press, pp.233-237.

Rich, Adrienne, [1980] 1986, "Compulsory Heterosexuality and Lesbian Existence", *Blood, Bread, and Poetry : Selected Prose*

1978-1985, New York : W.W. Norton & Company.（＝一九八九、大島かおり訳「強制異性愛とレズビアン存在」、『血、パン、詩』、晶文社、五三－一一九頁）

Rubin, Gayle, 1984, "Thinking Sex : Notes for a Radical Theory of the Politics of Sexuality", Carole S. Vance (ed.), *Pleasure and Danger : Exploring Female Sexuality*, Boston : Routledge. (reprinted in Abelobe et al., (eds), 1993, *The Lesbian and Gay Studies Reader*, New York : Routledge, pp.3-44.)（＝一九九七、河口和也訳「性を考える――セクシュアリティの政治に関するラディカルな理論のための覚書」、『現代思想』第二五巻・第六号、九四－一四四頁）

Sedgewick, Eve Kosofsky, 1985, *Between Men : English Literature and Male Homosexual Desire*, New York : Columbia University Press.（＝二〇〇一、上原早苗・亀沢美由紀訳『男同士の絆――イギリス文学とホモソーシャルな欲望』、名古屋大学出版会）

――――, 1990, *Epistemology of the Closet*, Berkeley : University of California Press.（＝一九九九、外岡尚美訳『クローゼットの認識論――セクシュアリティの20世紀』、青土社）

Seidman, Steven, 2003, *The Social Construction of Sexuality*, New York and London : W. W. Norton.

Smith-Rosenberg, Carroll, 1975, "The Female World of Love and Ritual : Relations between Women in Nineteenth-Century America", *Signs*, Vol. 1, No. 1, pp. 1-29.（＝一九八六、立原宏要訳「同性愛が認められていた19世紀アメリカの女たち」、カール・N・デグラー編『アメリカのおんなたち――愛と性と家族の歴史』、教育社、九三－一三五頁）

Stimpson, Catherine R., 1981, "Zero Degree Deviancy : the Lesbian Novel in English", *Critical Inquiry* Vol.8, pp.363-380.

Tayler, Charles, 1994, "Politics of Recognition," Amy Gutmann (ed.), *Multiculturalism : Examining the Politics of Recognition*, Princeton : Princeton University Press.（＝一九九六、佐々木毅・辻康夫・向山恭一訳「承認をめぐる政治」、『マルチカルチュラリズム』、岩波書店、三七－一一〇頁）

Warner, Tom, 2002, *Never Going Back : A History of Queer Activism in Canada*, Toronto : University of Toronto Press.

Wilcox, Melissa M., 2003, *Coming Out in Christianity : Religion, Identity, and Community*, Bloomington, IN : Indiana University Press.

Wilton, Tamsin, 1995, *Lesbian Studies : Setting an Agenda*, London and New York : Routledge.

――――, 2002, *Unexpected Pleasures : Leaving Heterosexuality for a Lesbian Life*, London : Diva Books.

Yip, Andrew K. T., "Attacking the Attacker: Gay Christian Talk Back", *The British Journal of Sociology*, Vol. 48, No.1, pp.113-127.

あとがき

手もとに一片の写真がある。一九九五年夏、場所はロサンゼルスのハリウッド大通り。白人男性の警官と二人のアジア人女性たち。一人は、金髪に染め抜き、カリフォルニアの燦々と輝く太陽のもと、革のライダースジャケットを着込んだ、界隈ではちょっと知られていたパンク。そしてもう一人は、Tシャツに短パン姿の、あまり景色に馴染んでいない「観光客」。後者には手錠がかけられているのだが、三人とも満面の笑みで、その場を楽しんでいるようにみえる。

その経緯は覚えていないのだが、たぶん、ノリだったのだろう。警官と道端で話すうちに「手錠をかけてみるか？」ということになったのだと思う。なんとも悠長な「観光地」での出来事。パンク女性はハリウッドで生活する堀江麻紀、当時二四歳になったばかりだった。「観光客」女性は、働いていた教会を休職し、逃避生活のなかでメンタル面を立てなおそうとしていた堀江有里、もうすぐ二七歳になろうとしているころだった。

一見、平和そうにみえるハリウッドの風景は、実際には多くの現実を抱えていた。夜中に発砲の乾いた音が鳴り響く。レズビアンやゲイ男性たちが集まる教会に電話してみると「この前、会堂が放火されちゃったから、近所の体育館で礼拝をやってるんですよ」と伝えられる。その数年後に知ったことは、ふたり暮らしの母と娘の口論で警察が介入し、そして簡単に二人が引き離されていくという現実でもあった。

ともかく、あのとき、「レズビアン」であることを受容したものの、日常のなかでうまく咀嚼できずにいたわたしは、ロサンゼルスへ飛んだ。先方に連絡もせずに。毎日、レズビアン・ゲイ・コミュニティセンターに通い、プログラムに参加するなか、〈アイデンティティ〉を探そうとしていた――滞在中、旅の目的を伝えたところ、麻紀はこう応えた。「お姉ちゃん、あのセンターに行く人はね、レインボーのものを身につけてるよ。あれはプライドを表すシンボルなんだって。お姉ちゃん、プライドだよ、プライド」。

　そして、わたしがハリウッドをふたたび訪れたのは、二〇一二年九月のことだった。おもな目的は三つあった。遺体を引き取ること、引き離されて生活していた〝ひとり娘〟に事情を話すこと、そして牧師として葬儀を執行すること。享年四一歳。十七年前の「プライド」という言葉を何度も反芻しながら、あのハリウッド大通りを歩いた。亡くなった人の分も「プライド」をもって、わたしたちは生き延びなければならない――そう確認しながら〝ひとり娘〟――姪――と一緒にみたサンセット・ビーチの燃えるような夕陽が、いまも脳裏に焼きついている。忘れてはならない約束の風景として。

＊　＊　＊

　この本は、わたしが研究の世界に足を踏み入れて十五年近くのあいだに書き散らかしてきたものの一部を、大幅に書きなおしたうえでまとめたものである。ここへ来るまでに、本当にたくさんの方々にお世話になった。かつて研究の世界から退散しようと思ったことがあった。二〇〇六年暮れから年明けにかけての出来事。その時期、直接的に支えてくださった方々がいなければ、いまのわたしはいなかっただろうし、この本を世に問うこともできなかっただろう。有田啓子さん、内海博文さん、太田健二さん、風間孝さん、釜野さおりさん、ダイアナ・コーさん、清水晶子さん、田邉崇宏さん、藤井ひろみさん、クレア・マリィさん、柳浦聡子さん、吉澤弥生さん、渡邊太さん。本当にありがとうございました。

　研究会や学会などでも有益なコメントをいただいた。それらは活かしきれておらず、いまだ宿題だけが積み重ねられている状態ではあるのだが。まとまらない構想段階から何度も同じような話を聞かされつづけてきた方々にも感謝を述べておきたい。三期にわたるクィア・スタディーズの科研プロジェクトのメンバーの方たち。「名古屋クィア研究会(NQK)」の風間孝さん、菊地夏野さん、黒岩裕市さん。「アイデンティティ・ポリティクス研究会(仮)」の金友子さん、堀田義太郎さん、高橋慎一さん、倉橋耕平さん。「立命館大学生存学研究センターフェミニズム研究会」の、とくに山口真紀さん、大谷通高さん。お世話になりました。

二〇一二年春に、わたしは学生時代から二〇年余りかかわってきた日本基督教団京都教区の活動から退いた。現場からの物理的距離があっても、あいかわらず、教団の〝闘い〟以降、大事な親友たちには支えられている。八木かおりさん(日本基督教団三里塚教会)、本多香織さん(日本基督教団瀬戸内教会(奄美地区))、竹内富久恵さん(日本基督教団神戸愛生伝道所)。ありがとう。

キリスト教のなかで批判的営為をつづけている人たちからは、二〇一二年の渡米の際にもお世話になった。緊急カンパを呼びかけてくださった関東神学ゼミナールの星山京子さん(日本基督教団羽生の森教会)、谷村徳幸さん(日本基督教団水口教会)、そして応じてくださった方々、ありがとうございました。同時に、セクシュアル・マイノリティにかかわる活動のなかで、大阪を中心にほかの地域の方々からも物心両面であたたかいご支援をいただいた。いただいたカンパのすべては、渡航費、葬儀費用、実家との往復交通費などに使わせていただきました。感謝いたします。

帰りそびれた地元・横浜のバイク仲間である太田由起子さん、中退した同志社大学体育会自動車部の先輩である安田智子さんには、折あるごとに力をいただいてきた。活動を陰ながら支えつづけてくれている、母と父、弟、姪、そして天国の妹にも感謝を。

そして、なによりも、この本の執筆を直接支えてくださった三人の方々にも感謝の気持ちを述べておきたい。KLSG(京都レズビアン・スタディーズ研究グループ)では、赤枝香奈子さん(現在、筑紫女学園大学)、菅野優香さん(同志社大学)には、草稿の一部を複数回にわたって詳細に検討していただいた。また、世界人権問題研究センター第四部(女性の人権部門)共同研究会でお世話になっている高田恭子さん(大阪工業大学)には、この本の一部となった論考について詳細なコメントをいただいた。

まったく意図せずして、波風のまっただなかに放り込まれるときがある。あらたに二〇一四年に任期付の非常勤職で就いた仕事では、思いもかけず、吹きすさぶ嵐のなかでかつてないほどの孤立感を抱え、日常を過ごすことで精一杯な状況となった。執筆作業も当初の予定を大幅に狂わせることになってしまった。そのようななか、香奈子さん、優香さん、恭子さんには、愚痴を聞いてもらったり、泣きついたり、励ましてもらったり……の連続であった。ともかく、三人が伴走してくださらなかったら、いまごろどうなっていたのか、はなはだ心もとない。執筆作業どころか、職場から逃走していたであろうことは想像がつくのだが。心より感謝しております。そして、大事な「研究仲間」として、大事な友人として、これからもしばらくお世話になります。

＊＊＊

出版にあたり、「竹村和子フェミニズム基金」の出版助成をいただくことができた。竹村和子さんが積み重ねてこられたお仕事から、フェミニズムのなかでセクシュアリティを考える可能性を不充分ながらも学ぶことのできたひとりとして、大変光栄なことである。

お茶の水女子大学で開催されるさまざまなイベントに足しげく京都から通っていた時期がある。とても尊敬する竹村さんがイベントの休憩時間に、理論の〝おもしろさ〟だけではなく、昨晩見たテレビの話や車談義まで、じつに気さくに、そして饒舌に語ってくださったことが、わたしにとっては大きな励みとなった。そう、場所は喫煙所である。

ひとつだけ、具体的なエピソードを。二〇〇六年一月、緊張しつつ、竹村さんが翻訳された『ジェンダー・トラブル』（ジュディス・バトラー著）にサインをお願いしたところ、快く引き受けてくださった。しかし、そこに添えられていたのはこんな言葉だったのだ——「いつも熱心ですね」。これにはさすがにツッコミを入れずにはいられなかった。「先生、いったいなんですか、これは?!」とおたずねしたところ、返ってきたのは「毎回、遠くから大変だなあと思って」という言葉。あのときの竹村さんの半分照れたような笑顔をわたしは忘れることができない。もう、書いたものを竹村さんにお読みいただけるような機会はなくなってしまったが、これからもあのころを思い起こしつつ、精進していきたいとあらためて痛感している。

＊＊＊

最後になってしまったが、洛北出版の竹中尚史さんには、ご迷惑をかけっぱなしであり、大いに反省しているところである。この本の企画は、あちこち紆余曲折を経たうえで途方に暮れ、ダメ元でご相談したことがきっかけだった。快く引き受けてくださったときは、まさかこんなに大変な作業になるとは思っていらっしゃらなかったにちがいない。竹中さんには、文章や校正についてのご助言いただいただけではなく、本づくりの楽しさを教えていただくこととなった。ありがとうございました。

二〇一五年六月　「プライド」月間に
祖母が遺してくれた京都の自宅にて

堀江有里

堀江有里 Horie Yuri

1968年、京都市で生まれ、神奈川県で育つ。

専門は、社会学、レズビアン・スタディーズ、クィア神学。

横浜共立学園中学・高校、同志社大学神学部卒業。同志社大学大学院神学研究科歴史神学専攻博士課程（前期）修了〔神学修士〕。大阪大学大学院人間科学研究科後期課程修了〔博士（人間科学）〕。現在、立命館大学ほか非常勤講師、（公財）世界人権問題研究センター専任研究員。信仰とセクシュアリティを考えるキリスト者の会（ECQA）代表。日本基督教団 牧師。

著作として、『「レズビアン」という生き方――キリスト教の異性愛主義を問う』（新教出版社、2006年）など。

レズビアン・アイデンティティーズ

2015年7月31日 初版 第1刷発行
2021年8月31日 初版 第3刷発行

四六判 総頁数364頁（全体368頁）
発行者 竹中尚史
本文組版・装幀 洛北出版編集

著者 堀江有里

発行所 洛北出版
606-8267
京都市左京区北白川西町 87–17
tel / fax 075-723-6305
info @ rakuhoku - pub. jp
http://www. rakuhoku - pub. jp
郵便振替 00900 - 9 - 203939

印刷 シナノ書籍印刷

ISBN978-4-903127-22-4 C0036

釜ヶ崎のススメ

原口 剛・稲田七海・白波瀬達也・平川隆啓 編著

四六判・並製・400頁　定価（本体2,400円＋税）

日雇い労働者のまち、単身者のまち、高齢化するまち、福祉のまち、観光のまち ……このまちで、ひとは、いかに稼いできたのか？　いかに集い、いかに作り、いかにひとを灯しているのか？　このまちの経験から、いまを生き抜くための方法を学ぶ。

立身出世と下半身　男子学生の性的身体の管理の歴史

澁谷知美 著　　四六判・上製・605頁　定価（本体2,600円＋税）

少年たちを管理した大人と、管理された少年たちの世界へ——。大人たちは、どのようにして少年たちの性を管理しようとしたのか？　大人たちは、少年ひいては男性の性や身体を、どのように見ていたのか？　この疑問を解明するため、過去の、教師や医師による発言、学校や軍隊、同窓会関連の書類、受験雑誌、性雑誌を渉猟する。

親密性

レオ・ベルサーニ ＋ アダム・フィリップス 著　檜垣達哉 ＋ 宮澤由歌 訳

四六判・上製・252頁　定価（本体2,400円＋税）

暴力とは異なる仕方で、ナルシシズムを肥大させるのでもない仕方で、他者とむすびつくことは可能なのか？　クィア研究の理論家ベルサーニと、心理療法士フィリップスによる、「他者への／世界への暴力」の廃棄をめぐる、論争の書。

主婦と労働のもつれ　その争点と運動

村上 潔 著　四六判・上製・334頁　定価（本体3,200円＋税）

「働かざるをえない主婦」、そして「勤めていない主婦」は、戦後の日本社会において、どのように位置づけられてきたのか／こなかったのか？　当事者たちは、どのように応答し、運動してきたのか？「主婦的状況」の過去と現在を問う。

ベルリンの壁

エトガー・ヴォルフルム 著　飯田収治・木村明夫・村上亮 訳

四六判・並製・284頁　定価（本体2,400円＋税）

なぜ人びとは壁に慣れてしまったのか？　その壁がどうして、1989年に倒れたのか？建設から倒壊までの、冷戦期の壁の歴史を、壁のことをよく知らない若い人にむけて、簡潔かつ明瞭に解き明かす。写真、多数掲載。壁が倒れたとき、あなたは何歳でした？

汝の敵を愛せ

アルフォンソ・リンギス 著　中村裕子 訳　田崎英明 解説

四六判・上製・320頁　定価（本体2,600円＋税）

イースター島、日本、ジャワ、ブラジル……旅をすみかとする哲学者リンギスが、異邦の土地で暮らすなかで出会った強烈な体験から、理性を出しぬき凌駕する、情動や熱情のありかを描きだす。自分を浪費することの（危険な）悦びへのガイド。

何も共有していない者たちの共同体

アルフォンソ・リンギス 著　野谷啓二 訳　田崎英明・堀田義太郎 解説

四六判・上製・284頁　定価（本体2,600円＋税）

私たちと何も共有するもののない――人種的つながりも、言語も、宗教も、経済的な利害関係もない――人びとの死が、私たちと関係しているのではないか？　すべての「クズ共」のために、人びとと出来事とに身をさらし、その悦びを謳いあげる代表作品。

抵抗の場へ　あらゆる境界を越えるために　マサオ・ミヨシ自らを語る

マサオ・ミヨシ×吉本光宏 著　四六判・上製・384頁　定価（本体2,800円＋税）

アメリカで英文学教授となるまでの過去、ベトナム戦争、チョムスキーやサイードとの出会い、「我々日本人」という国民国家……知識を考える者として自らの軌跡をたどりながら、人文科学と大学が今なすべきことを提言するミヨシの肉声の記録。

いまなぜ精神分析なのか　抑うつ社会のなかで

エリザベート・ルディネスコ 著　信友建志・笹田恭史 訳

四六判・上製・268頁　定価（本体2,400円＋税）

こころをモノとしてあつかう抑うつ社会のなかで、薬による療法が全盛をほこっている。精神分析なんて、いらない？　精神分析100年の歴史をふりかえりながら、この疑問に、フランスの精神分析家が、真正面から答える。

出来事のポリティクス　知－政治と新たな協働

マウリツィオ・ラッツァラート 著　村澤真保呂・中倉智徳 訳

四六判・上製・384頁　定価（本体2,800円＋税）

現代の資本主義と労働運動に起こった深い変容を描きだすとともに、不安定生活者による社会運動をつうじて、新たな労働論、コミュニケーション論を提唱する。創造性を企業から、いかに奪い返すか？　イタリア出身の新鋭の思想家、初の邦訳。

2015年7月1日時点
在庫のある書籍